21世纪高等院校国际经济与贸易专业精品教材

国际金融

盛洪昌 主编

International Finance

东北财经大学出版社 | 大连
Dongbei University of Finance & Economics Press

图书在版编目(CIP)数据

国际金融 / 盛洪昌主编. —大连 : 东北财经大学出版社，2016.7
(21世纪高等院校国际经济与贸易专业精品教材)
ISBN 978 - 7 - 5654 - 2307 - 9

Ⅰ. 国… Ⅱ. 盛… Ⅲ. 国际金融-高等学校-教材 Ⅳ. F831

中国版本图书馆CIP数据核字(2016)第104064号

东北财经大学出版社出版
(大连市黑石礁尖山街217号 邮政编码 116025)
网 址：http：//www.dufep.cn
读者信箱：dufep@dufe.edu.cn

大连图腾彩色印刷有限公司印刷　　东北财经大学出版社发行

幅面尺寸：170mm×240mm　　字数：374千字　　印张：18.25

2016年7月第1版　　2016年7月第1次印刷

责任编辑：蔡 丽 龚小晖　　责任校对：刘贤恩 何 群
封面设计：冀贵收　　版式设计：钟福建

定价：32.00元

教学支持 售后服务 联系电话：(0411) 84710309

如有印装质量问题，请联系营销部：(0411) 84710711

前 言

在世界经济全球化迅猛发展、对外经济活动日益频繁的环境下，为了培养更多面向21世纪的国际经贸人才，我们编写了这本《国际金融》教材。

国际金融课程是普通高等学校金融类专业的一门主干课，也是其他经济类和管理类专业的一门基础课，本课程旨在培养学生理解和掌握国际金融基本知识、基本理论与政策、金融实务。

本书在结构安排上分为理论和实务两部分：在理论部分，系统、全面地介绍了国际金融基本知识、基本理论与政策；在实务部分，介绍了外汇交易实务。全书分为12章：第1章国际收支，第2章国际收支调节理论，第3章国际储备，第4章外汇、汇率和外汇市场，第5章汇率决定理论，第6章外汇交易实务，第7章外汇管制与外汇风险管理，第8章国际金融市场，第9章国际资本流动，第10章国际货币体系，第11章开放经济下的宏观经济政策，第12章国际金融机构。

本教材在编写时充分考虑到应用技术型本科学生的实际情况，体现了如下特点：

（1）系统性与逻辑性。本书系统全面地介绍了国际金融基本知识。框架结构划分较细，脉络清晰，重点突出，有理论又贯通实务。

（2）内容新颖，具有前瞻性。在分析角度、引用资料、内容安排上都比较新颖，尽可能反映经济全球化的新成果；搜集了与教材相关的最新资料。本教材具有创新精神和前瞻意识，力求反映国际金融理论发展的最新成果。

（3）语言简明通俗，内容深度适当。编写教材时力求做到语言简明扼要、通俗易懂，深浅适度、举例生动，对于初次接触国际金融的读者较为适宜。

（4）操作性较强，注重理论联系实际。吸收国内外同类教材的精华，做到学以致用，培养学生分析问题、解决问题的能力。每章后附有思考题，有助于学生通过案例分析与思考题加深对内容的理解。

本书配有电子教学课件，是教师很好的参考资料。本教材在内容上具有一定的弹性，各院校可根据课时的多少进行选择，有些章节可作为学生的阅读资料。

本书由盛洪昌主编，负责全书提纲拟定、修改、编纂和定稿。分工如下：盛洪昌第1、2、4、5、10、11、12章，马丽娜第6章，刘欣第7章，盛守一第3章，张梁雨第9章，李中梅第8章。

本书是可作为普通高等学校本科教材，也可作为独立院校、高职高专相关专业的教材和参考书。

在编写过程中，参考了大量国内外文献，在此表示衷心感谢。特别感谢东北财经大学出版社蔡丽编辑为本书出版所做的大量工作。由于编者水平和条件有限，在编写过程中难免出现错漏之处，敬请专家和广大读者批评指正。

本书配有教学资源（电子课件、章后习题参考答案等），请任课教师登录东北财经大学出版社官网（www.dufep.cn）注册为教师会员后免费下载。

编　者

2016年6月

目　录

第1章　国际收支/1

学习目标/1
1.1　国际收支与国际收支平衡表/1
1.2　国际收支分析/8
1.3　国际收支调节/16
1.4　中国的国际收支/19
本章小结/22
关键术语/23
基本训练/23

第2章　国际收支调节理论/26

学习目标/26
2.1　国际收支的弹性分析法/26
2.2　国际收支的吸收分析法/30
2.3　调节乘数论/33
2.4　国际收支的货币分析法/36
本章小结/37
关键术语/38
基本训练/38

第3章　国际储备/40

学习目标/40
3.1　国际储备概述/40
3.2　国际储备的构成和来源/42
3.3　国际储备管理/46
3.4　中国的国际储备问题/52
本章小结/55
关键术语/55

基本训练/55

第4章 外汇、汇率和外汇市场/58

学习目标/58

4.1 外汇与汇率/58

4.2 汇率的决定与变动/63

4.3 汇率制度/68

4.4 外汇市场/72

本章小结/77

关键术语/77

基本训练/77

第5章 汇率决定理论/80

学习目标/80

5.1 购买力平价理论/80

5.2 利率平价理论/84

5.3 国际收支理论/87

5.4 货币与资产组合平衡理论/89

本章小结/96

关键术语/96

基本训练/96

第6章 外汇交易实务/99

学习目标/99

6.1 外汇交易概述/99

6.2 即期外汇交易/101

6.3 远期外汇交易/102

6.4 掉期外汇交易/109

6.5 外汇期货交易/114

6.6 外汇期权交易/123

6.7 套汇交易和套利交易/130

6.8 货币互换/134

本章小结/137

关键术语/138

基本训练/138

第7章 外汇管制与外汇风险管理/141

学习目标/141
7.1 外汇管制/141
7.2 外汇风险管理/153
本章小结/164
关键术语/165
基本训练/165

第8章 国际金融市场/167

学习目标/167
8.1 国际金融市场概述/167
8.2 国际货币市场与国际资本市场/171
8.3 欧洲货币市场/177
本章小结/182
关键术语/182
基本训练/182

第9章 国际资本流动/184

学习目标/184
9.1 国际资本流动概述/184
9.2 国际资本流动理论/198
9.3 国际债务/201
本章小结/208
关键术语/209
基本训练/209

第10章 国际货币体系/211

学习目标/211
10.1 国际货币体系概述/211
10.2 国际金本位制/212
10.3 布雷顿森林体系/215
10.4 牙买加体系/220
10.5 欧洲货币体系/224

本章小结/227
关键术语/227
基本训练/227

第11章 开放经济下的宏观经济政策/230

学习目标/230
11.1 开放经济下的政策目标与政策手段/230
11.2 开放经济下的政策工具与政策搭配/233
11.3 固定汇率制下宏观经济政策/238
11.4 浮动汇率制度下的宏观政策/244
11.5 开放经济下的宏观经济政策协调/250
本章小结/255
关键术语/256
基本训练/256

第12章 国际金融机构/258

学习目标/258
12.1 国际金融机构概述/258
12.2 国际货币基金组织/260
12.3 世界银行集团/266
12.4 区域性金融机构/272
本章小结/278
关键术语/279
基本训练/279

参考文献/281

第1章
国际收支

学习目标

◆通过本章的学习，使学生掌握国际收支平衡表的基本结构；国际收支平衡与失衡对一国经济的影响以及调节国际收支失衡的基本措施。

1.1 国际收支与国际收支平衡表

所谓国际收支（balance of payments），是指在一定时期内一国居民（residents）与非居民（non-residents）之间全部经济往来的系统记录。它是一个衡量一国国际经济交易价值的概念，这一概念自产生以来伴随着国际经济贸易的发展，其自身的内涵和外延也在不断地变化和发展。

1.1.1 国际收支

1.国际收支的概念

国际收支这一概念最早出现于17世纪初，在此后的很长一段时期内，它只是被简单地解释为一国的贸易收支。因为在资本主义原始积累时期，为了促进资本的积累，各国都非常重视对外贸易，所以这时人们便将一国的贸易收支称为国际收支。但是，各国之间经济交易的内容、范围不断扩大，国际收支的范围得到了扩大和延伸。两次世界大战之间，黄金退出了流通领域，各国以外汇作为国际贸易、国际结算和国际投资的主要手段，此时国际收支概念便演变为当年结清的外汇收支。因此，只要涉及外汇收支的经济交易，就都属于国际收支的范畴。所以，狭义的国际收支是建立在现金基础上的，是指一国在一定时期内（通常为一年），同其他国家为清算到期的债权债务所发生的外汇收支的总和。

第二次世界大战后，国际经济交易的范围和方式都有了很大的变化，国际经济往来以及政治、文化等往来更加频繁。国际经济交易不仅包括国家之间的进出口贸易和资金借贷，还包括私人捐赠、政府无偿援助、企业之间的易货贸易、补偿贸易等新的贸易方式，各国间的资本流动也日益频繁。因此，狭义的国际收支概念已不能反映国际经济交往的全部内容，国际收支的概念由狭义发展到广义。根据国际货币基金组织

（IMF）在《国际收支手册》（第5版）中的定义，广义的国际收支，是指在一定时期内一国居民与非居民之间的全部经济交易的系统记录。

2. 国际收支的特点

（1）国际收支是一个流量概念

它与一定的报告期相对应，这一报告期可以是一年，也可以是半年或一个季度、一个月，但通常以一年为报告期。

国际收支不同于作为存量概念的国际借贷。国际借贷（international indebtedness）又称国际投资状况（international investment position），是一国由于政治、经济等原因引起的对外贸易往来、劳务提供、资本转移以及由此必然引起的各国间的债权债务关系，是一国某一时点上对外资产负债的汇总，它反映的是一种存量。流量的变化有可能导致存量的变化，而存量的变化则可能归结为流量的变化结果。因而，国际收支与国际借贷有密切联系，国际借贷是产生国际收支的原因。但是两者各自包括的范围不同。

（2）国际收支记录的是对外往来的内容，即一国居民与非居民之间的交易

居民的概念与公民不同，它不以国籍或法律为标准，而以居住地为标准，是指在一国国家经济领土内具有经济利益的经济单位。所谓具有经济利益，是指在一国已有一年或一年以上时间大规模地从事经济活动或交易，或计划如此行事。依据该标准，一国大使馆等驻外机构及留学生人员是所在国的非居民，而一切国际性机构，如国际货币基金组织、世界银行、联合国等属于任何国家的非居民。

（3）国际收支所反映的内容是经济交易

这说明国际收支概念不再以支付为基础，而是以交易为基础。所谓经济交易，是指经济价值从一个经济单位向另一个经济单位的转移，可以划分为4类：交换，包括商品、服务与商品、服务之间的交换，金融资产与商品、服务之间的交换，金融资产与金融资产之间的交换；转移，包括商品、服务的无偿转移和金融资产的无偿转移；移居，指一个人把住所从一个经济体搬迁到另一个经济体而导致的对外资产、债务关系的变化；其他交易，如某些情况下可以根据推论确定交易的存在，尽管并没有发生实际流动，但也需要记录在一国的国际收支中。

1.1.2　国际收支平衡表

1. 国际收支平衡表的概念

在一个报告期内，一国居民所从事的国际经济交易是大量而多样的，要系统了解一国国际收支状况及其变化，需要对有关数据进行收集和规范管理，这个任务需要通过编制国际收支平衡表来完成。国际收支平衡表（balance of payments statement），是按照特定账户分类和复式记账原则，系统记录一定时期内（一年、半年、一季度）各种国际收支项目及其金额的一种统计报表。国际收支平衡表中的各个项目能够客观地

反映一国的国际收支结构、收支平衡状况及储备资产的增减变动情况，可以为其他经济核算表中有关国外部分提供基础性资料，从而为政府和相关部门及研究者分析影响国际收支平衡的基本经济因素、制定对外经济政策、采取相应的调控措施提供依据。世界各国国际收支平衡表的结构及其主要内容大都是按照国际货币基金组织的要求进行编制的。例如，表1-1为我国2014年的国际收支平衡表。

表1-1　**2014年我国的国际收支平衡表**　单位：亿美元

账　户	行次	差额	贷方	借方
一、经常账户	1	2 197	27 992	25 795
(一) 货物和服务	2	2 840	25 451	22 611
1.货物	3	4 760	23 541	18 782
2.服务	4	−1 920	1 909	3 829
(1) 运输	5	−579	382	962
(2) 旅游	6	−1 079	569	1 649
(3) 通信	7	−5	18	23
(4) 建筑	8	105	154	49
(5) 保险	9	−179	46	225
(6) 金融	10	−4	45	49
(7) 计算机和信息	11	99	184	85
(8) 专有权利使用费和特许费	12	−219	7	226
(9) 咨询	13	164	429	265
(10) 广告、宣传	14	12	50	38
(11) 电影、音像	15	−7	2	9
(12) 其他商业服务	16	−217	14	231
(13) 别处未提及的政府服务	17	−10	11	20
(二) 收益	18	−341	2 130	2 471
1.职工报酬	19	258	299	42
2.投资收益	20	−599	1 831	2 429
(三) 经常转移	21	−302	411	714
1.各级政府	22	−29	16	46
2.其他部门	23	−273	395	668
二、资本与金融账户	24	382	25 730	25 347
(一) 资本账户	25	0	19	20
(二) 金融账户	26	383	25 710	25 328

续表

账　户	行次	差额	贷方	借方
1. 直接投资	27	2 087	4 352	2 266
（1）我国在外直接投资	28	−804	555	1 359
（2）外国在华直接投资	29	2 891	3 797	906
2. 证券投资	30	824	1 664	840
（1）资产	31	−108	293	401
2.1.1 股本证券	32	−14	170	184
2.1.2 债务证券	33	−94	123	217
2.1.2.1（中）长期债券	34	−92	123	215
2.1.2.2 货币市场工具	35	−2	0	2
（2）负债	36	932	1371	439
2.2.1 股本证券	37	519	777	258
2.2.2 债务证券	38	413	594	181
2.2.2.1（中）长期债券	39	410	497	88
2.2.2.2 货币市场工具	40	4	97	94
3. 其他投资	41	−2 528	19 694	22 222
（1）资产	42	−3 030	995	4 025
3.1.1 贸易信贷	43	−688	282	970
长期	44	−14	6	19
短期	45	−674	276	950
3.1.2 贷款	46	−738	177	915
长期	47	−455	0	455
短期	48	−282	177	459
3.1.3 货币和存款	49	−1 597	514	2 111
3.1.4 其他资产	50	−8	22	29
长期	51	0	0	0
短期	52	−8	22	29
（2）负债	53	502	18 699	18 197
3.2.1 贸易信贷	54	−21	154	174
长期	55	0	3	3
短期	56	−20	151	171
3.2.2 贷款	57	−343	17 464	17 807

续表

账户	行次	差额	贷方	借方
长期	58	−57	511	569
短期	59	−286	16 953	17 239
3.2.3货币和存款	60	814	994	180
3.2.4其他负债	61	52	87	35
长期	62	58	64	6
短期	63	−6	23	29
三、储备资产	64	−1 178	312	1 490
1.货币黄金	65	0	0	0
2.特别提款权	66	1	1	1
3.在基金组织的储备头寸	67	10	13	4
4.外汇	68	−1 188	298	1 486
5.其他债权	69	0	0	0
四、净误差与遗漏	70	−1 401	0	1 401

资料来源　作者根据中国外汇管理局网站资料管理。

2.国际收支平衡表的基本内容

根据国际货币基金组织章程的规定，各会员国都必须按期向其报送本国的国际收支平衡表。由于国际经济交易内容极为广泛，各国国情的需要和经济环境不同，各国所编制的平衡表内容也不一致。为使各成员方编制的国际收支平衡表相互之间具有可比性，国际货币基金组织出版了《国际收支手册》（Balance of Payment Handbook），并多次进行修改，对编表所采用的概念、准则、分类方法以及标准构成都做了统一的规定和说明。IMF出版的《国际收支手册》（第5版）中的“国际收支平衡表标准组成部分”规定：国际收支平衡表的内容包括经常账户、资本与金融账户、储备资产、净误差与遗漏账户。

（1）经常账户

经常账户（current account），又称经常项目，是指记录实际资源在国际的流动行为的账户。经常账户是国际收支平衡表中最基本、最重要的账户，它反映居民与非居民之间经常发生的经济交易内容，表现了一个国家（或地区）自我创汇的能力，影响和制约着其他账户的变化。经常账户通常下设四个项目：货物、服务、收入（或称收益）以及经常转移。

①货物（goods），系统地记录一国商品的进口和出口情况，除一般商品之外，该项目还包括用于加工的货物、货物修理、各种运输工具在港口购买的货物以及非货币性黄金（即不作为储备资产的黄金）等的进出口。由于一国商品的进出口情况能够直

接反映一国商品在国际市场上的竞争力，并在一定程度上表现出一国的经济实力，因此货物项目是经常账户中十分重要的项目。

一般地，出口记入贷方，进口记入借方，其差额称为贸易差额（trade balance），亦称为有形贸易差额（balance of visible trade）。根据国际货币基金组织的规定，商品进出口以本国海关统计为准，并且都按离岸价格（FOB）计算，而进口则按到岸价格计价。

②服务（services），记录一国提供或接受服务或劳务所发生的收支，即服务贸易，亦称无形贸易（invisible trade），是经常账户中的第二大项目，它包括运输、旅游、建筑、通信、保险、金融服务、计算机和信息服务、广告、专有权使用费和特许费、各种商业服务、个人服务、文化和娱乐服务（如音像及其有关服务）等。一般地，服务输出记入贷方，服务输入记入借方。目前，服务收支的重要性日趋突出，不少国家的服务收支在该国的国际收支中占有举足轻重的地位，有的甚至还超出了有形贸易收支。

③收入（income），又称为“收益”，项目下系统地记录了生产要素（包括劳动力与资本）在国际的流动而引起的要素报酬收支。主要包括职工报酬和投资收益两类收支。职工报酬是一国（或地区）居民个人在另一国（或地区）工作而得到的现金或实物形式的工资、薪金和其他福利，如非居民工作人员的工资、薪金、福利。投资收益包括居民因持有国外金融资产或承担对非居民负债而造成的收支，跨国投资所获股息、利息、红利、利润等。投资收益又可进一步分为直接投资收益、证券投资收益和其他投资收益。较常见的投资收益是股本收益（股利）和债务收益（利息）。一般地，属本国的收入记入贷方，属本国的支出则记入借方。

④经常转移（current transfers），是指所有非资本性所有权转移的转移项目，主要包括各级政府的转移和其他转移。政府转移，如政府间经常性国际合作、没收走私商品、对收入和财产支付的经常性税收、政府间赠予、外债豁免、对外军事和经济援助、战争赔款、捐款及税款等；其他转移，如侨汇、养老金、私人或团体捐赠、财产继承、个人赠予、各种奖金等。一般地，从国外转移至本国的资金记入贷方，从本国转移到国外的资金则记入借方。

需要指出的是，经常转移和资本转移都属于单方面转移，属于国际收支账户中的平衡项目。当一居民向另一非居民无偿提供了实物资产或金融资产时，按照复式记账原则，需要在另一方进行抵消性记录以求平衡，也就是需要建立转移账户作为平衡项目。在《国际收支手册》（第5版）中，将转移账户区分为经常转移和资本转移，将经常转移隶属于经常账户，而资本转移归属于资本与金融账户。

（2）资本与金融账户

资本与金融账户（capital and financial account）是对资本和金融资产所有权在国际流动的行为进行记录的账户，它包括资本账户和金融账户两大部分。

①资本账户（capital account），包括资本转移和非生产、非金融资产的收买或放

弃。非生产、非金融资产的收买或放弃是指包括各种无形资产，如专利、版权、商标、经销权以及租赁和其他可转让合同的交易。而资本转移则主要包括：第一，固定资产所有权的资产转移；第二，同固定资产收买（或放弃）相联系的或者以其为条件的资产转移；第三，债权人不索取回报而取消的债务。

②金融账户（financial account），包括一个经济体对外资产和负债所有权变更的所有交易，反映的是居民与非居民之间投资与借贷的增减变化。金融账户主要由直接投资、证券投资和其他投资构成。与经常账户不同，金融账户下的这些子账户并不按借贷方总额来记录，而是按照净额来计入相应的借方或贷方。

a.直接投资（direct investment）反映跨国投资者的永久性权益，即拥有控股权或经营权的投资，也就是说投资者对另一经济体的企业拥有永久利益。永久利益意味着直接投资者和企业之间存在着长期的关系，并且投资者对企业经营管理施加着相当大的影响。一般地，直接投资可采取直接在国外投资兴建企业的形式，也可采取购买非居民企业一定比例股票的形式。《国际收支手册》规定，若采取购买一定比例股票的形式，这一比例要达到10%以上才可以视为直接投资，而我国规定的这一比例为25%以上。此外，直接投资项目还可细分为股本资本、用于再投资的收益和其他资本几个子项目。

b.证券投资（portfolio investment）即跨国投资者购进并持有非居民单位的股票、中长期债券、货币市场工具以及衍生金融工具，以期获取长期稳定收益的活动，又称间接投资。投资主要对象包括股票、债券、商业票据、可转让定期存单和其他衍生金融工具，其中最主要的是股票和债券。需要指出的是，证券投资的本金还款是记录在金融项目中的，但是利息收入或支出等要按净额记录在经常项目中。

c.其他投资（other investment）指所有直接投资、证券投资或储备资产未包括的金融交易，它是一个剩余项目，包括长短期贸易信贷、贷款、货币和存款、应收款项和应付款项以及其他资产或负债。其他投资按照期限划分，可以分为长期投资和短期投资。长期投资是指原始合同期限为一年以上或无期限的投资；短期投资则是期限为一年以下（包括一年）或随时可能支付的投资。

（3）储备资产账户

储备资产（reserve assets），又称官方储备项目，是指一国官方拥有的国际储备资产，反映一国一定时期内国际收支活动的结果，一国国际收支的状况最终都表现为官方储备资产的增减。当经常项目和资本与金融项目出现顺差时，储备资产增加，记在国际收支平衡表的借方，用“-”号表示；出现逆差时，表示储备资产减少，记在国际收支平衡表的贷方，用“+”号表示。

官方储备资产主要包括四类：黄金储备，是传统储备形式；外汇储备，以外币表示的流动资产，是官方储备主要构成；在国际货币基金组织的储备头寸，也就是IMF会员国普通提款权中25%以黄金外汇所缴份额的部分，这部分可自由使用；特别提款权（special drawing right，SDR），是IMF会员国除普通提款权以外的提款权利，是一种按会员国所缴份额分配的账面资产。一国货币当局持有官方储备主要目的是：为国际收支平衡提供直接融资，通过干预外汇市场影响汇率从而间接调整收支平衡，维持对某种货币及其经济的信心或作为一国向国外借款的基础等。

（4）净误差与遗漏账户

净误差与遗漏账户（errors and omissions account），也可称作平衡项目或统计误差账户，是人为设立的一个项目，用于平国际收支平衡表的借贷方总额。国际收支平衡表的编制基础是复式记账原则，要求所有账户的借方总额与贷方总额总是相等的，但由于错误与遗漏的存在，国际收支平衡表会出现净的借方余额或贷方余额。如果经常项目、资本金融项目和储备资产与相关项目三个项目的贷方出现余额，就在净误差与遗漏项下的借方列出与余额相等的数字；反之则列在贷方。

国际收支统计出现误差与遗漏的主要原因有：第一，数据来源不同。由于国际收支统计涉及一个经济体的全部涉外交易，各国编制国际收支平衡表一般会使用多渠道、多部门的多种数据来源，这些不同申报单位往往在数据的统计时点、统计口径与国际收支统计原则上存在一定差异；第二，资料收集不完整，一国货币当局不可能完整准确地记录居民与非居民间的一切交易活动，如跨国公司的资金调拨或走私；第三，客观的统计误差和货币折算在一定程度上也会造成误差与遗漏。因此，为满足复式记账的要求，设立了“净误差与遗漏”项目来人为地加以平衡。国际上一般认为，净误差与遗漏规模占进出口贸易总值的5%以下是可以接受的。如果绝对值过大就会影响国际收支统计的可信度。

1.2 国际收支分析

国际收支平衡表综合记载了一国在一定时期内与世界各国的经济往来情况和在世界经济中的地位及其消长对比情况，而且还集中反映了该国的经济类型和经济结构。通过对国际收支平衡表的分析，能够全面掌握该国对外经济交易的综合情况，找出造成国际收支顺差、逆差的原因，从而采取正确的调节措施，同时还可以为与本国国力相适应的贸易、投资、经济援助、借贷等方面的宏观经济政策的制定提供参考。因此，国际收支平衡表是经济分析的重要工具，对国际收支平衡表的分析对每一个经济体都具有重要的意义。

1.2.1 国际收支的分析方法

对国际收支平衡表的分析通常采用下列方法。

1.静态分析法

根据复式记账原理编制，国际收支平衡表借方总额与贷方总额总是相等的。但每一个具体账户的借方和贷方却是经常不相等的，存在一定差额。静态分析法就是计算和分析平衡表中的各个项目及其差额，分析各个项目差额形成的原因及其对国际收支总差额的影响，因此，静态分析法也被称为差额分析法。

2.动态分析法

动态分析法是指对一国连续若干报告期的国际收支平衡表进行分析的方法，又经常被称为纵向分析法。因为一国某一时期的国际收支状况往往同前一期或前几期的国际收支状况有着一定的联系，所以通常会将静态分析和动态分析结合起来分析一国的国际收支状况。

通常情况下，一个国家很难在每一个报告期内都实现国际收支平衡，因此动态分析常常考察该国是否实现了国际收支的长期动态平衡。动态平衡是在较长计划时期内，实现期末国际收支的大体平衡。其特点是：不以年度时间为限，而以实现计划期的经济目标为主，来确定和实现国际收支平衡。所以，动态平衡与经济发展的实际情况比较相符，尤其符合处于经济起飞阶段的国家的实际国情，一般只要在整个计划期末实现大体的平衡，就可以认为该国的国际收支在这个计划期是平衡的。

3.比较分析法

比较分析法，又称为横向分析法，这种方法既包括对一国若干连续报告期的国际收支表进行的动态分析，也包括对不同国家相同报告期的国际收支平衡表进行的比较分析，尤其要同主要经济大国的国际收支平衡表进行比较分析。经过比较分析，不但可以了解本国的对外经济贸易和资本流动的变化状况，以及本国的经济发展状态和趋势，还可以确认各国在世界经济中的地位和国际金融格局的演变，这对调节本国的国际收支有重要作用。

4.综合分析法

综合分析法是在对每个项目和局部差额分析的基础上，总体分析各差额间的关系和协调平衡情况，进而分析国际收支总差额的情况的分析方法。这一分析方法能够帮助研究者全面地认识一国国际收支状况，以及国际收支顺差逆差对经济发展的影响，从而便于深入查找其形成原因并制定调整措施。

结合以上分析方法，国际收支平衡表的分析主要包括：国际收支平衡表的一般性分析、项目分析、差额分析以及对国际收支不平衡类型的分析。本教材着重阐述一般性分析、差额分析以及对国际收支不平衡类型的分析。

1.2.2 国际收支的一般性分析

国际收支的一般性分析是对一国一定时期国际收支的整体状况、历年的国际收支状况以及和其他国家国际收支的比较进行分析，从而了解一国国际收支状况的全貌，以便政府和管理部门制定有效的对外经济政策。一般性分析主要进行以下几个方面的分析：

1.全面分析本国国际收支平衡表

全面分析是对国际收支平衡表的所有构成项目进行逐一分析，找出出现顺差或逆差的项目，分析这些项目出现顺差或逆差的原因，为下一步的深入分析作准备。进行全面分析的目的是深入了解一国国际收支的全部情况。由于构成国际收支表的项目有很多，大账户又由许多小项目构成，其中某一个或某些项目的平衡，并不表明全部项目都是平衡的，某个大账户的平衡并不等于下面各个子项目、小项目的平衡，只有进行全面分析，才能够全面把握整个国际收支的平衡情况。

2.对国际收支平衡表进行纵向比较分析

纵向分析是将一国连续多个报告期（或多年）的国际收支平衡表进行比较分析。因为一国在一定时期的国际收支状况，要受到过去的国际收支状况的影响，同时本期的国际收支状况也将影响未来的国际收支状况，只有进行纵向比较，才能够找到一国多年国际收支状况之间的相互影响关系，以便对未来对外经济交易发展趋势做出更加合理的预测。

3.对国际收支平衡表进行横向比较分析

横向比较分析是对一国及其他有关国家在相同时期的国际收支平衡表进行比较分析。在一定时期内，一国国际收支的顺差（逆差）与有关国家的逆差（顺差）相关，而且国际政治、经济和军事关系的变化，也会导致一国与有关国家的国际收支的变化。因此，必须对相关国家的国际收支平衡表进行横向比较分析。相对于一国国际收支平衡表的纵向分析，各国国际收支平衡表的比较分析较为困难，因为各国的国际收支平衡表在项目的分类与统计上不尽相同，不过可以利用联合国或国际货币基金组织的资料来克服这一困难。

4.分析国内经济、金融政策对该国国际收支的影响

一国国内经济发展状况总是与该国的对外贸易发展状况相联系，一国政府制定的经济和金融政策，也会影响该国的国际收支。有些政策可能直接影响到该国的国际收支，有些政策可能间接影响到该国的国际收支，因此，必须考虑政策对国际收支的作用。

5.分析其他国家的经济、金融政策以及重大国际事件对本国国际收支状况的影响

由于国际关系日益紧密，国际经济金融一体化进程日益加快，因此，一些国家采取的经济、金融政策必然会影响到其他国家，引起这些国家国际收支状况的变化。另外，国际的重大事件也会引起一国国际收支的变化。

1.2.3 国际收支差额分析

根据复式记账原则编制的国际收支平衡表最后的余额为零，但这并不意味着每个账户的余额都会恰好为零。通常情况下，国际收支平衡表每一个账户的余额都是有正有负的，这一余额被称为账户差额。账户差额为我们进一步对国际收支平衡表进行分析提供了途径。差额分析法就是计算和分析平衡表中的各个项目及其差额，分析各个项目差额形成的原因及其对国际收支总差额的影响。这种分析有时也称为静态分析法。一般而言，考察国际收支状况主要分析五个差额：贸易收支差额、经常账户差额、资本与金融账户差额、综合差额和错误与遗漏差额。

1.贸易收支差额

贸易收支差额（trade balance）是指一定时期内一国商品与服务进出口差额。它是一种相当传统的统计口径，在对国际收支状况进行分析时运用得也比较多。对于大多数国家而言，贸易收支在整个国际收支中占有很大比重，贸易收支差额是经常账户差额最重要的部分，常常起决定性的作用。在实际分析中，常用贸易收支差额来近似地替代经常账户差额。因为这一账户差额能够较好地反映出一国对外经济交往情况、产业结构、产品质量、产品国际竞争力以及在国际贸易中的地位及所占比重，甚至是一国的经济发展水平等。即使像美国这样资本流动占主要地位的国家也都十分重视贸易收支差额问题。

2.经常账户差额

经常账户差额（balance of current account）包括商品、服务的进出口、收入及经常性转移项目的借贷差额，该差额反映了实际资源在一国与其他国家之间转让的净额。各国也常用经常账户差额的预期完成情况来表示国际收支的目标。通常地，如果一国经常账户出现顺差，有盈余，有商品贸易、劳务贸易以及单方面转移等的贷方净额，则说明一国在海外的资产额有增加了，也就是说经常账户盈余表示对外净投资。反之，如果一国账户经常出现逆差，也就是账户赤字，则说明由于输入相对较多的商品、劳务和对外赠予，一国在海外的资产额减少了，也可以说该国的资本形成利用了国外储蓄。

经常账户差额能够综合反映一国的进出口状况（包括无形贸易），因而是衡量国际收支状况的重要指标之一，同时，经常项目差额还与国内储备、投资、消费有着密切关系，是各国制定国际收支政策和产业政策的重要依据。

3.资本与金融账户差额

资本与金融账户差额（balance of capital and financial account）是该账户下资本转移、直接投资、证券投资和其他投资交易以及储备资产交易的差额，反映了世界其他国家和地区对本国的投资净额或贷款（或借款）净额。资本与金融账户收支能够反映一国财富的变动及变动途径，资本与金融账户差额是分析国际收支账户的一个重要指标，分析中通常考察该差额与经常账户之间的联系和该账户的流动量。

根据复式记账原理，国际收支平衡表中所有国际交易的总和等于零。因此，一般情况下，在不考虑错误与遗漏账户时，经常账户中一笔实际资源的流动量总是对应着资本与金融账户中一笔金融资产的流动量，又由于两个账户差额之和为零，故一个账户出现的赤字（或盈余）必然伴随另一账户的盈余（或赤字），即一国可以利用金融资产的净流入或动用储备资产为经常账户赤字融资。可见，资本与金融账户差额可以间接地、准确地反映出经常账户的状况和融资能力。

随着国际金融一体化及大量金融衍生工具的发展，国际资本流动也逐渐摆脱了对贸易的依赖，呈现出独立的运动规律。一般情况下，一个国家的资本市场开放度越高，其资本与金融账户流动量的总额也越大。所以，国际资本与金融账户的流动量可以反映出一国资本市场的开放程度和金融市场的发达程度。通常地，资本与金融账户差额的分析重点是要分析影响金融流量的各种因素，如利息率、直接投资和其他投资的回报率、预计的汇率走势和税收等，分析的结果往往对一国的货币政策和汇率政策的调整具有重要的参考价值。

4. 综合差额

综合差额（overall balance）是指经常账户、资本与金融账户中的资本转移、直接投资、证券投资、其他投资账户所构成的总差额，因此又称为总差额。通常人们所说的国际收支盈余或赤字实际上就是指综合差额的盈余或赤字。因为这一差额排除储备资产交易，所以它能够反映一国动用或获取国际储备资产的情况。在错误与遗漏账户为零的前提下，综合差额与一国官方储备的增减额相对应：综合差额为正，表示储备资产增加，国际收支为顺差；综合差额为负，表示储备资产减少，国际收支为逆差。综合差额比较综合地反映了自主性国际收支的状况，是全面衡量和分析国际收支状况的指标。在固定汇率制度下，综合差额可用来直接衡量国际收支失衡的程度，或本国货币在外汇市场上遭受的压力。而在浮动汇率制度下，由于部分国际收支差额会通过汇率的变动来调整，综合差额只能反映一国政府干预外汇市场的程度，而不再反映该国国际收支失衡的程度。

5. 错误与遗漏差额

错误与遗漏差额是伴随国际收支统计中原始数据收集和处理过程中不完善或者统计方法欠科学造成的误差等不可避免的因素产生的，因此，对错误与遗漏净额规模和趋势的分析可能有助于发现数据问题，找出错误，提高国际收支平衡表编制的质量，同时可以帮助有关当局根据对涵盖范围、报告问题等方面的评估对其加以调查和分析。

1.2.4 国际收支不平衡的分析

1. 国际收支不平衡的含义

一般来说，所谓国际收支不平衡，是指国际收支出现不同程度的顺差和逆差。由于国际收支采用的是复式记账法，所以整个平衡表总是平衡的，但这种平衡只是会计账面上的平衡和形式上的平衡。一般所说的国际收支不平衡是说整个国际收支平衡表中一部分的不平衡。在国际收支分析中，通常将自主性交易的差额作为判断国际收支平衡与否的依据。国际收支平衡一般是指自主性交易能够自动维持平衡，即自主性交易的借方总额等于贷方总额，自主性项目差额为零，而不必依赖于补偿性交易事后弥补的平衡；国际收支不平衡则是指自主性交易发生顺差或逆差，即自主性项目差额不为零，必须通过补偿性交易来弥补和维持国际收支平衡表的平衡。由此可见，当自主性交易的借方总额大于贷方总额时，国际收支为逆差；当自主性交易的借方总额小于贷方总额时，国际收支为顺差。

2.国际收支不平衡的类型

根据导致国际收支不平衡的原因，一般将国际收支不平衡分为以下六种类型。

（1）临时性不平衡

临时性不平衡（temporary disequilibrium）是指短期的由非确定或偶然性因素引起的国际收支不平衡，如突发事件、自然灾害、政局动荡等因素引起的国内产量减少（如粮食产量减少），进口需求增加，出口供给减少，导致本国国际收支出现逆差。例如，洪水、地震等自然灾害造成谷物歉收而减少了谷物出口。临时性不平衡程度一般较轻，持续时间不长，带有可逆性，通常等到这些因素消失后，国际收支就会恢复到正常状态。这种类型的国际收支不平衡一般不需要采取政策措施进行调节，在浮动汇率制度下，有时市场汇率的波动就能将其纠正；而在固定汇率制度下，需动用官方储备才能加以克服。

（2）周期性不平衡

周期性不平衡（cyclical disequilibrium）是指一国经济周期波动引起该国国民收入、价格水平、生产和就业发生变化而导致的国际收支不平衡。与临时性的国际收支不平衡不同，周期性国际收支不平衡具有长期性和持续性的特征。

周期性不平衡是各国国际收支不平衡常见的原因。在经济发展过程中，经济会周而复始地出现繁荣、衰退、萧条、复苏四个不同阶段，而这些不同阶段对国际收支会产生不同的影响。在经济衰退阶段，国民收入减少，社会总需求下降，物价下跌，会促使出口增长，进口减少，从而出现贸易顺差；而在经济繁荣阶段，国民收入增加，消费需求和投资需求旺盛，社会总需求上升，物价上涨，会促使进口需求增加，国际收支出现逆差。

（3）货币性不平衡

货币性不平衡（monetary disequilibrium）是指由于一国货币增长速度、商品成本、物价水平、利率和汇率等货币性因素的变化而引起的国际收支不平衡。这种国际收支不平衡不仅与经常项目收支有关，而且与资本与金融项目收支有关。货币性不平衡可以是短期的，也可以是中期的或长期的。

这种不平衡主要是由国内通货膨胀或通货紧缩引起的，一般直观地表现为价格水平的不一致。在汇率水平一定的条件下，如果一国货币供给过多，就会发生通货膨胀，其出口商品成本必然上升，使用外国货币计价的本国出口商品的价格就会上涨，从而削弱本国商品在国际市场上的竞争能力，使该国出口减少。这样相比较本国商品已经上涨的价格，进口商品的价格就显得便宜，外国商品的进口就会增加，从而出现贸易收支的逆差。

（4）收入性不平衡

收入性不平衡（income disequilibrium）是指由于各种经济条件的恶化导致国民收入的较大变动而引起的国际收支不平衡。通常引起国民收入变动的因素很多，如经济周期的波动、经济增长率的变化和国家经济政策的变化都会引起一国国民收入的变化。收入性不平衡也具有长期性。

收入变动对国际收支不平衡的影响主要源于消费与投资两个方面：一方面，一国国民收入增加，全社会消费水平就会提高，社会总需求也会扩大，在开放型经济下，物价水平不一定会迅速上涨，而商品和服务的进口需求会增加，从而导致国际收支出现逆差；反之，一国国民收入减少时，社会总需求减少，对商品和服务的进口需求减少，国际收支逆差减少，顺差就会出现。另一方面，一国国民收入增加总是伴随着经济高增长，经济高增长所带来的高利润率会吸引大量外资的流入，如果外资流入超过该国的对外支出，该国的国际收支就会出现顺差。

（5）结构性不平衡

结构性不平衡（structural disequilibrium）是指由于一国经济结构、产业结构和商品进出口结构的变化而引起的国际收支不平衡，它通常反映在贸易账户或经常账户上。

结构性不平衡包含两层含义：

第一层含义是指因经济结构和产业结构变动的滞后和困难所引起的国际收支不平衡。世界各国由于地理环境、资源分布、技术水平、劳动生产率差异等经济条件和历史条件不同，形成了各自的经济布局和产业结构，以及各自的进出口商品和地区结构，从而形成一定的国际分工格局，这种国际分工格局随要素禀赋和其他条件的变化而变化。当国际分工的结构（或世界市场）发生变化时，世界市场对该国的出口需求或对该国进口的供给发生变化，则该国势必要改变其经济结构以适应这种国际变化，即原有的相对平衡和经济秩序受到了冲击。如果该国的产业结构不能够适应国际市场的变化，滞后于国际市场的变化，会引起该国进口支出和出口收入的变化，那么就会导致该国的国际收支出现不平衡。例如，国际市场上对一国具有比较优势的产品需求减少，或者国际市场对一国需求的价格弹性较低的进口品的供给减少，进口商品价格上涨，都会导致该国的贸易收支出现逆差。

第二层含义是指由一国进出口商品所面临的特定的收入弹性或价格弹性引起的国际收支不平衡。这一类结构性不平衡在发展中国家表现得较为突出，因为发展中国家进出口商品具有以下两个特点：第一，产品出口需求的收入弹性低，而产品进口需求的收入弹性高，所以出口难以大幅度增加，而进口则能大幅度增加；第二，产品出口需求的价格弹性大，而产品进口需求的价格弹性小，于是进口价格上涨快于出口价格上涨，贸易条件恶化，容易引起国际收支失衡。

结构性不平衡的调整需要重新组合生产要素并重新组织生产，以适应需求和供给的新结构，而生产的重新组合阻力较大，进展缓慢，因此，结构性国际收支不平衡具有长期的性质，调整起来相当困难。

（6）冲击性不平衡

冲击性不平衡是指在浮动汇率制下由利率差别或汇率变动而引发的国际收支不平

衡。这种类型的不平衡多产生于短期资本流动。20世纪90年代以来出现了大量追逐高息而流动的高达数万亿美元的短期资本，被称为国际游资（hot money)。国际游资大多数时候并非为了躲避风险而流动，主要是为了投机牟利和资本保值而流动，这种投机性资本流动和保值性资本流动均对利率或汇率的变动非常敏感，并且具有规模大、突发性等特点。通常国际游资会有意阻击一个甚至几个国家或地区的货币，造成这些国家和地区的金融秩序动荡，汇率波动加剧。而如果投机行为造成了货币贬值，贬值又会进一步刺激投机行为，使外汇市场变得更加混乱。在该国拥有资产的居民和非居民会将其资产转往他们认为稳定的国家，造成该国的资本大量外流，国际收支严重失衡。因此，冲击性不平衡通常在一国面临货币贬值、外汇管制、政治动荡或战争威胁时发生。

3.国际收支不平衡对经济的影响

一国的国际收支出现不平衡，会对该国的经济发展产生很大的影响。国际收支不平衡有短期性的，也有长期性的，长期性的国际收支不平衡对一国经济发展的影响更为突出，需要有关当局认真面对。

（1）国际收支持续顺差对国内经济发展的影响

①持续顺差在外汇市场上表现为有大量的外汇供应，这就增加了外汇兑换本国货币的需求，导致外汇汇率下跌，本币汇率上升，提高了以外币表示的出口产品的价格，降低了以本币表示的进口产品的价格，使本国商品在国际市场的竞争力下降，而外国商品在本国市场的竞争力增强，从而不利于本国商品出口，有利于进口，在竞争激烈的国际市场上，国内商品和劳务市场将会被外来者占领。

②持续顺差会破坏国内总需求与总供给的均衡，使总需求大于总供给，物价水平迅速上涨，冲击经济的正常增长，并加剧国内的通货膨胀。2010年以来，我国物价的持续上扬现象就与我国国际收支连年顺差息息相关。

③一国保持持续的顺差，会导致其相关的贸易伙伴国对本国的国际收支逆差，必然影响这些国家经济的发展，导致国际贸易摩擦。

④持续的顺差会使该国丧失获取国际金融组织优惠贷款的权利。

⑤一些资源型国家如果发生过度顺差，意味着国内资源的持续性开发，会导致这些国家资源尤其是不可再生资源的过度开发和使用，会加速这些资源的枯竭，对这些国家今后经济的长远发展带来不利影响。

（2）国际收支持续逆差对国内经济发展的影响

①如果逆差表现为出口收入少于进口支出，就意味着该国获取外汇的能力减弱，会影响该国发展生产所需的生产资料的进口，使国民经济增长受到抑制，进而影响一国的收入及就业。

②一国持续的逆差，会导致该国外汇短缺，造成外汇汇率上升，本币汇率下跌。一旦本币汇率过度下跌，会削弱本币在国际上的地位，导致该国货币信用的下降，国际资本大量外逃，引发货币危机。

③一般情况下，在一国持续地发生逆差时，该国政府为避免本币的贬值，维持汇率的稳定，就需动用国际储备，这会导致外汇储备大量流失。储备的减少意味着该国金融实力甚至整个国力的下降，会损害该国在国际上的声誉。同时，国际储备的减少还会使该国的货币供给量减少，影响该国的生产和就业。

④部分国家在出现国际收支逆差时会采取借款方式来弥补逆差带来的外汇不足，持续性逆差可能使该国陷入债务危机，引发国际收支危机。

1.3 国际收支调节

当一国出现国际收支不平衡时，各国都会采取一定的政策措施进行调节，使国际收支实现平衡。通常情况下，国际收支既可以自发地调节也可以由政府采取政策措施加以调节，一般调节国际收支的政策措施包括财政政策、货币政策、汇率政策和直接管制政策。

1.3.1 国际收支调节原则

各国在选择调节方式时，一般遵循下列原则：

1.按照国际收支不平衡的类型选择适当的调节方式

不同类型的国际收支不平衡是由不同原因引起的，所以应该根据造成国际收支不平衡的不同原因选择不同的调节方式。如若是结构性的不平衡，就应当采取贸易、外汇管制手段，或利用国家的财政、货币政策干预，为长期的结构调整创造条件；若是货币性的不平衡，则适合采取调整汇率即货币比价的方式；若是周期性的不平衡，可采取国外借贷的方式来调节，有时还可以动用国际储备。

2.调节国际收支要充分考虑到国内平衡，避免内外平衡冲突

宏观调控要服务于内部均衡与外部均衡的双重目标。有一些国际收支平衡的经济政策在实施过程中，常常会与物价稳定、就业充分、经济增长这些内部均衡目标发生矛盾或冲突。例如，一国出现顺差和通货膨胀时，若实行降低利率这种扩张性货币政策来减少顺差，会使国内的通货膨胀进一步加剧。所以，选择调节国际收支的政策时，应从一国经济全局考虑，既要确定优先的目标，又需要多种政策配合，否则会顾此失彼，达不到预期的目的。

3.在调节本国国际收支时要尽量避免刺激其他国家的经济

由于经济全球化的快速发展，各国经济相互传递的障碍在减少，互动性加强，一个国家采取贸易政策、汇率政策以及货币政策来调节本国国际收支时，也会对其他国家产生影响。尤其是采取制裁性调节政策时，一国对另一国单方面采取“贸易保护”“贸易摩擦”“贸易制裁”等措施，会开始由自我保护的工具变成了“双刃剑”，在制裁别国的同时也会使自己受到伤害。或许，通过谈判，达成互惠互利的协议，促进双方的经贸发展，取得“双赢”，才更胜一筹。

1.3.2 国际收支的自动调节机制

国际收支的自动调节是指由国际收支不平衡本身引起的国内经济变量变动对国际收支的自动调节作用。这种调节机制来自不平衡本身，不包括政府行动，其过程一直要持续到不平衡被消除为止，除非政府采取特殊步骤以防止其副作用的产生。

1.货币–价格流动机制

货币–价格流动机制（price specie-flow mechanism）最早由18世纪英国哲学家、经济学家大卫·休谟（David Hume）提出并阐述的。休谟在1752年提出了“价格–现金流动机制”，又称“休谟机制”。“货币–价格流动机制”与“价格–现金流动机制”描述的国际收支自动调节原理是一致的，区别是货币形态不同。因为休谟处于的金本位制时期，金属铸币普遍参与国际流通，而在当代，则完全是纸币流通。

货币–价格流动机制是依赖国际收支逆差及盈余国的价格变动来对国际收支失衡进行调整的机制，又被称为自动价格调节机制。这一机制在固定汇率制度和浮动汇率制度下的具体表现完全不同。

在固定汇率制度下，当一个国家国际收支发生逆差时，意味着对外支付大于收入，货币外流；在其他条件既定的情况下，货币供给减少，国内物价水平下降，本国出口商品价格也下降，使得出口增加，国际贸易收支得到改善，国际收支逆差自动减少。当国际收支发生顺差时，则出现相反的自动价格调节。具体过程如下：

国际收支逆差→货币流出→货币供给减少→国内物价下降→出口商品价格下降→出口增加→国际贸易收支改善

国际收支顺差→货币流入→货币供给增加→国内物价上涨→出口商品价格上涨→出口减少→国际贸易收支改善

在浮动汇率制度下，这种自动调节机制是通过本币与外币相对价格水平的变动而发生作用的，由于是通过汇率变化来调节国际收支的机制，因此通常被称为汇率调节机制。本教材将在汇率调节机制部分详细阐述这一点。

2.汇率调节机制

汇率调节机制是指在浮动汇率制度下，国际收支的不平衡会带来外汇市场上本外币供求关系发生变化，必然会引起该国汇率的变动，汇率变动反过来自动调节该国贸易收支，最终改善国际收支，从而形成了汇率变动的自动调节机制。汇率调节机制实质上是货币–价格流动机制在浮动汇率制度下发挥作用的具体表现。

当国际收支发生逆差时，对外支出大于收入，外汇需求大于外汇供给，导致外汇汇率上升，本国货币汇率下降，从而引起本国出口商品以外币计算的价格相对下跌、进口商品以本币计算的价格相对上涨，致使出口增加、进口减少，贸易收支逆差逐渐减少，国际收支得到改善。当国际收支发生顺差时，对外收入大于支出，外汇供给大于外汇需求，导致外汇汇率下降，本国货币汇率上升，从而引起进口商品以本币计算的价格下跌、出口商品以外币计算的价格上涨，致使进口增加、出口减少，贸易收支顺差逐渐减少，国际收支得到改善。具体调整过程如下：

国际收支逆差→外汇需求大于外汇供给→外汇汇率上升、本国货币汇率下降→出口商品价格相对下跌和进口商品价格相对上涨→出口增加和进口减少→国际收支改善

国际收支顺差→外汇供给大于外汇需求→外汇汇率下降、本国货币汇率上升→出口商品价格相对上涨和进口商品价格相对下跌→出口减少和进口增加→国际收支改善

3.利率调节机制

利率调节机制（automatic interest adjustment mechanism）是指一国国际收支不平衡会影响利率的水平，而利率水平的变动反过来又会对国际收支不平衡起到一定的调节作用。这一调节机制发挥作用是以一国利率市场为无约束的自由市场为前提条件的。假定一个经济体的利率能够根据实际情况由市场自行进行调节，那么当一国国际收支出现逆差时，本国货币的存量（供应量）相对减少，利率上升。而利率上升表明本国金融资产的收益率上升，从而对本国金融资产的需求相对上升，对外国金融资产的需求相对减少，引发国内外资金进入该国金融市场，资金外流会减少且资金内流增加，资本与金融账户得到改善，国际收支逆差减少，国际收支得到改善。反之，当一国国际收支出现顺差时则呈现相反的运作过程，顺差缩小。其调节过程如下：

国际收支逆差→货币的存量减少→利率上升→本国金融资产的收益率上升→对外国金融资产的需求减少→资金外流减少，资金内流增加→国际收支逆差减少→国际收支改善

国际收支顺差→货币的存量增加→利率下降→本国金融资产的收益率下降→对外国金融资产的需求增加→资金外流增加，资金内流减少→国际收支顺差减少→国际收支改善

4.收入调节机制

收入调节机制（automatic income adjustment mechanism）是指由于一国国际收支逆差（或顺差）会引起国家国民收入的变动，从而引起国内总需求的变动，这些变动会反过来调节国际收支不平衡，促使其恢复平衡。

其一般原理为：在物价水平不变的条件下，当一国国际收支出现逆差时，国民收入会随之减少，从而引起社会总需求水平下降，对国外商品和劳务进口需求下降，对外国金融资产的需求也下降，逆差逐渐缩小，国际收支得到改善。反之，当一国国际收支出现顺差时，国民收入会随之增加，进而引起社会总需求水平上升，对国外商品和劳务进口需求上升，对外国金融资产的需求也上升，顺差逐渐减少，国际收支得到改善。其作用过程如下：

国际收支逆差→国民收入减少→AD下降→进口需求下降→国际收支改善

国际收支顺差→国民收入增加→AD上升→进口需求上升→国际收支改善

综上所述，国际收支自动调节机制是在市场经济条件下经济系统内部自发调节并促使国际收支趋向平衡的机制，其调节作用的发挥是以市场充分发挥作用为基础的，不需要政府付出成本加以干预。在一个市场体系内，价格、汇率、利率和收入会同时受到国际收支不平衡的影响而发生变动，也会同时影响国际收支。比如在固定汇率制

度下，价格机制、利率机制和收入机制可以同时调节国际收支，如图1-1所示。当然，这些自动调节机制也能够在浮动汇率制度下同时发挥作用。

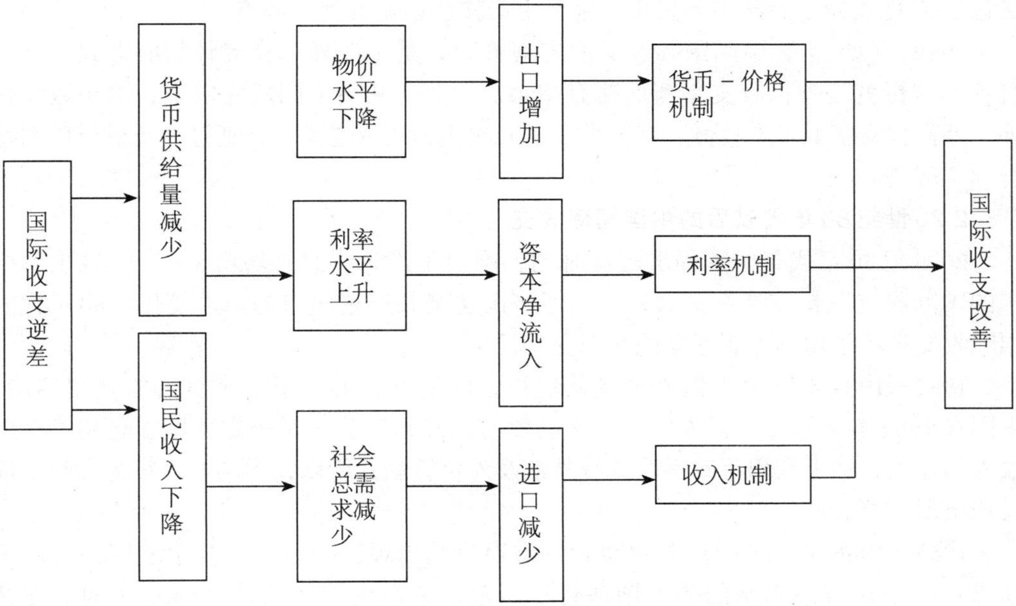

图1-1 国际收支自动调节机制同时发挥作用

1.4 中国的国际收支

1.4.1 中国国际收支的发展变化

从新中国成立初期到1979年，我国只编制外汇收支平衡表。因为这一时期，我国全部的国际经济交易收入主要表现为外贸和侨汇收入。

1980年我国恢复了在国际货币基金组织的合法席位，根据国际货币基金组织有关条款的规定，作为成员方有义务定期向其提供国际收支状况资料。为此，我国开始建立国际收支统计体系。1981年中国制定了国际收支统计制度，1984年又进行了修订。1985年国家外汇管理局便按照IMF的要求，首次公布了中国1982年至1984年的国际收支概览表。从1987年起，中国开始逐年统计和编制国际收支平衡表，并对外公布。

1.20世纪80年代以前的中国国际收支

1949年新中国成立后，经济处于长期封闭状态。20世纪50年代期间曾向苏联借债，60年代提前偿还，这是国际资本第一次流向国内。70年代中期以前，由于经济发展需要，短期内引进化肥、石化等建设设备，曾出现贸易赤字38亿美元，经过调整进出口和动用黄金、外汇储备等措施，顺利解决了问题。20世纪70年代后期，国际收支发生了一些变化。从1978年底开始，经济建设高速发展，许多重大项目同时上马，短期内集中引进了石油、冶金等设备，于是1979年和1980年两年内贸易逆差又达近33亿美元，后从国际货币基金组织借款使逆差得到了调整。

1949—1979年，中国国际收支的宏观管理，是采取外汇收支计划的形式。外汇管理的宗旨就是外汇收支平衡而略有结余。因此，从新中国成立以来，除少数年份外，外汇收支状况基本良好，其间发生过几次出口贸易逆差，但通过调整后已顺利地得到了解决。

2.20世纪80年代以后的中国国际收支

20世纪80年代是中国经济起飞时期，国内生产总值的年均增长在15%以上，中国的国际收支总量在持续扩大，随着经济高速增长对进出口的需求变化，80年代的国际收支经历了由顺差到逆差的两个交替循环。

1982—1984年，由于世界经济从危机走向复苏，形成了一个良好的外贸环境，中国在1981年又开始实行人民币汇率的贸易内部结算价，在一定程度上起到了奖出限入的作用，加上利用行政手段进行外汇及外贸管制，所以，中国对外贸易和经常项目均出现顺差。

1985—1986年，中国对外贸易和经常项目均出现巨额逆差。其主要原因有以下几点：一是对较高水平的外汇储备盲目乐观，外汇失控；二是1984年第四季度开始，国家宏观信贷失控，消费膨胀，政府只得扩大进口以应付国内建设和消费的需求；三是人民币汇率持续下跌，各部门、各企业突击使用外汇留成，竞相扩大进口。在这种情况下，尽管非贸易收支出现较大顺差，也不足以抵补。

1987—1988年，中国的国际收支顺差，1989年又变为逆差。国际储备增减变动额分别为顺差49亿美元和22亿美元及逆差6亿美元。这三年的国际贸易出现持续性的巨额逆差，使国际收支处于不利地位。

3.20世纪90年代以来的中国国际收支

20世纪90年代，中国的国际收支情况发生了巨大变化。中国全面推行改革开放政策，沿海、沿边、沿江开放战略取得了很大成效，吸引外资成效显著。1989年以后经济的三年调整使国民经济运行更加有序，1992年党的十四大宣布建立社会主义市场经济体制，改革开放全方位展开。1994年的税、金融、外贸、外汇管理体制改革，均取得了突破性进展和可喜的成效。1997年，中国凭借良好的国际收支状况和巨额的外汇储备，成功地抵御了亚洲金融风暴。2001年中国又加入了世贸组织。进入新世纪以来，中国国际收支规模不断扩大，在贸易收支不断增长的同时，金融账户也不断增长。

1.4.2 中国国际收支的特点

改革开放以来，中国的国际收支呈现出以下特点：

（1）国际收支规模迅速扩大

随着中国国际交往的扩大，中国国际收支总额（借方总额与贷方总额之和）由1982年的约513.66亿美元增加到2014年的2 197万亿美元。

（2）贸易收支在中国国际收支中处于重要地位

1982年，贸易收支总额（出口贸易额与进口贸易额之和）为403.88亿美元，占国际收支总额的78.45%。2014年的相应数字为46 674亿美元和约占收支总额的72.4%。由于贸易收支在中国国际收支中处于重要地位，贸易收支状况往往决定着国际收支状况。

（3）资本输出、输入在国际收支中的地位日益重要

随着中国利用外资规模的扩大，资本与金融项目总额（借方总额与贷方总额之和）不断扩大，1982年仅为67.74亿美元，2014年增长到9 484亿美元，是1982年的141倍。资本与金融项目在国际收支中的比重由1982年的13.18%增长到2014年的14.7%。

（4）国际收支顺差与逆差交替出现，国际收支的波动较大

1982年和1983年，国际收支为顺差；1984—1986年，国际收支连续三年出现逆差；1987年和1988年转为顺差；1989年出现逆差；1990—2010年，我国经常项目余额除1993年为逆差外，其余年份皆为顺差。而资本与金融项目余额除1992年和1998年出现小幅度逆差外，其余年份都为顺差。从一级项目余额看，中国国际收支在1990—2014年的25年中有22年都处于双顺差的格局。

（5）外汇储备增长加快

1994—1997年，外汇储备年均增加近300亿美元。1998—2000年，受亚洲金融危机传染效应的波及，外汇储备增势骤然放缓，年均增加额不足90亿美元。近年来，外汇储备增长重新加速，2001年和2002年分别增加了466亿和742亿美元，到2014年底，中国的外汇储备已达38 430亿美元，外汇储备规模世界排名第一。

1.4.3 中国国际收支的内容

一国国际收支的内容集中反映在该国的国际收支平衡表上。世界各国的国际收支平衡表大同小异，主要由经常项目、资本与金融项目和平衡项目三个主要项目构成，我国对外公布的国际收支平衡表也是如此。

（1）经常项目

经常项目是国际收支平衡表中最重要的项目，反映着一国与他国之间真实的资源转移状况。我国国际收支平衡表中的经常项目是由贸易收支、非贸易收支、无偿转让收支三个项目构成的：贸易收支，反映着我国商品的进口和出口额，数字是根据海关统计并按国际收支统一口径调整的；非贸易收支指我国对外提供或接受劳务所发生的外汇收支，包括贸易从属费用收支（如货物运费、保险费、广告费等），投资收益和

支出，旅游、港口供应与服务、手续费等项目收支；无偿转让收支，指资金在各国间移动后不产生债权债务关系的收支，与国际组织往来、各国政府对我国和我国对他们的无偿援助和捐款、侨汇及居民其他收支等内容也包括在此项目中。

（2）资本项目

资本与金融项目是指资本的输出和输入，反映金融资产在一国与他国之间的交换。资本项目分为长期资本往来和短期资本往来两类：合同规定偿还期超过一年的资本或未定偿还期的资本为长期资本，包括直接投资、证券投资、外国政府贷款、国际组织贷款、银行借款、租赁、对外贷款等；合同规定偿还期为一年或一年以下的资本和即期付款的资本为短期资本，包括银行借款、地方或部门借款、延期付款或收款等收支。

（3）平衡项目

平衡项目是指在经常项目与资本与金融项目相抵后发生差额时，无论是顺差还是逆差，借以弥补差额达到调节国际收支平衡表平衡的项目。我国国际收支平衡表中的平衡项目是由“误差与遗漏”和“储备资产增减额”两个项目构成的。误差与遗漏记载着经常项目、资本与金融项目和储备资产增减额之间的差额；储备资产反映着我国黄金储备、外汇储备、特别提款权、在基金组织的储备头寸、使用基金信贷等项目年末的余额与上年末余额之间的差额。储备资产的增加用负号表示，储备资产的减少则无负号。

本章小结

本章主要介绍了国际收支的含义，国际收支平衡表的含义及构成，国际收支平衡的分析以及国际收支调节的方法。

国际收支是指一国在一定时期内本国居民与非居民之间全部经济交易的系统记录，它是一个衡量一国国际经济交易价值的概念。

国际收支平衡表是系统记录一国在一定时期内所有国际经济活动收入与支出的统计报表，以反映和说明该国的国际收支状况。它按照复式簿记法来编制，对一笔交易同时作借方和贷方记录，做到“有借必有贷，借贷必相等”。国际货币基金组织编制的国际收支平衡表由四大账户构成：经常账户、资本与金融账户、储备资产账户、净误差与遗漏账户。

国际收支平衡表的分析分为一般性分析、差额分析和国际收支不平衡类型的分析。一般性分析是对国际收支平衡表整体进行的分析。差额分析就是计算和分析平衡表中的各个项目及其差额，分析各个项目差额形成的原因及其对国际收支总差额的影响。国际收支不平衡分为五种类型：周期性不平衡、货币性不平衡、结构性不平衡、收入性不平衡和临时性不平衡。

通过对本国国际收支状况的分析，可以找到引起本国国际收支不平衡的原因，为一国制定经济金融政策，调节国际收支以实现国际收支平衡提供依据。通常情况下，国际收支既可以自发地调节也可以由政府采取政策措施加以调节，一般调节国际收支的政策措施包括财政政策、货币政策、汇率政策和直接管制政策。国际收支差额是相对的，一国国际收支出现顺差，意味着另一个国家必然出现逆差，因此各国的调整政策必然会相互影响，国际经济合作变得十分重要。

关键术语

国际收支　国际收支平衡表　自主性交易　国际收支平衡　国际收支失衡　经常账户　资本和金融账户　价格-现金流动机制

基本训练

一、单项选择题

1.国际收支是一个（　　）。

A.存量　B.流量　C.不一定　D.都不是

2.（　　）是国际收支平衡表中最基本和最重要的项目。

A.经常项目　B.资本与金融项目

C.贸易收支　D.平衡项目

3.股息、红利等投资收益属于（　　）。

A.劳务收支　B.贸易收支　C.转移收支　D.资本与金融项目

4.在国际收支平衡表中，出国留学的奖学金应计入（　　）项目。

A.资本与金融　B.贸易收支　C.转移收支　D.劳务收支

5.只有（　　）才能在总体上反映一国自主性交易的状况。

A.经常项目　B.资本与金融项目

C.贸易收支　D.官方结算

6.支出减少政策的核心是（　　）。

A.减少政府支出　B.减少货币供应量

C.提高利率　D.国民收入

7.游资应计入（　　）项目。

A.长期资本　B.短期资本　C.经常　D.资本与金融

二、多项选择题

1.狭义的国际收支是（　　）。

A.建立在现金基础上的

B.建立在交易基础上的
C.到期已结清的外汇收支
D.指记录发生所有权转移，但未实现外汇收支的交易
E.第一次世界大战至第二次世界大战期间为各国所普遍采用的国际收支概念

2.国际收支平衡表（　　）。
A.是按复式簿记法编制的
B.每笔交易都有借方和贷方账户
C.不是每笔交易都有借方和贷方账户
D.借方总额与贷方总额一定相等
E.借方总额与贷方总额并不相等

3.当国际收支的收入大于支出时，称为（　　）。
A.顺差　　B.逆差　　C.赤字
D.黑字　　E.红字

4.国际收支平衡表中具有自发性的交易是（　　）。
A.自主性交易　　B.调节性交易　　C.弥补性交易
D.事前交易　　E.事后交易　　F.线上项目　　G.线下项目

5.造成持久性不平衡的因素是（　　）。
A.经济周期　　B.经济结构　　C.货币价值
D.经济增长率变化　　E.国际游资　　F.政治不稳定　　G.自然灾害

6.国际收支出现顺差会引起本国（　　）。
A.本币汇率下降　　B.外汇储备增加　　C.国内经济萎缩
D.国内通货膨胀　　E.利率上升　　F.失业人数增加
G.国内资金紧张

7.长期资本项目属于（　　）。
A.自主性交易　　B.调节性交易　　C.弥补性交易
D.事前交易　　E.事后交易　　F.线上项目　　G.线下项目

8.平衡项目包括（　　）。
A.经常项目　　B.资本与金融项目　　C.错误与遗漏
D.官方储备　　E.分配的特别提款权

三、简答题

1.什么是国际收支？其具体含义如何？
2.国际收支平衡表由哪些账户组成？它是如何编制的？
3.试论述如何进行国际收支的一般性分析。
4.国际收支经常账户差额、资本与金融账户差额的含义是什么?
5.国际收支不平衡有哪些类型?

6.国际收支自动调节机制有哪些?

四、论述题

试述一国出现国际收支逆差时，政府可以使用哪些政策调节国际收支。

五、案例分析题

假定某一时期A国居民与非居民之间发生了下列经济交易：

（1）国内某企业进口一批商品，价值60万美元。

（2）国内某企业在海外成功上市，发行普通股，价值500万美元。

（3）某外国公司从A国进口农产品，价值120万美元。

（4）A国政府向B国提供200万美元无偿经济援助，其中包括价值130万美元的帐篷和医疗设备及70万美元的援助资金。

（5）外国投资者从A国某银行领取利息收入50万美元。

（6）非居民偿还债务20万美元。

（7）A国移民对他们在国外的家属汇款12万美元。

（8）一外资企业拟在A国进行投资建立一家合资企业，共投入1 500万美元，占所有股份的30%。其中1 000万美元以设备的方式投资，500万美元以资本金的方式汇入A国。

请根据上述数据编制A国的国际收支平衡表，并分别计算出商品贸易差额、经常项目差额、资本与金融项目差额各是多少，并判断A国当期的国际收支是否平衡，如不平衡，则该国的国际收支是顺差还是逆差。

第2章
国际收支调节理论

学习目标

◆熟悉弹性分析法、马歇尔–勒纳条件和J曲线效应；了解吸收分析法的内容、贬值对国际收支的影响和对吸收分析法的评价；掌握乘数论的前提、小国的外贸乘数、大国的外贸乘数和对外贸乘数的评价以及货币分析论的内容与模型及其评价。

2.1 国际收支的弹性分析法

2.1.1 弹性分析法

弹性分析法（elasticity approach）是20世纪30年代，由经济学家马歇尔提出的。1937年，英国经济学家琼·罗宾逊在研究汇率波动与进出口之间的关系时，以马歇尔的局部均衡分析为理论基础，不仅考虑进出口需求弹性，还加入了进出口供给弹性，进一步丰富了弹性理论。1944年，美国经济学家勒纳着重分析和研究了在既定的进出口供给弹性下，一国采取货币贬值政策对国际收支的影响，并提出了著名的马歇尔–勒纳条件，丰富和发展了弹性分析法。1944年，美国经济学家L.梅茨勒对琼·罗宾逊的论点进行补充，从外汇市场稳定性出发，研究货币贬值对国际贸易收支的影响，并将进出口供给弹性引入马歇尔–勒纳条件，形成马歇尔–勒纳–罗宾逊条件，该条件成为国际收支弹性分析理论的核心。

2.1.2 马歇尔–勒纳条件

马歇尔–勒纳条件（Marshall-Lerner Condition）论证的是，在一系列严格假定条件下，一国若采用货币贬值政策改善国际收支状况所必须具备的条件。这些前提假定是：

①假定一切其他条件（利率、商品价格、国民收入、偏好等）不变，进出口需求曲线本身的位置不变，只考虑汇率变动对进出口商品的数量和进出值影响，货币贬值的收入效应和价格效应被抽象掉了。

②假定贸易商品的供给几乎有完全弹性。这就意味着按国内货币表示的出口商品价格不随需求增加而上涨，与出口相竞争的外国商品价格也不因需求减少而下降，贸易收支的变化完全取决于贸易商品的变化。

③假定没有资本流动，国家收支等同于贸易收支，即国际收支等于出口商品值减进口商品值，而且最初的国际收支是平衡的，汇率变化很小。

本币贬值对一国贸易收支所产生的影响，我们可以进行下面的分析。

在不考虑资本流动的情况下，一国国际收支等于贸易收支，则国际收支余额可表示为：

$$B = \frac{X}{E}M \tag{2-1}$$

式中：B表示以外币表示的经常账户差额；E表示外汇汇率（直接标价法）；X表示以本币表示的出口额；M表示以外币表示的进口额。

两边对外汇汇率E求导，得：

$$\frac{dB}{dE} = \frac{1}{E^2}X + \frac{1}{E}\cdot\frac{dX}{dE}\frac{dM}{dE} \tag{2-2}$$

经过简单的代数变形后，有：

$$\frac{dB}{dE} = -\frac{X}{E^2}\left[1 - \frac{dX}{X}/\frac{dE}{E} - \frac{ME}{X}\cdot(-\frac{dM}{M}/\frac{dE}{E})\right] \tag{2-3}$$

式中：$\frac{dE}{E}$表示本币贬值的幅度；$\frac{dX}{X}/\frac{dE}{E}$代表贬值后该国出口商品需求价格弹性（记为$\varepsilon_x$）；$-\frac{dM}{M}/\frac{dE}{E}$代表贬值国进口商品需求价格弹性（记为$\varepsilon_m$）。

将公式（2-3）改写为：

$$\frac{dB}{dE} = -\frac{X}{E^2}\left(1 - \varepsilon_x - \frac{ME}{X}\cdot\varepsilon_m\right) \tag{2-4}$$

本币贬值是否能够改善一国贸易收支状况，取决于$\frac{dB}{dE}$的符号。如果$\varepsilon_x + \frac{ME}{X}\cdot\varepsilon_m > 1$，则有$\frac{dB}{dE} > 0$，本币贬值能改善该国贸易收支状况；如果$\varepsilon_x + \frac{ME}{X}\cdot\varepsilon_m < 1$，则有$\frac{dB}{dE} < 0$，本币贬值将使该国贸易收支状况恶化。

如果假定该国贸易收支在本币贬值前处于均衡状态，即ME=X，则公式（2-4）可简化为：

$$\frac{dB}{dE} = -\frac{X}{E^2}(1 - \varepsilon_x - \varepsilon_m) \tag{2-5}$$

若$\varepsilon_x + \varepsilon_m > 1$，则有$\frac{dB}{dE} > 0$，贸易收支会因本币贬值而得到改善；若$\varepsilon_x + \varepsilon_m = 1$，则有$\frac{dB}{dE} = 0$，贸易收支状况保持不变；若$\varepsilon_x + \varepsilon_m < 1$，则有$\frac{dB}{dE} < 0$，贸易收支反而因本币贬值趋于恶化。

$$\varepsilon_x + \varepsilon_m > 1 \tag{2-6}$$

公式（2-6）被称为马歇尔-勒纳条件。本币贬值是否能够改善一国国际收支状况，将最终取决于本国对进口商品的需求价格弹性和外国对本国出口商品的需求价格弹性的大小。如果符合马歇尔-勒纳条件，即本国的出口商品价格弹性和进口需求价格弹性足够大（两者之和大于1），则该国贸易收支状况会因本币贬值而得到改善。

根据马歇尔-勒纳条件，我们可以引申出如下结论：

①当 $\varepsilon_x + \varepsilon_m > 1$ 时，本币贬值可以增加出口，减少进口，并使总的出口收入大于进口支出，国际收支改善。

②当 $\varepsilon_x + \varepsilon_m = 1$ 时，本币贬值会使进出口数量发生变化，但进出口总金额不变，因此，贬值对国际收支没有影响。

③当 $\varepsilon_x + \varepsilon_m < 1$ 时，本币贬值导致出口收入和进口支出都下降，但出口收入下降的幅度大于进口支出，国际收支恶化。

2.1.3 罗宾逊-梅茨勒条件

罗宾逊-梅茨勒条件（Robinson-Metzler Condition）隐含的假设条件是进出口商品的供给弹性均为无限大，但事实并非如此。要了解货币贬值对贸易收支的影响，不仅要探讨进出口商品的需求弹性，而且要考察供给弹性。1948年，美国经济学家梅茨勒发展了罗宾逊夫人关于货币贬值对于一国国际收支影响的研究成果，创建了适用范围较广泛的货币有效贬值的必要条件，即罗宾逊-梅茨勒条件：

$$P_X Q_X \frac{S_X(D_X - 1)}{S_X + D_X} + P_M Q_M \frac{D_M(S_M + 1)}{S_M + E_M} > 0$$

式中：P_X 为以外币表示的出口商品价格；Q_X 为出口商品数量；P_M 为以外币表示的进口商品价格；Q_M 为进口商品数量。根据罗宾逊-梅茨勒条件，汇率的变动对国际收支的影响与进出口商品的需求弹性和供给弹性均密切相关。如果 $S_X = S_M = \infty$ 时，即出口供给弹性和进口供给弹性相等且无穷大时，就可以导出马歇尔-勒纳条件。可见，马歇尔-勒纳条件不过是罗宾逊-梅茨勒条件的一种特例。

2.1.4 J曲线效应

J曲线效应（J-curve effect）是从动态的角度分析当本国出现国际收支逆差且符合MLR条件时，本国货币贬值对本国国际收支的影响。其结论是贬值后国际收支先恶化后改善。

图2-1中的J曲线表明，当一国的国际收支出现逆差并符合马歇尔-勒纳-罗宾逊条件时，该国货币将对外贬值，但是，在该国货币对外贬值后国际收支不但不能立即得到改善，反而随时间的推移更加恶化，然后逐渐改善，直至达到平衡，甚至出现顺差。

为解释J曲线效应，经济学家马吉（S. P. Magee）将整个国际收支调整过程分为货币合同、传导和数量调整3个阶段。

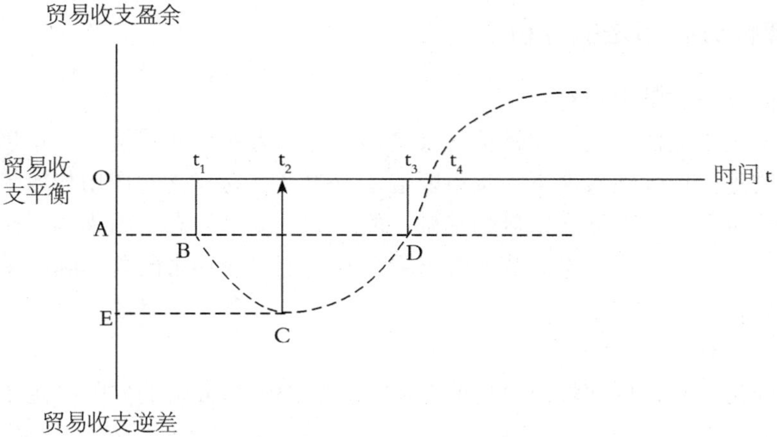

图2-1　J曲线效应

从时点 t_1 到时点 t_2 是货币合同阶段。在该阶段的时点 t_1 该国的国际逆差为OA，同时宣布货币对外贬值，那么，随着时间的推移，每个点的逆差不断增加且逆差总额也不断增加，而时点 t_2 的逆差也达到极大值OE。在这个阶段，国际收支更加恶化。原因在于贸易合同是该国货币贬值前决定的。由于该国的货币贬值，所以该国以本币定价的出口品的外币价格下降，但出口量并未增加，故出口收入减少；反之，该国以外币定价的进口品的本币价格上升；但进口量并未减少，故进口收支增加。

从时点 t_2 到时点 t_3 是传导阶段，在该阶段，随时间的推移，每个时点的逆差不断减少。在该阶段的时点 t_3，该国的国际收支逆差降到货币贬值时点 t_1 的水平OA。在这个阶段，随着每个时点的逆差不断减少，国际收支逐渐改善，但是，传导阶段的逆差总额 t_2 CD t_3 却不一定小于贸易合同阶段的逆差总额 t_1 BC t_2。原因在于贸易合同虽然是货币贬值后签订的，但该国出口（供给）和进口（需求）对新价格的反应却并不十分强烈。在出口方面，由于国外消费者的反应滞后和国内生产者的供给黏性，出口量不可能大幅度增长。在进口方面，虽然进口品的本币价格上升能够抑制部分国内需求，但国内的消费者在没有找到进口替代品之前，进口量不可能大幅度减少。

从时点 t_3 到时点 t_4 是数量调整阶段。在该阶段，随着时间的推移，每个时点的逆差继续不断减少。在该阶段的时点 t_4 该国的国际收支又达到平衡。在这个阶段，随着每个时点的逆差继续不断减少，国际收支也继续逐渐改善。此外，数量调整阶段的逆差调整总额 t_3 D t_4 也一定小于传导阶段的逆差总额 t_1 BC t_2。原因在于该国出口和进口对新价格的反应十分强烈，贬值的效应发挥作用，国际收支逐渐趋于均衡状态。在 t_4 以后，该国国际收支出现顺差，且顺差逐渐加大。

总之，产生J曲线效用的原因是出口增长有时滞，且进口本身有惯性（时滞）；而产生时滞的原因也可分为认识上的时滞、决策上的时滞、生产上的时滞和替代上的时滞。

2.1.5 对弹性分析方法的评价

该理论的理论贡献主要有：

①否定了货币贬值一定有改善贸易收支作用与效果的片面看法，而正确地指出了只有在一定的进出口弹性条件下的货币贬值才有改善贸易收支的作用与效果。

②弹性分析理论是建立在定量的基础上的，对于变量的有关因素作了比较全面的考察，因而具有某些现实意义。从实践上看，利用汇率变动来改善国际收支也确实能收到一定的效果。

弹性理论存在一定缺陷：

①弹性理论建立在局部均衡分析的基础上，局部均衡分析的局限决定了弹性分析的局限性。

②从国际收支平衡表来看，弹性分析法研究的仅仅是贸易收支问题，而忽视了资本与金融项目，这是片面的。

③弹性分析理论忽视了汇率变动效应的时滞。

④供给有完全的弹性这一假定与现实不符。

2.2 国际收支的吸收分析法

2.2.1 吸收分析法的内容

吸收分析法是由詹姆斯、米德和西德尼·亚历山大（Sidney Alexander）于1952年提出的，该理论基础是凯恩斯经济学的国民收入支出分析，所以吸收论又称为支出论。这种理论的前提假定如下：

①国民收入是小于充分就业的均衡状态。

②货币供给量是商品交易量的函数，故商品价格水平不变。

③实行固定汇率制。

④国际收支（贸易收支）仅是收入或需求的函数。

根据凯恩斯宏观经济学原理论，在开放的经济条件下，国民收入为：

$$Y = C + I + G + X - M \quad (2-7)$$

把国内总收支（支出） $A = C + I + G$ 和贸易收支差额 $B = X - M$ 代入公式（2-7）可得：

$$Y = B + A$$

或 $$B = Y - A$$

若 $Y > A$，则 $B > 0$，顺差；若 $Y = A$，则 $B = 0$，平衡；若 $Y < A$，则 $B < 0$，逆差。

这说明，一国经济处于充分就业状态时，改善贸易差额的唯一办法是降低国内的吸收量；一国经济处于小于充分就业状态时，改善贸易差额的办法是收入的增加必须大于吸收的增加。

将 $B = Y - A$ 微分，则得到：

$$dB = dY - dA$$

假设吸收是国民收入的增函数，且：

$$A = A_0 + aY$$

式中：A_0 为自主吸收，即 A_0 是除收入之外其他因素变动对吸收的直接影响；a 为边际吸收倾向（dA/dY），它是边际消费倾向（dC/dY）和边际投资倾向（dI/dY）之和，则：$dB = dY - dA$ 可写成：

$$\begin{aligned} dB &= dY - d(A_0 + aY) \\ &= dY - dA_0 - daY \\ &= (1 - a)dY - dA_0 \end{aligned}$$

这说明，一国货币对外贬值对该国贸易差额的影响取决于：贬值对收入的直接影响（dY），贬值对自主吸收的直接影响（dA_0）和贬值通过收入变化对吸收的间接影响（a）。

2.2.2 贬值对国际收支的影响

1.贬值对收入的直接效应

贬值将对国民收入有3种效应，即闲置资源效应、贸易条件效应和资源重置效应。

（1）闲置资源效应

闲置资源效应，即贬值通过利用闲置资源对国民收入，进而对贸易收支的影响。在一国的各种资源尚未充分利用的情况下，贬值能够通过扩大出口和抑制进口增加该国产出和国民收入，改善国际收支。但是，增加国民收入也会导致国内吸收的增加，进而导致国际收支恶化。所以，国际收支最终是改善还是恶化，取决于边际吸收倾向（a）。假设自主吸收不变，即 $dA_0 = 0$，若 $a < 1$，则 $dY > a \cdot dY$，国际收支得到改善，即 $dB > 0$；若 $a = 1$，则 $dY = a \cdot dY$，国际收支不变，即 $dB = 0$；若 $a > 1$，则 $dY < a \cdot dY$，国际收支出现恶化。

（2）贸易条件效应

贸易条件效应，即贬值对贸易条件，进而对国际收支的影响。大多数经济学家认为贬值将使该国的贸易条件恶化。其理由是一国出口产品的品种比其进口产品的品种更加集中，货币贬值将使出口产品国外价格的下降大于进口产品国内价格的下降。贬值引起的贸易条件的恶化将导致国际收支的恶化和国民收入的下降。当然，国民收入的下降同时会导致国内吸收的降低，从而减弱国际收支恶化的程度（$a < 1$时）。

(3) 资源配置效应

资源配置效应，即贬值通过重新配置国内资源对国民收入和国际收支的影响。如果货币贬值能使国内资源从生产率较低的部门转移到生产率较高的部门，就能提高该国的总体生产率水平，从而提高实际国民收入和改善国际收支。尤其是在汇率高估的国家，因为汇率高估实际上是在补贴非贸易品的生产，而非贸易品的生产效率一般低于贸易品的生产效率，因此，贬值会引导国内资源从非贸易品生产转向贸易品生产。这种转移意味着国内资源流向生产率更高的部门。

2.贬值对吸收的直接效应

如果货币贬值对贸易差额的效应不与收入变化相联系，而只与既定收入下的吸收变化相联系，那么，这种效应被称为对吸收的直接效应。

贬值对吸收的影响包括实际货币余额效应、收入再分配效应、货币幻觉效应等。

(1) 实际货币余额效应

一国货币对外贬值后，即使该国货币供给量不变，该国物价水平也会上升，最终导致实际货币余额下降。在这种情况下，如果降低对商品和劳务的支出，则降低国内消费；如果变现手中金融资产，则提高国内利率水平，降低投资水平。总之，实际货币余额效应是通过减少国内总吸收使国际收支改善的。

(2) 收入再分配效应

一国货币对外贬值将导致该国物价水平上涨，但工资的调整一般滞后于物价的上涨，所以会引起收入从雇员向雇主转移。如果雇主将增加的实际收入用于增加消费，而雇主的边际消费倾向又低于雇员的边际消费倾向，这必然降低该国的总实际消费水平和吸收水平。如果雇主将增加的实际收入用于增加投资，则必然提高该国的吸收水平。此外，由于物价水平上涨，导致所得税税额增加，而所得税税率又是累进制的，所以造成收入向政府转移。由于政府的边际支出倾向低于私人的边际支出倾向，所以这种转移必然降低吸收水平。

(3) 货币幻觉效应

一国货币对外贬值在导致该国物价水平上涨的同时，如果货币收入水平也能与物价水平同比例上涨，则实际收入水平保持不变。但是，如果对价格存在货币幻觉，则认为物价水平上涨导致实际收入下降、消费水平下降，并导致总吸收水平下降。如果对收入存在货币幻觉，则认为货币收入增加导致实际收入增加、消费水平上升，并导致总吸收水平上升。

2.2.3 对吸收分析法的评价

吸收分析法的理论贡献主要有：

①吸收分析法将国际收支当作国民经济的一个组成部分，从而在国际收支与整个国民经济的联系中探讨国际收支的调整问题。

②吸收分析法还具有强烈的政策配合的含义。当一国出现国际收支逆差时，若国内存在闲置资源，在采取本币贬值措施的同时，应注意运用扩张性的财政货币政策来增加收入；如国内各种资源已经达到充分就业，应注意运用紧缩性财政货币政策来减少吸收，这样可以实现内外经济的共同平衡。

但是该理论也存在一定缺陷：

①吸收论建立在国民收入核算会计恒等式基础上，但并没有对收入和吸收为因、贸易收支为果提供令人信服的逻辑分析。实际上，贸易收支也会反过来影响收入和吸收。

②在贬值分析中，吸收论未能考虑贸易品与非贸易品相对价格变动在调整过程中的作用。

③没有涉及国际资本流动，这是其最大缺陷。

2.3 调节乘数论

2.3.1 乘数论的前提

乘数论又称收入论，它的理论基础是凯恩斯主义的开放条件下的宏观经济模型。乘数论认为自主性支出的变动能够通过外贸乘数导致国民收入成倍变动，而国民收入的变动又导致进口支出和国际收支的变动，这种变动的强度取决于边际进口倾向和进口的收入需求弹性，以及经济的开放程度。这种理论的前提假定如下：

①均衡的国民收入水平低于充分就业的国民收入水平。

②产品价格固定不变。

③实行固定汇率制。

2.3.2 小国的外贸乘数

根据凯恩斯宏观经济学的理论，在开放经济条件下，国民收入（Y）为：

$$Y = C + I + G + X - M$$

假定上式中的I、G和X为外生变量，且C和M为内生变量，都是Y的增函数，即

$$I = I_0 \quad G = G_0 \quad X = X_0$$

再假定：C_0为自主性消费，c为边际消费倾向（dC/dY），为收入引致消费，m为边际进口倾向（dM/dY），M_0为自主性进口，则：

$$C = C_0 + cY$$

$$M = M_0 + mY$$

将它们代入：$Y = C + I + G + X - M$，得出：

$$Y = C_0 + cY + I_0 + G_0 + X_0 - M_0 - mY$$

简化后得出：

$$Y=\frac{1}{1-c+m}(C_0+I_0+G_0+X_0-M_0)$$

从上式可得出：

$$\frac{\partial Y}{\partial C_0}=\frac{\partial Y}{\partial I_0}=\frac{\partial Y}{\partial G_0}=\frac{\partial Y}{\partial X_0}=-\frac{\partial Y}{\partial M_0}$$

式中：$\frac{1}{1-c+m}$ 就是小国开放经济的外贸乘数。又因为 $0<m<1$，所以，开放经济的乘数 $\frac{1}{1-c+m}$ 小于封闭经济的乘数 $\frac{1}{1-c}$。由于外贸乘数的存在，出口下降导致国民收入下降，进而导致进口下降，所以能在一定程度上缓解国际收支的恶化。

如果小国的收入进行调整，那么，设B是贸易差额，$B=X-M=X_0-M_0-mY$，那么：

$$B=X_0-M_0-\frac{m}{1-c+m}(C_0+I_0+G_0+X_0-M_0)$$

由于（1−c）是边际储蓄倾向（$dS/dY=s$），所以：

$$B=X_0-M_0-\frac{m}{s+m}(C_0+I_0+G_0+X_0-M_0)$$

此式表明，若该国出现国际贸易逆差，政府可以用紧缩性货币政策和紧缩性财政政策减少国民收入，从而减少进口支出，减少贸易逆差；反之，若该国出现国际贸易顺差，政府可以用扩张性货币政策和扩张性财政政策增加国民收入，从而增加进口支出，减少贸易顺差。

从 $B=X_0-M_0-mY$ 可得到：

$$dB/dM=-m$$

此式表明，该国政府可以用货币政策和财政政策影响国民收入，而国民收入又可以影响贸易差额，但国民收入影响贸易差额的效果取决于边际进口倾向m。由于边际进口倾向 $m(dM/dY)$ 又是进口需求收入弹性 $\frac{dM/dY}{M/Y}$ 和该国开放程度 M/Y 的乘积，所以，政府用货币和财政政策调节国民收入，进而调节贸易差额的效果取决于进口需求收入弹性和对外开放程度。

2.3.3 大国的外贸乘数

如果一个国家是大国，那么，该国的出口（外国的进口）就会影响外国的国民收入，所以，大国的出口就不能像小国那样作为外生变量，而是外国国民收入的函数。假设：

①有两个国家：本国和外国，且两国均为大国。

②本国的出口等于外国的进口。

如果用“*”表示外国的变量，则本国和外国的国民收入恒等式为：

$$Y=\frac{m}{1-c+m}(C_0+I_0+G_0+X_0-M_0) \quad (2\text{-}8)$$

$$Y^*=\frac{1}{1-c^*+m^*}(C_0^*+I_0^*+G_0^*+X_0^*-M_0^*) \quad (2\text{-}9)$$

$$X_0 = M_0^* + m^* Y^* \tag{2-10}$$

$$X_0^* = M_0 + mY \tag{2-11}$$

因为边际储蓄倾向（$s = dS/dY$）与边际消费倾向（$c = dC/dY$）之和恒等于1，所以S=1-C，同理，$S^* = 1 - C^*$。

将公式（2-11）代入公式（2-9）后，再将新式代入公式（2-10），再将该式代入公式（2-8），整理后得出：

$$Y = \frac{S^* + m^*}{SS^* + mS^* + Sm^*}(C_0 + I_0 + G_0 + M_0^* - M_0) + \frac{m^*}{SS^* + mS^* + Sm^*}(C_0^* + I_0^* + G_0^* + M_0 - M_0^*)$$

由此式可得到：

$$\frac{\partial Y}{\partial C_0} = \frac{\partial Y}{\partial I_0} = \frac{\partial Y}{\partial C_0} = \frac{S^* + m^*}{SS^* + mS^* + Sm^*} \tag{2-12}$$

$$\frac{\partial Y}{\partial X_0} = \frac{\partial Y}{\partial M_0^*} = -\frac{\partial Y}{\partial M_0} = \frac{S^*}{SS^* + mS^* + Sm^*} \tag{2-13}$$

$$\frac{\partial Y}{\partial C_0^*} = \frac{\partial Y}{\partial I_0^*} = \frac{m^*}{SS^* + mS^* + Sm^*} \tag{2-14}$$

由于$0 < m^* < 1$，所以公式（2-13）中的乘数小于公式（2-12）中的乘数，即

$$\frac{S^*}{SS^* + mS^* + Sm^*} < \frac{S^* + m^*}{SS^* + mS^* + Sm^*}$$

这说明国内的个人消费、个人投资和政府购买等自主性支出的乘数效应大于本国进出口的乘数效应。其经济含义是：本国自主性出口的增加在导致本国收入上升的同时，还促使外国自主性进口的增加；外国进口的增加又会减少对外国产品的消费，从而导致外国收入的减少，致使本国出口也减少，从而促使本国收入的减少，最终部分抵消本国出口增加带来的收入增加效应。从公式（2-14）还可以得知，外国自主性支出的变动能对本国收入水平产生乘数为$\frac{m^*}{SS^* + mS^* + Sm^*}$的影响。

2.3.4 外贸乘数论的评价

该理论的理论贡献主要是：

外贸乘数论把国际收支与国民收入联系起来，把外贸对国民收入扩张或紧缩的倍数作用同一国内部经济有机地联系起来，提出了独特的国际收支不平衡调节政策，这对于以后国际收支调节理论的研究和政府政策都具有一定的意义。

但是该理论也存在一定缺陷：

①这一理论的基础是凯恩斯乘数理论，在其数学模型中忽略了货币供求量和价格的作用。

②收入分析论同样不考虑资本流动的影响，因此其关于收入对国际收支影响的分析也是不全面的。

2.4 国际收支的货币分析法

2.4.1 货币分析法的内容与模型

在20世纪60年代末70年代初，蒙代尔（R. Mundell）和约翰逊（H. G. Johnson）将传统的适用于封闭经济的货币主义加以发展，提出了全新的国际收支货币论，并用来阐述国内货币存量的供求关系对国际收支的影响。货币论的特点是它不像传统理论那样将经常账户中的贸易差额作为国际收支的代表进行静态或短期分析，而是把经常账户和资本与金融账户结合起来，对反映综合差额的国际储备进行长期分析。

货币论的基本观点是国际收支的不平衡是国内货币供求不平衡造成的。当国内的货币供给大于货币需求时，多余的货币就会流到国外，造成国际收支逆差；当国内的货币供给小于货币需求时，超额需求就会使外国货币流到国内，造成国际收支顺差。

货币论的前提假定如下：

①国内的生产要素长期处于充分就业状态。

②名义货币需求是价格、利率和实际收入等变量的长期稳定函数。

③名义货币供给不影响实物生产。

④在长期内，一国的价格水平接近世界市场水平。

⑤购买力平价理论在长期内成立。

根据以上前提，下面用数学阐述货币论的基本原理。

$$M_d = P \times L(y,i)$$

式中：M_d为名义货币需求；P为物价水平；$L(y,i)$为实际货币余额需求，它是实际收入（y）和利率（i）的稳定函数，且与y同向变动，而与i反向变动。

$$M_S = m(D + F)$$

式中：M_S为名义货币供给；m为货币乘数；D为货币供给的国内部分，即货币当局创造的国内信用或支持货币供给的国内资产；F为货币供给的国外部分，即国际储备，其增加或减少取决于国际收支的盈余或赤字。

为简化，令L（y，i）=K·Y，其中K为参数，Y为国内实际收入水平。再令m=1，则有：

$$M_d = KPY \tag{2-15}$$

$$M_S = D + F \tag{2-16}$$

根据这一基本方程，货币论简洁而直观地勾画出货币供求状况对国际收支状况的决定性影响。由于国内货币需求由货币的国内部分和货币的国外部分（即国际储备）这两部分货币供给予以满足，所以，当货币的国内部分能够适应货币需求的变化而相应变化，则国际储备保持稳定；当货币的国内部分超过或者不能满足货币需求的水平时，即会引致国际储备的相应减增，表现为国际收支的逆差或顺差。所以国际收支差额等于本国货币需求与货币国内部分的差额。基于这一推理过程，当货币供给与货币需求处于均衡状态时，国际收支处于均衡状态；当国内货币供给超过货币需求时，物价水平上升、利率下降，促使公众大量购买国外商品和金融资产，引起国际收支逆差，国际储备减少；当国内货币需求超过货币供给时，则物价水平下降，利率上升，促使出口增加、资本内流，进而引起国际收支顺差，国际储备增加。概括地说，国际收支逆差（国际储备流失）是由国内货币供给过多造成的；而国际收支顺差（国际储备增加）则是由货币需求过多造成的。

2.4.2　对货币理论的评价

①货币理论强调一国货币政策，从而一国货币供给量会引起一国国际收支的变化，认为货币当局的扩张性货币政策会加剧一国的国际收支逆差，并会导致逆差持久化。

②货币理论认为在开放条件下有形商品、劳务、资本的跨国流动集中反映了对货币供求进行调整的需要，进而将被弹性论、吸收论所忽略的国际资本流动因素引入国际收支调节分析框架，其对长期内国际资本流动的分析不仅独具一格，而且具有一定的说服力。

但货币理论也有自身存在的缺陷：

①它将国际经济的因果关系颠倒了。它将货币因素看成是决定性的，而把收入、支出、贸易关系和其他实际因素看成是次要的，只通过对货币需求的影响发生作用。但事实上，应当是商品流通决定货币流通。

②它假设货币供给不影响实物产量，又不影响本国价格水平。这一假定是与经济现实相悖的。从货币供给变动到全部国际收支变动的过程中，货币政策会首先影响国内需求，因而国内存量可能发生波动。

③它假设货币需求函数，实际货币需求相当稳定。但实际上，货币需求是不稳定的，在短期内更是很不稳定的，会随货币供给的变动而变动。

④货币分析法认为，解决国际收支逆差的基本对策是采取紧缩性货币政策，换言之，一国必须以牺牲国内消费、投资、收入和经济增长来纠正国际收支逆差，但这一点曾受到许多国家，尤其是发展中国家经济学家的批评。

本章小结

国际收支调节理论包括弹性分析理论、吸收分析理论、调节乘数理论和货币分析理论。这些理论各有其特点和侧重面，但也存在着各自的局限。在对国际收支调节的分析中，弹性分析理论侧重相对价格效应；吸收分析理论侧重收入效应，但都只强调实际因素，而几乎未涉及货币因素；而货币分析理论则侧重货币效应，有效地弥补了吸收分析理论的不足，但未涉及实际因素。因此这些理论互相补充，大大丰富了国际收支的理论分析，为货币当局调整国际收支的行为提供了重要的理论依据，构成了完整的国际收支理论体系。

关键术语

弹性分析法 吸收分析法 调节乘数论 货币分析法

基本训练

一、单项选择题

1.一国在调节暂时性的国际收支逆差时，应首先考虑的措施是（ ）。

A.采取外汇管制措施　　B.动用官方储备资产

C.本币贬值　　D.使用财政政策调节

2.当一国处于通货膨胀，国际收支逆差时，应采用下列什么政策搭配（ ）。

A.紧缩国内支出，本币升值　　B.扩张国内支出，本币贬值

C.扩张国内支出，本币升值　　D.紧缩国内支出，本币贬值

3.一个国家国际收支不平衡时，运用官方储备的变动或临时向外筹借资金来抵消超额外汇需求或供给，这种政策叫（ ）。

A.外汇缓冲政策　　B.直接管制

C.财政和货币政策　　D.汇率政策

4.运用汇率变动来消除国际收支赤字的做法，叫作（ ）。

A.支出转换政策　　B.支出改变政策

C.财政政策　　D.货币政策

5.关于国际收支调节的货币分析法，下列说法错误的是（ ）。

A.认为货币需求是收入和利率的稳定函数

B.国际收支不平衡在本质上是货币性的

C.解决国际收支逆差的方法是紧缩性的货币政策

D.可以解释为什么许多国家把贬值作为刺激出口和经济增长的手段

二、简答题

1.画图说明J曲线效应。

2.试述弹性分析法的基本内容并进行评价。

3. 简评国际收支调节的吸收论。
4. 论述凯恩斯主义吸收论中的贬值、吸收和收入三者之间的关系。
5. 简评国际收支调节的乘数论。
6. 简评国际收支调节的货币论。

三、论述题

1. 试述货币分析法的基本内容并进行评价。
2. 试述贬值对国际收支的影响。

第3章
国际储备

学习目标

掌握国际储备的概念、作用、结构和来源；掌握国际储备的规模管理和结构管理；分析了解我国的国际储备管理问题。

3.1 国际储备概述

3.1.1 国际储备的概念

国际储备是指一国政府持有的、用于弥补国际收支逆差，维持本国货币汇率的稳定以及应付各种紧急支付而持有的国际上可以普遍接受的一切资产。

国际储备应具有以下特点：

1.普遍接受性

作为国际储备的资产必须能够被国际社会所普遍接受，比如黄金资产、美元资产等。

2.充分流动性

充分流动性，即作为国际储备的资产必须可以随时变现并对外支付。

3.政府归属性

作为国际储备资产，其所有权应归于一国政府。而工业部门用的黄金、个人手中持有的黄金，不能作国际储备。

4.使用的无偿性

作为国际储备的资产，不仅要为政府所拥有，而且需要时能够被政府无条件地安排使用。不能无条件使用的资产，不能算作一国的国际储备。比如联合国的农业专项贷款，属于长期开发项目，一国政府不能将它挪作他用，所以不能纳入一国国际储备的范畴。再比如记账外汇余额不能作国际储备，因为它不能在国际上互相转让或兑换。

现实中，国际储备分为广义国际储备和狭义国际储备。广义国际储备包括自有储备和借入储备，两者构成了国际清偿力。所谓国际清偿力，指一国金融当局干预外汇市场的总体能力，它由自有储备和借入储备构成。狭义的国际储备仅指自有储备，它是我们通常所说的国际储备，其数量多少反映了一国在国际货币金融领域中的地位。

大多数经济学家认为，国际储备和国际清偿力有所不同。国际清偿力不仅包括国际储备，还应包含其他一些资产。如美国经济学家弗·伯格斯坦指出，能够表达一国对外支付能力的资产，首先是该国政府的自有国际储备，其次是该国政府的无条件提款权和借入储备，另外还有私人部门（商业银行）的短期外汇资产和一国对外长期债权。随着国际经贸往来的日益密切，国际货币基金组织现在把国际储备以及具有国际储备特性的借入储备都统计在国际清偿力的范围内。借入储备资产包括备用信贷、互惠信贷协议、借款总安排、互换支付协议等临时性的筹款协议，以及本国商业银行的对外支付能力而不是所有权关系，如临时性的筹款协议虽未形成现实的国际储备资产，但只要协议达成，便构成了一国的国际清偿力。

3.1.2　国际储备的作用

国际储备的作用表现在以下几个方面：

1.调节临时性国际收支逆差

国际储备的首要作用是当一国国际收支出现逆差、国际支付发生困难时起缓冲作用。既可在发生国际收支逆差时暂时避免采取调节措施，也可在国际收支长期恶化而不可避免地采取调节措施时，缓和调节过程，减少因采取紧急措施所带来的经济剧烈波动而付出的巨大代价。例如，一国因价格波动或季节性因素等原因而导致出口减少，出现国际收支逆差，此时可动用国际储备来平衡国际收支，而不用采取压缩进口等限制性措施，以避免影响国内经济发展目标。再如，在一国发生结构性的国际收支失衡，出现长期逆差时，在调整过程中，除逐步调整国内产业结构与利用外资外，可动用国际储备来缓和调整过程，从而避免采取紧急措施而影响国内经济目标。

2.干预外汇市场，维持汇率稳定

国际储备中的外汇储备与黄金储备是本国纸币发行最有力的储备，也是调节本国货币需求与币值稳定的一个重要手段。当本币供过于求，在国际金融市场上汇率下跌，或在国内金融市场上纸币贬值时，中央银行可以抛售外汇、黄金，以收紧银根，减少货币供应，使货币币值趋于稳定，维持合理汇率水平。

另外，在国际储备游资冲击本币的情况下，政府也可以调节储备资产的构成以抵制这种冲击。西方国家一般都设有“外汇平准基金”或“外汇稳定基金”，用来干预外汇市场，支持本国汇率。

3.作为对外举债与偿债能力的基本信用保证

国际储备是否充足，反映了一国的支付能力，是一国经济实力的硬指标。国际储备充实，说明支付能力强，经济实力雄厚，可以加强一国的资信，吸引外资流入，促进经济发展。一国持有的国际储备的多少，是国际银行评估国家风险的指标之一。无论是国际金融机构还是政府，对外贷款时，首先考虑的是借款国的偿债能力，而国际储备正是债务国偿债的物质基础与可靠保证。因此，一国能否借到外债，举债多少，在很大程度上取决于一国国际储备的多少。

4.维持国内外对本国货币的信心

握有雄厚的国际储备，可以在心理上或客观上维持本国货币在国际上的信誉与地位。美元的盛衰是一个很好的例证。第二次世界大战结束初期，美国拥有世界上黄金存量的70%以上，经济实力雄厚，美元可以直接兑换黄金，美元成了国际储备货币。但随着美国经济实力的下降，美元危机频繁爆发。到1972年10月，美国的黄金储备下降到100亿美元，而短期负债高达813亿美元，各国逐渐丧失了对美元的信心，最终导致美元与黄金脱钩，结束了美元作为唯一储备货币的地位，使当今国际储备呈现为多元化发展。

5.争取国际竞争优势

一国政府如掌握了充足的国际储备资产，就可以具有维持本国货币高位或低位的能力，争取到国际的竞争优势。一国的货币如果能作为储备货币或关键货币，则更有利于支持储备货币在国际上的地位。因此，国际储备不仅是一种支付手段，而且是平衡资产和干预资产。

3.2 国际储备的构成和来源

3.2.1 国际储备的构成

国际货币基金组织对国际储备的外延作了明确的界定：国际储备是包括一国政府和中央银行所持有的黄金、外汇和特别提款权的总额再加上该国在基金组织中的储备头寸。根据这一规定，成员方的国际储备具体由以下四部分组成：

1.黄金储备

并不是一国政府所持有的全部黄金都是国际储备，黄金储备（gold reserve）通常是指一国政府作为金融资产所持有的货币性黄金。在金本位和布雷顿森林体系时期，黄金一直是国际上的储备资产。布雷顿森林体系崩溃以后，黄金不再作为干预汇价和货币发行的保证，黄金和各国的货币脱钩，货币黄金的地位和作用削弱，黄金在国际储备中的比重迅速下降。自1972年以来，世界黄金储备的数量变化很小，始终维持在大约10亿盎司的总水平上，至2015年最新统计数据为11.2亿盎司，其中发达国家黄金持有量占全球的80%以上。与此同时，整个国际储备的数量都有了惊人的增长，使黄金在国际储备中的比重逐步下降。特别是1976年国际货币基金组织的《牙买加协定》规定，黄金和各国的货币脱钩，也不准用于政府间的国际收支差额清算，使黄金储备在国际储备中的比重由一战前的90%以上，下降至1970年的40%，1976年以后更是下降到10%，到2007年美国金融危机前不足1%，2007年以后有所增长，维持在

8%左右。

目前，各国货币当局在动用国际储备时，并不能直接用黄金实物对外支付，而只能在黄金市场上出售黄金，换成可兑换的货币。所以黄金实际上已不是真正的国际储备，而只是潜在的国际储备。但由于长期以来黄金一直被视作一国最后的支付手段，加之国际上有发达的黄金市场，各国货币当局可以很方便地通过出售黄金来换取外汇，因此，各国仍持有一定数量的黄金。一些发展中国家在经历了1997年亚洲金融危机和2008年美国金融危机后也开始增持黄金储备。

2.外汇储备

外汇储备（foreign exchange reserve）又称为外汇存底，是指一国政府所持有的外国可兑换货币及其金融资产。被各国作为外汇储备的货币称为储备货币。作为储备货币，必须具备三个条件：在国际货币体系中具有重要地位；能自由兑换成其他储备货币或黄金；内在价值比较稳定，对内和对外币值稳定。显然，只有经济强国的货币才可能成为储备货币。外汇储备的主要形式有：现钞、政府在国外的短期存款以及其他可以在国外兑现的支付手段，如外国有价证券，外国银行的支票、期票、外币汇票等。

外汇储备是一个国家国际清偿力的重要组成部分，体现了一个国家应对危机风险的能力。自20世纪70年代以来，外汇储备的数量迅速增长，这是导致世界储备总额增长的主要原因。外汇储备也因此成为最重要的储备资产。全世界的储备总额中将近90%为外汇资产。

3.普通提款权

普通提款权也称储备头寸（general drawing right，GDR），是会员国按其份额的一定比例向基金组织借款的权利。具体包括：会员国向基金组织缴纳份额中25%的黄金或外汇部分；基金组织为支付其他会员国的借款而使用的会员国货币的净额；基金组织从会员国的借款。

储备头寸由两部分组成：

一是黄金部分，即会员国向基金组织缴纳份额中25%的黄金或外汇部分，后改称储备部分。黄金部分贷款是无条件的。

二是信贷部分，这部分贷款是有条件的，共分四档，档次越高，条件越高。

当基金组织持有的某会员国货币数额小于该会员国份额的75%，其差额部分为超黄金部分，这部分贷款是无条件的。

黄金部分与超黄金部分之和，形成会员国在基金组织的净储备头寸。净储备头寸被会员国列为它们的官方储备资产。

会员国份额中25%用黄金、美元或特别提款权认购，其余75%用本国货币认购。前者称为储备档贷款，在使用时，不需要IMF批准，会员国随时可以用本国货币购买（在规定期限内再购回本国货币），故是一种国际储备资产。

另一部分作为满足其他会员国的资金要求而使用掉的本国货币。IMF向其他会员国提供本国货币，就会使IMF的本国货币持有量低于份额的75%。这就要加上储备档全额。所以一国净储备头寸等于它的份额减去IMF对其货币持有额。

4.特别提款权

特别提款权（special drawing right，SDR）亦称“纸黄金”（paper gold），是国际货币基金组织创设的一种储备资产和记账单位，是国际货币基金组织按其会员国缴纳的份额分配给各国的一种使用资金的权利。它只是一种记账单位，不是真正的货币，只能用于政府和基金组织内的结算，是各国储备资产的一部分。因为它是国际货币基金组织原有的普通提款权以外的一种补充，所以称为特别提款权，但发行量不多，在世界储备总额中仅占很小的比重。

2015年11月30日，国际货币基金组织正式宣布人民币2016年10月1日加入SDR。特别提款权的价值由美元、欧元、人民币、日元、英镑这五种货币所构成的一篮子货币的当期汇率确定，所占权重分别为41.73%、30.93%、10.92%、8.33%和8.09%。

特别提款权的主要用途有：一是用以向基金组织指定的其他会员国换取外汇，偿付国际收支逆差；二是会员国之间通过达成协议，用以换回对方持有的本国货币；三是用以归还基金组织的贷款，支付基金组织的利息。

3.2.2 国际储备的来源

国际储备主要是通过国际收支顺差、干预外汇市场、收购黄金、政府对外借款、国际货币基金组织分配的特别提款权和国际储备的收益等渠道获得。

1.国际收支顺差

它是一国国际储备最主要和最直接的来源，其中经常项目的顺差是更为可贵、稳定的来源。因为经常项目的顺差表明一国的对外贸易处于优势地位，通过持续巨额的经常项目顺差可以迅速增加一国的国际储备，尤其是外汇储备。资本与金融项目的顺差虽然可以增加一国的国际储备，但终因日后要还本付息或汇出投资收益而显得不稳定，所以经常项目顺差是一国国际储备的主要来源。

2.干预外汇市场

一国政府通过干预外汇市场而收进的外汇亦是一国国际储备的一种来源。当一国货币面临升值压力时，该国政府为避免本币升值对本国对外贸易造成不利影响，便可以利用外汇市场抛售本币，购入外国货币，以平抑本国货币的涨势，由此购进的外国货币就可补充该国的外汇储备。如20世纪90年代以来，面对日元不断升值，日本政府曾多次在市场上以日元买回贬值的美元，一方面在一定程度上减缓了日元升值的压力，稳定了日元与美元的汇率；另一方面亦增加了日本的外汇储备。

3.收购黄金

一国政府收购黄金的行为可以在国内完成，也可以在国际市场进行。通过从国内收购黄金，一国政府可以增加其黄金储备，这一做法称为“黄金的货币化”，即将黄金从非货币用途引至货币用途。但是通过这一渠道增加国际储备要受到国内自然条件和黄金消费量的限制。从国际市场购买黄金对一国国际储备的影响有所不同，对于储备货币发行国来说，通过用本国货币在国际黄金市场上购买黄金，可以增加其国际储备量；但对于非储备货币发行国来说，由于本国货币不为国际市场所接受，因而只能用储备货币在国际市场上购买黄金，这样做的结果是：黄金储备量增加了，但外汇储备量却减少了。从国际储备总量来看并未发生改变，改变的只是黄金储备与外汇储备之间的比例。由此可见，非储备货币发行国要想通过收购黄金来扩充其国际储备量，只能从国内收购黄金。

4.政府对外借款

一国政府向外国政府借款也是增加国际储备的渠道之一。这种借款主要发生在储备货币发行国政府之间，一般是通过签订“货币互换协议”来相互提供外汇储备，一旦协议的一方遇到国际收支困难，那么协议的另一方则须自动以本国货币向对方提供贷款，由此便可增加对方的外汇储备。虽然对外借款对一国来说带有借入储备的性质，但由于这种“货币互换协议”通常是事先签订的，一国政府在遇到国际收支困难时可自动获得协议对方提供的贷款，故此可将这种借款视作一国政府增加国际储备的来源。

5.国际货币基金组织分配的特别提款权

由于特别提款权亦是一种国际储备资产，所以对于国际货币基金组织的会员国来说，国际储备还有一个来源，即是从国际货币基金组织分配到的特别提款权。但这一来源要受会员国向国际货币基金组织所缴份额的限制，会员国所缴份额越多，分配到的特别提款权便越多，反之则少。从实际情况来看，这种分配方法非常不利于发展中国家，因为发展中国家所缴份额在总份额中所占比重不到40%，而少数几个发达国家所占份额的比重一直高于60%。所以发展中国家要想通过获得国际货币基金组织分配的特别提款权来增加国际储备是非常困难的。

6.国际储备的收益

各国的国际储备大多以各种流动资产的形式保存，如外汇存款、外国政府债券、偶在货币市场的大额定期存单等，这些流动资产所产生的利息和收益也是一国的国际储备资产的来源之一。同时，因汇率变动造成的某国外汇储备量折成SDR或美元的溢价，或金价上涨引起的黄金储备价值的增加，也是储备增量的原因。

综合分析，国际储备主要的增量因素是一国出口创汇能力和对外投资收益带来的国际收支顺差。

3.3 国际储备管理

3.3.1 国际储备管理的概念

国际储备管理是指一国政府及货币当局根据一定时期内本国的国际收支状况和经济发展的要求，对国际储备的规模、结构及储备资产的运用等进行计划、调整、控制，以实现储备资产规模适应化、结构最优化、使用高效化的整个过程。

国际储备管理包括量的管理和质的管理两个方面。所谓量的管理，是指对国际储备规模的选择与调整，以求得适度的国际储备数量；质的管理是指对国际储备运营的管理，主要是其结构的确定和调整。因而，前者通常被称为国际储备的规模管理，后者则被称为国际储备的结构管理，以求得合理的储备结构。

3.3.2 国际储备管理的目标和原则

国际储备管理的总体目标是服务于一国宏观经济发展的战略需要，在国际储备资产的累计水平、构成、配置和使用方式上，有利于经济的适度增长和国际收支的平衡，同时在微观上保证储备资产的保值与增值。

国际储备管理的原则："安全性、流动性、盈利性"三者合理配置的原则。在尽可能地降低风险和损失的同时，容易变现及完成国际支付，追求最高的收益率。对于国际储备的持有国来说，这三者不可或缺，但在实际操作中难以兼顾，较高的安全性和高流动性往往收益较低，因此有效的国际储备管理就是使三者达到最佳组合。

3.3.3 国际储备的规模管理

1.国际储备水平

国际储备水平是指一国在一个时点上持有的国际储备额同一些经济指标的对比关系。如一国的国际储备额同该国的国民生产总值的比，国际储备额同国际收支差额的比，国际储备额同外债总额之比。一般用国际储备额同外债总额的比说明一国的国际储备水平。

2.决定国际储备水平的因素

目前，一个国家的储备水平，还没有一个统一标准，但可从一国国际储备需求方面来分析：

（1）持有国际储备的成本

国际储备实际是对国外实际资源的购买力。一个国家持有国际储备，实际上是把这些实际资源储备起来，牺牲和放弃利用它们来加快本国经济发展的机会。这在经济上来说是一种损失，就是持有国际储备的机会成本。所以一国持有国际储备的成本等于投资收益率减去利息收益率，其差额越大，成本越高；反之亦然。我们得出结论：一国需求国际储备的数量，同其持有国际储备的成本成反比；反之，成正比。

（2）国民经济对外开放程度和对外贸易状况

国民经济对外开放程度越高，国际储备水平需要更高。外贸在国民经济中处于重要地位，进出口总值及其占国民生产总值的比重较大，依存度高，储备高些；处于不重要地位，则依存度低，储备低些。贸易条件处于不利地位，出口的商品缺乏竞争力，需要较多国际储备；处于有利地位，出口商品就有竞争力，则需要较少的国际储备。

（3）借用国外资金的能力

一个国家在国际金融市场资信好，借用国外资金的能力较强，国际储备水平可低些；反之，借用国外资金的能力较弱，则国际储备水平可高些。

（4）应付各种因素对国际收支冲击的需要

国际收支差额直接影响到国际储备的增减变动，各种因素对国际收支冲击的概率和程度越大，国际收支越不稳定，需要的储备就越多；反之则越少。

（5）经济调整的强度与速度

一个国家国际储备的数量，同其进行经济调整的强度与速度之间存在一定的替代关系：经济调整的强度与速度越低，需要的国际储备就越多；经济调整的强度与速度越高，需要的国际储备越少。

（6）进出口贸易和外汇的管制程度

一国如果能够有效地实施外汇管制和贸易管制来调节国际收支，就可以保持低国际储备，反之则需要高国际储备。

（7）汇率制度与外汇政策

实行固定汇率制的国家，就不需要较高的国际储备来维持汇率的稳定，反之实施浮动汇率制度的国家往往需要较高的国际储备来维持汇率的稳定和提高抵抗汇率风险的能力。

（8）货币的国际地位

货币的国际地位越高，国际储备可以少些，反之则要多些。

上面我们所说的各种因素应综合起来考虑，在长期内，一国储备水平在很大程度上要取决于国际收入的动向、国内外经济形势的变化和国际信贷的发展。

3.国际储备量的判断标准

在国际储备构成中，黄金储备不生息，外汇储备的利息则总是低于企业利润。因此国际储备的过多或过少都不利于国民经济的发展。然而，要确定一个最佳的储备点始终是一件很难达到的事。就一般的管理理论与实践来说，对国际储备量的确定有以下几种规定性：

（1）最低储备

当一国发生国际收支逆差时，可以动用国际储备来清偿，也可采用调节政策或国际融资方式来解决。但采用调节政策或融资方式是有条件、有限度的，特别是调节政策，如果达到一定程度，就可能出现因“急刹车”和“转向”而造成经济波动。最低储备就是指当主要采用调节政策和国际融资政策来平衡国际收支时所需要的国际储备量。从理论上说，最低储备可以为0。

（2）保险储备

保险储备是国际储备的上限，是在充分考虑各种制约因素以后，为平衡国际收支所需要的最多国际储备量。保险储备的确定可以从两个方面来考虑：根据国家经济发展政策，未来年度一旦加大进口，将会造成多少额外的收支缺口；在平衡国际收支时，如果只依靠国际储备来弥补，而不采用其他手段，那么将需要多少储备量。

（3）经常储备

经常储备是指按保证经济的正常发展所需进口而确定的储备量。这里所说的“正常发展”是相对于“超常发展”而言的。因此，经常储备量就可依据以往资料，按进口对国际储备的一般需求来确定。换言之，经常储备就是根据以往（比如说过去的一年）资料所确定的平均需求。

（4）最佳储备

既然国际储备过多会造成资金闲置浪费，国际储备过少又满足不了平衡国际收支的需要，那么在国际管理中就需追求一个最佳储备，也就是理想储备，它既能保证国际储备充分发挥作用，又能使机会成本损失最小。由于进出口贸易是非连续的、变动的，一国对国际储备的需求也是动态的，即需求量在不同时期是不同的。所以最佳储备是一个动态概念，依实际需求的变化而变化，在不同时间或不同国家是不相同的，这一点也增加了确定最佳储备的难度。

在上述储备中，最低储备是下限，保险储备是上限，经常储备与最佳储备都介于下限与上限之间，并且经常储备一般稍大于最佳储备。经常储备根据历史资料的一般规律确定，在一定程度上会有经验的成分；最佳储备根据预期的需求确定，并以机会成本极小化为目标，需建立数学模型，经过严格的计算。

4.国际储备量的主要参照指标

衡量国际储备规模的传统指标主要有以下几种：

①国际储备量与国内生产总值的比率，R/GDP，这一指标一般在10%以上。

②国际储备量与进口额的比率，R/M，该指标一般为25%~50%，是最常用的指标。

③国际储备量与外债余额的比率，R/FD，该指标一般在30%以上，是需要高度重视的指标。

④国际储备与货币总量的比率，R/M，可以观察是否存在或可能发生资本外逃。

国际货币基金组织判断一国国际储备不足的客观指标是：持续高利率政策；加强对国际经济交易的限制；把增加储备作为首要的经济目标；持续的汇率不稳定；新增储备主要来自信用安排。

5.确定适度国际储备规模的方法

（1）定性分析法

定性分析法通过考察直接影响国际储备过剩或者短缺的经济变量和宏观经济政策的状况，来判断国际储备规模是否适度。

定性分析法在界定一国适度外汇储备水平上具有合理性和有益的借鉴意义，但由于该理论中的很多影响因素难以量化，只能粗略地反映储备的适度性，并且这个理论也没有提供具体的计量模型，无法测算出一个确定的储备量。而且用来反映储备适度性的经济变量和宏观经济政策的变化可能并非是储备过剩或不足引起的，而是其他经济因素和政治因素所引起，因为适度储备水平这一目标并不是政府最重要和首要的政策目标。

（2）定量分析法

①比例分析法，是根据国际储备量与某种经济活动变量之间的比例关系来判断一国国际储备需求的最适度水平的一种方法。其中，外汇储备/进口比例法（R/M比例法）是目前国际上普遍采用的一种简便易行的衡量方法。按全年储备对进口额的比例计算，约为25%～30%，即一国的储备量应满足3～4个月的进口额。这就是著名的“特里芬法则”，这一方法简单易行，至今仍是各国判定国际储备适度标准的重要指标，其中发达国家因融资能力较强，可用本币支付债务，这一比例低于发展中国家。

②成本-收益分析法，又称机会成本分析法，根据微观经济学理论，当持有储备的边际成本等于边际收益时，持有的储备量适度。一般情况下，国际储备的需求量与持有储备的机会成本成反比，与持有储备的边际收益成正比。持有储备的机会成本是运用外汇进口资源要素以促进国内经济增长的边际产出（可采用国内投资收益率来计算）。持有储备的边际收益则是运用储备弥补国际收支逆差，避免或推迟采用政策性调节措施，减少和缓解对经济造成不利影响的好处，以及运用外汇购买国外有息资产的收益。只有当持有储备的边际收益等于持有储备的机会成本，从而带来社会福利最大化时，才是最适度储备规模。成本-收益分析法具有测算的准确性高于比例分析法的优点，这种方法采用多元回归和相关分析的技术建立储备需求函数，克服了比例分析法采取单一变量的片面性。

③因素分析法，又可称储备需求函数，是指在确定国际储备需求量时，对多种因素进行综合考虑并将其引入储备需求模型的分析方法。从20世纪60年代后半期开始，一些西方经济学家广泛采用各种经济计量模型，对影响储备需求的各种因素进行回归与相关分析，构成储备需求函数，用以确定一国的储备需求量。国际储备因素分析法主要有：弗兰德斯模型、弗伦克尔模型、埃尤哈模型。

上述各种对国际储备规模的分析方法都具有其理论依据和合理性，但也不够全面准确，所以对适度规模的确定不能只用一种方法，而应综合起来考虑，测算出其上下限范围，而不是一个具体数字，适度的国际储备规模就是在这个上下限范围内波动。

3.3.4 国际储备结构的管理

国际储备结构的管理是指一国如何最佳地分布国际储备资产，而使黄金储备、外汇储备、普通提款权和特别提款权四种形式在国际储备资产的持有量之间保持适当的比例关系。

1. 国际储备结构管理应遵循的原则

在外汇储备结构管理上，要遵循储备资产的安全性、流动性和盈利性原则。

所谓安全性，就是储备资产存放可靠，尽可能将外汇资产投放到外汇管理宽松的国家、资信卓著的银行、相对稳定的货币和安全的信用工具上去。

所谓流动性就是储备资产能随时兑现，灵活支配。

所谓盈利性就是储备资产在保值的基础上争取有较高的收益。

在安排外汇储备结构时应把重点放在资产的安全性和流动性上，只有在这两者得到充分保证时才考虑其投资的收益性。这是因为储备资产主要是为了在国际收支出现逆差时抵补赤字，而不是为了盈利的缘故。

2. 合理的国际储备结构

合理的国际储备结构是指国际储备资产最佳的分布格局。这里面包括：黄金储备、外汇储备、普通提款权、特别提款权之间的适当比例关系，外汇储备的各种储备货币之间的适当比例关系。在国际储备四个组成部分中，黄金由于其不具备生息盈利性，又需要较高的仓储保管费，各国对黄金储备普遍采取保守的数量控制政策，除非在特殊时期才会有较大的波动；普通提款权、特别提款权的数额不是本国可以决定的，受基金组织的分配安排，不能随意变更，比较稳定，不会有多大变化。

所以，国际储备的结构管理主要就集中在对外汇储备的管理上，主要包括外汇储备与其他储备资产的比例、外汇储备货币币种的选择和安排两方面。

（1）黄金储备、外汇储备、普通提款权和特别提款权的结构管理

各项储备资产结构管理的目标，是确保流动性和收益性的恰当结合。然而在实际的经济生活中，流动性和收益性互相排斥。这就需要在流动性与收益性之间进行权衡，兼顾二者。由于国际储备的主要作用是弥补国际收支逆差，因而各国货币当局更重视流动性。按照流动性的高低，西方经济学家和货币当局把储备资产划分为三个档次：

①一级储备或流动储备资产，指流动性非常高的资产，但收益性较低，即活期存款、短期存款和票据，如90天国库卷，平均期限为3个月。

②二级储备，收益性高于一级储备，流动性低于一级储备但仍然很高的储备，如中期国库券，平均期限为2～5年。

③收益率高但流动性低的储备资产，如长期公债和其他信誉良好的债券，平均期

限为4～10年。

普通提款权，由于会员国能随时从IMF提取和使用，所以类似一级储备。特别提款权，由于它只能用于其他方面的支付，须向IMF提出申请，并由IMF指定参与特别提款权账户的国家提供申请国所需货币，显然，这个过程需要一定时日才能完成，因此，特别提款权可视为二级储备。而黄金储备，由于各国货币当局一般只在黄金市价对其有利时，才会转为储备货币，可视为三级储备。

一级储备作为货币当局随时、直接用于弥补国际收支逆差和干预外汇市场的储备资产，即作为交易性储备。二级储备作为补充性的流动资产。三级储备主要用于扩大储备资产的收益性。一国应当合理安排这三级储备资产的结构，以做到在保持一定流动性的前提条件下，获取尽可能多的收益。一般来说，在一国外汇储备不够充足时，流动性原则优先于盈利性原则，一国应当拥有足够的一级储备来满足储备的交易性需求。交易性储备随时可以动用，充当日常干预外汇市场的手段。一旦满足了这种交易性需求，货币当局就可以将剩余的储备资产，主要在各种二级储备与高收益储备之间进行组合投资，以期在保持一定的流动性的条件下获取尽可能高的预期收益率。

（2）外汇储备的币种结构管理

对外汇储备的结构管理主要是储备货币的币种选择，即合理地确定各种储备货币在一国外汇储备中所占的比重。确定外汇储备币种结构的基本原则是：

①储备货币的币种和数量要与对外支付的币种和数量保持大体一致。外汇储备币种结构应当与该国对外汇的需求结构保持一致，或者说取决于该国对外贸易支付所使用的货币、当前还本付息总额的币种结构和干预外汇市场所需要的外汇，这样可以降低外汇风险。

②排除单一货币结构，实行以坚挺的货币为主的多元化货币结构。外汇储备中多元化货币结构，可以保证外汇储备购买力相对稳定，以求在这些货币汇率有升有跌的情况下，大体保持平衡，做到在一些货币贬值时遭受的损失，能从另一些货币升值带来的好处中得到补偿，提高外汇资产的保值和增值能力。在外汇头寸上应尽可能多地持有汇价坚挺的硬货币储备，而尽可能少地持有汇价疲软的软货币储备，并要根据软硬货币的走势，及时调整和重新安排币种结构。

③采取积极的外汇风险管理策略，安排预防性储备货币。如果一国货币当局有很强的汇率预测能力，那么它可以根据无抛补利率平价（预期汇率变动率等于两国利率差）来安排预防性储备的币种结构。例如，若利率差大于高利率货币的预期贬值率，则持有高利率货币可增强储备资产的盈利性；若利率差小于高利率货币的预期贬值率，则持有低利率货币有利于增强储备资产的盈利性。

3.4 中国的国际储备问题

3.4.1 中国国际储备的特点

自1980年中国正式恢复了在IMF和世界银行的合法席位以来，中国的国际储备资产同样是由黄、外、特、普四个部分构成。

①黄金储备的数量可分为两个阶段。第一阶段是改革开放后到2000年，这一阶段实行的是稳定的黄金储备政策，除1979年和1980年为1 280万盎司外，其余年份均为1 267万盎司。这表明，在这一阶段中国执行稳定的黄金储备政策。第二阶段是2001年至今，该阶段黄金储备的数量呈逐年递增趋势，由2001年的1 608万盎司到2009年的2 718万盎司，至2014年增至3 389万盎司，居世界第六。这一阶段黄金储备增加主要是因为国际金融风险加大，黄金价格持续走强，其保值功能凸显，但由于中国国际储备总体规模大幅增长，黄金储备在国际储备中的比例并未增加。

②中国外汇储备在构成上由不规范走向规范，以美元为主，在数量上则表现出既迅猛又曲折的特点，已成为中国国际储备的绝对主体。中国的外汇储备1978年只有1.6亿美元。1979年开始实行一系列调整政策，从1987年起，对外贸易出现转机，由逆差转为顺差，外汇储备不断增加，1983年中国外汇储备达到89亿美元。1985年和1986年外汇储备急剧下降，从1987年开始又逐渐上升，1990年后开始猛增，至2014年达到38 430亿美元，居世界第一。这样高的增长速度在世界上是罕见的。

③在IMF的储备头寸和特别提款权在中国的国际储备中不占重要地位。这种状况是由以下方面的原因造成的：第一，外汇储备在中国的国际储备中占有特别重要的地位，目前所占比重约为90%左右。第二，目前中国经济实力还不够强大，向IMF缴纳的份额也不多，从而决定了中国持有的IMF的储备头寸与分配的特别提款权数量不大。

④中国国际储备的作用在日益全面化。长期以来，中国国际储备的作用只限于弥补国际收支逆差和充作偿还外债的保证，而不具有充作干预资产的作用。从1994年1月1日开始，中国实行以市场供求为基础的、单一的、有管理的浮动汇率制度；中国人民银行将通过向外汇市场吞吐外汇，来保持人民币汇率的基本稳定。这表明，中国的国际储备已具有充作干预资产的作用。

3.4.2 中国国际储备的管理

1. 中国国际储备管理的原则

对于国际储备的管理，国际上普遍遵循的原则是安全性、流动性和盈利性相结合的原则，但各国又根据本国实际情况的不同而有不同的侧重和区别。中国国际储备的管理侧重于安全性，其基本原则是：

①保持多元化的货币储备，以分散汇率变动的风险。

②根据支付进口商品所需的货币币种和数量，确定不同储备货币在外汇储备中的比例。

③选择储备货币的资产形式时，既考虑收益率，又考虑流动性和安全性。

④密切注意国际市场汇率变动的趋势，随时调整各种储备货币的比例。

⑤外汇储备管理的中心原则是保值而不是牟利，因此绝不允许利用外汇储备进行外汇投机活动。

⑥黄金储备可根据国际黄金市场和国际金融形势的变化及中国的实际需求进行适当的调整。

2.国际储备规模的管理

自1980年中国正式恢复了在IMF和世界银行的合法席位以来，中国的国际储备资产同样是由黄金储备、外汇储备、普通提款权和特别提款权四个部分所构成。但由于中国在IMF中所占的份额较低，普通提款权和特别提款权的数额十分有限，只有10亿美元左右，仅占中国国际储备总额的极小比例。关于黄金储备，中国实行的是稳定性政策。1981年以后，中国的黄金储备一直维持在1 267万盎司的水平上，2001年至今虽然有所增加，但所占比例并未增大，所以中国的国际储备管理主要是外汇储备的管理。

中国的外汇储备由国家外汇库存和中国银行外汇结存两部分构成。国家外汇库存是国家用人民币兑进的外汇与卖出外汇（通过中国银行）相抵之后的外汇库存。中国银行外汇结存，实际上是中国银行的运营资金，即中国银行吸收的外汇存款减去它对国内外的外汇贷款与投资的余额。

就这二者结构来看，中国银行的外汇结存占外汇储备总额的2/3，并且中国银行外汇结存额增长相对稳定。中国银行实际上担负着外汇储备资产的管理职能，协助中央银行共同管理国家的外汇储备。1993年，中国对外汇储备的统计和管理方法做了重大改革。中国银行的外汇结存不再列入国家外汇储备的统计范围，国家外汇储备只包括国家外汇库存。

3.国际储备的适度规模

对于中国的国际储备应该保持在什么水平为宜，学术界的意见也不统一。目前，世界各国还在广泛使用以3个月进口额来作为确定适度国际储备量的标准。就中国的国际储备量应该是偏高还是偏低，有两种看法：

中国的国际储备量应该高些。持有这种看法的理由为：

第一，出口商品在国际市场上的竞争能力较弱，表现在初级产品在出口中还占有很大比重，工业制成品在质量等方面还存在着一定问题。所以出口创汇能力不强，需要持有多一些的储备。

第二，中国的外汇储备水平不应向主要发达国家看齐。理由是：

①发达国家出口的商品主要是工业制成品，出口创汇能力强。

②发达国家的货币是可兑换货币，可直接用在贸易中的计价、结算和支付。

③发达国家储备水平虽然较低，但它们拥有大量黄金储备、普通提款权和特别提款权，在国际金融市场上筹集资金能力强，所以国际清偿能力大于中国。

第三，随着借用外资的增多，中国的外汇储备需要在担保外债中发挥作用。

中国的国际储备量应该低些。持有这种看法的理由为：

①中国外汇资金较为紧张，不应把大量外汇资金放在外汇储备上。

②中国的经济工作具有计划性，对外经贸活动都有严格的管理，这意味着中国平衡国际收支的能力较强，因而只需要相对低一些的储备量。

③人民币还不是自由兑换的货币，国家不用干预外汇市场来维持人民币汇率。

④中国在国际金融市场有着较高的资信，因此中国具有较强的借用外国资金的能力。

4.中国国际储备结构管理

中国国际储备的结构管理就是通过对各储备资产安全性、流动性和盈利性的比较分析，实现储备资产结构上的最优化，从而提高中国国际储备的使用效率。

中国的国际储备包括黄金储备、外汇储备、特别提款权和在IMF中的储备头寸四部分，其中黄金和外汇储备是中国国际储备的主要构成要素。新中国成立以来，中国一直实行稳定的黄金储备政策，因此相对而言，黄金储备并非导致我国国际储备总体规模和结构变化的主要因素。所以，从一般意义上讲，虽然中国国际储备结构管理的对象仍然是黄金、外汇、特别提款权和在IMF中的储备头寸四个部分之间的构成比例和运行安排问题，但结构管理的核心却是外汇储备的结构管理。

与世界上其他国家相比，中国的外汇储备具有特定的含义。

第一，中国实行严格的国家结汇制度。按现行的外汇管理规定，中国绝大部分的贸易、非贸易外汇收支必须直接通过国家办理。在这种结汇制度下，中国外汇储备中的国家外汇库存部分实际上是中国国际收支的结余，其变化包含了国家主动对外汇储备的调节和收汇用汇部门被动的经常性外汇收支变化两个方面的因素，即中国经常性外汇收支的变化，直接表现在外汇储备数量的增减上。受经常性外汇收支变化因素的直接作用，中国外汇储备的变化幅度一直较大，国家主动调节的余地则较小。而西方国家没有严格的外汇管制，也不实行国家结汇制度，其收汇用汇单位经常性的外汇收支，一般是通过国内商业银行进行的，结余并不构成国家外汇储备。这些国家的外汇储备通常是指官方持有的、用于调节国际收支逆差的官方储备，其变化与国际收支差额没有直接的因果关系，而是由官方主动调节的结果。

第二，中国的外汇储备包括国家外汇库存和中国银行的营运外汇结存两个部分，而且中国银行的营运外汇结存在我国的外汇储备中一直占有较大比重。但是，中国银行的营运外汇结存，实质上是该行吸收的外汇存款和对外放款之间的差额，是一种对外负债。国家对这部分外汇并未拥有真正的所有权，它虽然可供国家使用，但与国家外汇库存是两种不同性质的资金，不能把它们完全等同起来。

国家外汇库存是国家对外债权，主要用于支付计划内国家主要进口商品所需的外汇，因此这部分外汇储备管理的原则是：保持多元化的货币储备，以分散汇率变动的风险；根据支付进口商品所需货币的币种和数量，确定该货币在储备中的比例；选择储备货币的资产形式时，既考虑它的收益率，同时又要考虑它的流动性和安全性；密切注意汇率变动的趋势，随时调整各种储备货币的比例。总之，国家外汇库存管理的中心是保值，而不是牟利。

中国银行外汇结存源于中国银行的对外负债，这一性质决定其管理原则与国家外汇库存的管理原则有所不同，即主要实行借、存、用、还货币一致原则，以减少汇率风险。

本章小结

国际储备是指一国政府持有的、用于弥补国际收支逆差，维持本国货币汇率的稳定以及应付各种紧急支付而持有的国际上可以普遍接受的一切资产。国际储备应具有普遍接受性、充分流动性、政府归属性和使用的无偿性四个特点。国际储备有调节临时性国际收支逆差、干预外汇市场维持汇率稳定、作为对外举债与偿债能力的基本信用保证、维持国内外对本国货币的信心和争取国际竞争优势的作用。国际储备的构成包括四部分：黄金储备、外汇储备、普通提款权和特别提款权。国际储备的来源主要是通过国际收支顺差、干预外汇市场、收购黄金、政府向国外借款以及国际货币基金组织分配的特别提款权等渠道获得。国际储备管理应遵循“安全性、流动性、盈利性”三者合理配置的原则。国际储备管理分为对国际储备量和质的管理，也就是规模管理和结构管理。通过对中国国际储备特点的分析，提出适合中国的储备规模和储备结构管理。

关键术语

国际储备　外汇储备　黄金储备　普通提款权　特别提款权　比例分析法

基本训练

一、单项选择题

1. 目前世界各国的国际储备中，最重要的组成部分是（　　）。

A. 黄金储备　　B. 外汇储备

C. 在国际货币基金组织的储备头寸　　D. 特别提款权

2.仅限于会员国政府之间和IMF与会员国之间使用的储备资产是（　　）。

A.黄金储备　　B.外汇储备

C.普通提款权　　D.特别提款权

3.普通提款权是指国际储备中的（　　）。

A.黄金储备　　B.外汇储备

C.在国际货币基金组织的储备头寸　　D.特别提款权

4.特里芬认为一国的国际储备额与其进口额的比例应保持在（　　）。

A.25%～40%　　B.30%～40%　　C.20%～40%　　D.20%～25%

5.通常认为适度的国际储备水平是指国际储备额与进口额的比率为（　　）。

A.40%　　B.30%　　C.25%　　D.20%

6.一国增加其国际储备有多个来源，其中最主要的是（　　）。

A.国外借款　　B.干预外汇市场　　C.国际收支顺差　　D.黄金货币化

7.一国增加其外汇储备，最可靠、最稳定的来源是（　　）。

A.经常项目收支顺差　　B.资本与金融项目收支顺差

C.长期资本与金融项目收支顺差　　D.短期资本与金融项目收支顺差

8.一战前，最主要的储备货币是（　　）。

A.美元　　B.日元　　C.英镑　　D.德国马克

9.在创立特别提款权之前，是以（　　）来表示其价值量的。

A.黄金　　B.美元　　C.一篮子货币　　D.日元

10.表明一国国际储备不足的是，一国国际储备的增加来源于（　　）。

A.黄金交易　　B.干预外汇市场　　C.国外借款　　D.国际收支顺差

二、多项选择题

1.第二次世界大战以前，国际储备包括（　　）。

A.黄金储备　　B.外汇储备　　C.普通提款权　　D.特别提款权

E.纸黄金

2.增加一国国际储备的途径是（　　）。

A.对储备货币发行国来说是黄金的国际交易

B.对非储备货币发行国来说是黄金的国际交易

C.对储备货币发行国来说是黄金的国内交易

D.对非储备货币发行国来说是黄金的国内交易

E.国际收支顺差

3.国际清偿能力是指一国（　　）。

A.国际储备

B.潜在的对外清偿能力

C.国际储备和现实的对外清偿能力

D.国际储备和潜在的对外清偿能力

E.现实的国际清偿能力和潜在的对外清偿能力

三、简答题

1.国际储备的构成和来源如何?

2.国际储备的作用是什么?

3.决定国际储备规模水平的因素有哪些?

4.国际储备量的主要参照指标有哪些?

5.中国国际储备管理的原则是什么?

第4章
外汇、汇率和外汇市场

学习目标

◆通过本书的学习，使学生熟练掌握外汇、汇率等相关基本概念；了解汇率决定的基础、影响汇率变动的因素，汇率变动对经济的影响，外汇市场及其主要的外汇交易方式。

4.1 外汇与汇率

4.1.1 外汇

1.外汇的概念

外汇是国际汇兑（foreign exchange）的简称，外汇有动态的和静态的两种含义。

动态的外汇是指把一国货币兑换为另一国货币以清偿国际债务的金融活动。从这个意义上说，外汇同于国际结算。静态的外汇是指以外币表示的用于国际结算的支付手段。静态的外汇又有广义与狭义之分。

广义的外汇就是各国外汇管理法令所称的外汇。如我国于2008年修正颁布的《中华人民共和国外汇管理条例》规定，外汇是指以外币表示的可以用作国际清偿的支付手段和资产，它们是：①外国货币，包括纸币、铸币；②外汇支付凭证，包括票据、银行存款凭证、邮政储蓄凭证等；③外币有价证券，包括政府债券、公司债券、股票等；④特别提款权、欧洲货币单位资产；⑤其他外汇资产。

狭义的外汇是我们通常所说的外汇，它是以外币表示的用于国际结算的支付手段。只有存放在国外银行的外币资金，以及将对银行存款的索取权具体化了的外币票据，才构成外汇。具体来看，外汇主要指以外币表示的银行汇票、支票、银行存款等。

2.外汇的特征

狭义的外汇就是我们通常所说的外汇。它作为国际结算的支付工具，具备以下三个特征：

（1）国际性

国际性，即外汇必须是以外国货币计值的国外资产。任何以本国货币表示的支付工具，对本国人来说都不是外汇。例如，美元是在国际支付中最常用的一种外汇资产，但这是针对美国以外的其他国家来说的，对美国人来说，美元并不是他们的外汇。

（2）可偿性

可偿性，即外汇必须是在国外能得到偿付的货币债权。那些空头支票、拒付的汇票等不能视为外汇。

（3）可兑换性

可兑换性，即外汇必须是可以自由兑换成其他支付手段的外币资产。如果某种外币资产在国际的自由兑换受到限制，则这种外汇资产就不能视为外汇。

4.1.2 外汇汇率

外汇汇率（foreign exchange rate）是一个国家的货币折算成另一个国家货币的比率，也就是说，在两国货币之间，用一国货币所表示的另一国货币的价格。外汇买卖必须有一个兑换比率，即汇率或汇价。

1.汇率的标价方法

（1）直接标价法

直接标价法（direct quotation）是以一定单位（一、百、万）的外国货币为标准，折算为一定数额的本国货币来表示的汇率，所以又称应付标价法（giving quotation）。用一定单位（一、百、万）的外国货币为标准来计算应付多少本国货币，即以本国货币的多少来表示单位外国货币的价格的一种标价方法。例如，2016年7月16日中国银行牌价，1美元=6.6865元人民币。

在这种标价法下，外国货币数额固定不变，本国货币的数额随着外国货币与本国货币币值对比的变化而变化。

如果外国货币币值上升，本国货币币值下降，这就需要支付比原来数额更多的本国货币才能兑换一定单位的外国货币，这就是外汇汇率上涨。因为外国货币的价格是用本国货币表示的，一定单位的外国货币由于其币值上升，其价格上涨，所以它就需要比原定的数额更多的本国货币与其等值。就像涨价的商品一样，要用更多的钱才能买到涨价前的同种同量额。

反之，如果外汇币值下跌，而本国货币币值上涨，为换得一定单位的外币，就只需支付比原来数额较少的本国货币，这就是外汇汇率的下跌。从上面的分析不难看出，在直接标价法下，外汇汇率的涨跌与本币数额的多少是一致的。

（2）间接标价法

间接标价法（indirect quotation）是以一定单位的本国货币为标准，折算为一定数额的外国货币表示的汇率。或者说用一定单位的本国货币为标准，计算出应收多少外国货币，所以又称应收标价法（receiving quotation），就是用外国货币的多少表示单位本国货币价格的一种标价方法。例如，2016年7月16日英国伦敦外汇市场牌价，1英镑=1.3188美元。

在间接标价法下，本国货币数额不变，应收的外国货币数额随着本国货币币值的升降而增减。

如果外汇汇率上升，所收入的外国货币数额就比以前少。因为这种标价法是用外国货币表示本国货币的价格。外国货币币值上升，本币币值下降，本国货币的价格就要随之下降，这样购买一定单位的本国货币所需要的外币数额就要比以前减少。

如果外汇汇率下降，所收入的外国货币数额就比以前增加。因为外国货币币值下降，本币币值上升，以外币表示的本国货币的价格就要提高。所以购买一定单位的本国货币所需的外币数额就要比以前增加。

（3）美元标价法

美元标价法，即在外汇实际交易过程中所产生的一种汇率表示方法，它是一种以美元为计算标准，以其他各国货币为计算货币来表示美元价格的标价方法。

其特点是，美元的量始终不变，美元同其他各国货币的币值的变化是通过其他国家货币量的变化表现出来的，目前国际外汇市场及各大外汇银行的报价均采用美元标价法。

美元标价法同间接标价法不同之处在于，它不是美国本身报出的外汇价格，而是美国以外的外汇经营机构以美元为计价标准。这样做的目的是便于在日常外汇交易中，对各种货币的汇率进行比较，特别是能同美国的外汇市场进行比较，以进行判断，有利于交易。

2.汇率的种类

外汇汇率的种类很多，我们可以从不同的角度进行划分。

（1）根据银行在外汇买卖中的地位划分

买入汇率（buying rate/bid rate）（买入价），是指银行买入外汇时所使用的汇率。

卖出汇率（selling rate/offer rate）（卖出价），是指银行卖出外汇时所使用的汇率。

中间汇率（middle rate）（中间价），是买入价与卖出价的平均数，即中间价=（买入价+卖出价）/2，此汇率不适用于一般顾客，西方国家报道外汇信息时，常用中间价。

现钞汇率（bank note rate）指银行买卖外币现钞的价格，又称钞价。由于外国钞票不能在本国流通，也不能直接对外支付，银行买入外国钞票后，必须将其运送到发行国转换为存款才能使用，这样既要花费一定的运费和保险费，又要损失在途中的利息。因此，银行的现钞买入价要比一般的外汇买入价低。

（2）按外汇管制的松紧程度划分

官方汇率（official rate）（法定汇率），是指官方机构所规定的汇率。在外汇管制比较严格的国家，禁止自由外汇市场的存在，规定一切交易都按官方公布的汇率进行。发展中国家多属于这种类型。在外汇管制较松的国家，官方汇率只是起中心汇率作用。

市场汇率（market rate），是指在自由外汇市场上买卖外汇的实际汇率，且随外汇市场的外汇供求进行上下波动。

（3）按外汇资金性质和用途划分

贸易汇率：是指用于进出口贸易及其从属费用方面的汇率。

金融汇率：是指资金转移和旅游等方面的汇率。

一般来说为了推动进出口贸易的发展，贸易汇率定得比较低，限制资金流出，资金流入时金融汇率定得比较高。

（4）按汇率是否运用于不同的来源和用途划分

单一汇率：是指凡一国对外仅有一个汇率，各种不同来源与用途的收付都按此计算。

复汇率：是指一国货币对某一种外国货币的汇价根据用途或交易项目的不同，而规定两种或两种以上的汇率。实行差别汇率的目的主要是间接起到限制或鼓励的作用。例如，对贸易项目和非贸易项目采取不同汇率。复汇率实际上是进行外汇管制的一种特殊形式。

（5）按外汇交易的工具划分

电汇汇率（telegraphic transfer rate，T/T rate）（以电报解付方式买卖外汇时所用的汇率）：是用电讯通知付款的外汇汇率。银行卖出外汇后，立即用电报通知国外分支行或代理行将款项解付给收款人。目前国际支付多数都用电讯传递，一般外汇市场上所公布的汇率，多为电汇汇率。

信汇汇率（mail transfer rate，M/T rate）（是用信函的方式买卖外汇时所用的汇率）：是用信函方式通知付款的外汇汇率。银行卖出外汇后，通过信函通知国外分支行或代理行解付。由于这种付款方式所需邮程较长，银行可以在一定的时期占用顾客资金，因此信汇汇率比电汇汇率低，其差额相当于邮程利息。信汇汇率主要用于中国香港和东南亚，其他地区很少采用。

票汇汇率：在兑换各种外汇汇票、支票和其他票据时所采用的汇率叫票汇汇率。由于票汇从卖出外汇到支付外汇有一定的时间间隔，银行可以在此期间占用客户资金，获取利息，故票汇汇率较电汇汇率低。

票汇按期限长短有短期汇票和长期汇票之分。

（6）按外汇交割期限划分

交割是买卖双方履行交易契约，进行钱货两清的接受行为。外汇买卖交割，是指购买外汇者付出本国货币，出售外汇者付出外汇。由于交割日期不同，汇率就有差异。

即期汇率（现汇汇率）是买卖双方成交后，在两个营业日之内办理外汇交割时所用的汇率。

远期汇率（期汇汇率）是买卖双方事先约定的，据以在未来一定日期进行外汇交割的汇率。

（7）根据汇率制定的方法来划分

基本汇率，众所周知，外国货币的种类很多，如果对每一种货币都制定一个独立的汇率，不仅费时费事，而且也难以保证符合各国间实际执行的汇率，这就必然引起套汇活动，造成金融市场混乱。鉴于上述原因，许多国家在制定汇率时，首先选择一种关键货币。

这种关键货币特点是：在国际汇兑中使用最多，在各国的外汇储备中所占比重最大；可以自由兑换，在国际上可以普遍接受。而本国货币同这种关键货币所确定的比率，称为基本汇率。基本汇率一般不对外公布，只是作为一种内部掌握的、起主导作用的汇率，一般在基本汇率确定以后，再据以计算出本国货币对其他货币的汇率。

第二次世界大战以后，美元在国际汇兑中使用最多，占外汇储备的比重最大，又是被各国普遍接受的可自由兑换的货币，因而大多数国家都把美元当作关键货币，而把本币与美元的汇率称为基本汇率。

套算汇率，是制定出基本汇率后，再根据关键货币与其他各国或地区货币的汇率，套算出本国货币与其他各国或地区货币的汇率。

假定中国香港把美元作为关键货币并计算出基本汇率为1美元=7.7521港元，如果在纽约外汇市场英镑对美元的汇率为1英镑=1.5871美元。那么英镑对港元的套汇率为：1英镑=7.75×1.59=12.3034港元。

（8）从经济学意义上来划分

①名义汇率（nominal rate）指的是未对通货膨胀作调整的汇率，外汇交易实际使用的汇率（在管制汇率下是由官方制定的，在市场汇率下是由市场供求决定的）都是名义汇率。它是实际意义上的两国货币之间的交换比率。

②实际汇率（real rate）是对名义汇率进行物价因素调整之后得到的汇率。二者的关系可表示为：

$$e_r = e \times \frac{P^*}{P}$$

式中：e_r为实际汇率，e为名义汇率，P^*为外国物价指数，P为国内物价指数。由上式可知，实际汇率等于按外国与本国物价指数之比调整后的名义汇率。它能够解释通货膨胀对名义汇率的影响。

③有效汇率（effective rate）是一国货币对一组外币汇率的加权平均值，它反映了一国货币对外币总价值的变化情况。

$$E^e = \sum E_i W_i$$

式中：E^e表示有效汇率；E_i是一国与i国之间的汇率；W_i是i国的权重，i是国家的数目。

4.2 汇率的决定与变动

4.2.1 汇率的决定

1.金本位制度下的汇率决定

金本位制是以黄金作为本位货币的货币制度，它包括金币本位制、金块本位制和金汇兑本位制。1816年，英国首先实行金币本位制。随后，德国、法国、俄国、日本等也先后实行金币本位制。美国于1900年也颁布了金本位法案。这种制度具有以下特点：金币可以自由铸造；金币可以自由流通和自由交换；黄金可以自由输出输入。

在金币本位制下，流通中的货币是以一定重量和成色的黄金铸造而成的金币，金币所含有的一定重量和成色的黄金称为含金量（gold content）。两国货币含金量之比，称为铸币平价（mint par或specie par）。在金本位制度下，铸币平价是决定汇率的基础。

例如，在金本位制度下，1英镑规定的重量为123.27447格令（grain，金衡制的单位，1克=15.43232格令），成色为22开（纯金为24开），即1英镑含纯金量为123.27447×22÷24=113.0016格令（或7.32238克）。1美元规定的重量为25.8格令，成色为90%，即含纯金量为25.8×90%=23.22格令（或1.50463克）。根据含金量计算，英镑与美元的铸币平价是7.32238÷1.50463=4.8665。这就是说，1英镑的含金量是1美元含金量的4.8665倍，即英镑对美元的汇率为1英镑=4.8665美元。

由铸币平价所确定的汇率，通常称为法定平价。法定平价不会轻易变动，它并不是市场上买卖外汇的实际价格。实际汇率受供求因素的影响，围绕铸币平价波动，有时高于铸币平价，有时低于铸币平价。当一国国际收支顺差时，外汇供过于求，外汇汇率下跌到铸币平价以下，从而引起黄金流入。反之则引起黄金流出。

但是在金本位制度下，汇率的波动并不是漫无边际的，而是以黄金输送点为其界限。黄金输送点是引起黄金流入与流出时的汇率。其中引起黄金流出的汇率是黄金输出点，引起黄金流入的汇率是黄金输入点。在金本位制下，国际债权债务可以通过两种方式清算：一是采用汇票等外汇的非现金手段；二是直接运送黄金。当汇率的变动对一国有利时，它将利用外汇办理国际结算；反之当某种外汇的汇率涨得太高时，它将采用直接运送黄金结算。因此，汇率的波动是以黄金输送点为界限的。

黄金输送点=铸币平价±单位货币黄金运送费用

式中：单位货币黄金运送费用包括包装费、运输费、保险费和检验费等，此外还有运程中的利息。在第一次世界大战以前，英国和美国之间运送黄金的各项费用和利息为黄金价值的5‰~7‰，按均值6‰计算，在英、美两国之间运送1英镑黄金的各项费用约为0.03美元（4.8665×6‰），则黄金输送点为4.8665 4±0.03美元。若1英镑汇率上涨到黄金输出点（上限）4.8965美元（4.8665+0.03）以上时，美国进口商就不会购买英镑外汇，而宁愿在本国购买黄金直接运送到英国还其债务。因为直接运送黄金偿还1英镑债务只需4.8965美元，而购买英镑外汇则要高于这个费用。反之，若1英镑汇率跌到黄金输入点（下限）4.8365美元（4.8665−0.03）以下时，则美国的出口商就不会出售英镑外汇，而宁愿在英国用英镑购买黄金运回美国，因为用运送黄金的方法收回1英镑的债权，可以得到4.8365美元。

综上所述，在金本位制下，铸币平价是决定汇率的基础，汇率波动的界限是黄金输送点。由于黄金运送费用占黄金的价值很小，故汇率波动的幅度很小，基本上是固定的。

2.纸币制度下的汇率决定

金本位制崩溃后，各主要国家都实行了纸币流通制度，后来发展为信用货币制度。在这种制度下，金币已退出货币流通领域，代之而出现的是纸币的流通。最早出现的纸币是大商业银行发行的、可以自由兑换黄金的银行券。后来的纸币是指由国家指定中央银行集中统一发行，强制使用并不能兑现的货币符号。由于纸币本身不具有价值量，而是代表一定的价值进行流通，所以在纸币流通时期，货币价值的体现形式以及汇率确定的方式与金本位时期不同而且更加复杂化。

（1）纸币具有法定的含金量

纸币流通初期，是纸币具有法定含金量时期。当时各国官方用法令垄断纸币的发行，并参照原来金币的价值以法律形式规定了纸币的含金量。因此，含金量是纸币名义上或法律上所代表的价值量，也就是说，这时期纸币在流通中所代表的价值是表现在一定金量上的。例如，1934年美国政府规定每1美元的含金量是0.888671克纯金。也就是说，美元纸币在流通中代表的价值量相当于0.888671克黄金。同样，英国政府规定1英镑的含金量是3.881344克黄金，即1英镑纸币在流通中所代表的价值与3.881344克黄金相同。所以，在纸币流通条件下，当单位纸币实际所代表的价值量与国家规定的含金量相一致时，纸币含金量的对比，即黄金平价（par value或gold parity）是决定汇率的基础。由此，我们可以得出英镑与美元的汇率，即1英镑=3.8813344/0.888671=4.03美元。

然而，纸币与金币不同，它不真正具有价值，而是代表金币进行流通。纸币不能兑换黄金，又没有作为储藏手段的职能，故在纸币发行量过大时，通货膨胀就会发生，这使纸币实际所代表的价值量同政府规定的含金量不符。一旦纸币实际所代表的金量与名义上规定的金量相差太远，各国政府就通过宣布本国货币法定升值与贬值来重新规定本国货币的含金量。例如，1969年在各国压力下，联邦德国政府宣布德国马克法定升值，每马克的含金量由0.222163克纯金提高到0.242806克纯金，马克对美元的汇率也由1美元合4马克提高到1美元合3.66马克。

由此可见，法定升值与贬值是纸币流通初期政府用于调节含金量、稳定汇率的重要措施。其汇率的决定也是以变化了的金量为基础的。

(2) 不规定纸币的含金量

布雷顿森林体系崩溃后，以美元为中心的固定汇率制解体，各国政府不再规定纸币的含金量，纸币的价值不再以金量体现，而是以其所具有的购买一定数量商品的能力表现出来，因此，纸币所代表的价值一般来说表现在纸币的购买力上。按照等价交换的原则，两种货币兑换比率的客观基础，应该是两种货币购买力的对比，也称为购买力平价。它基本上体现了纸币流通中所代表的真实价值的对比。所以这一时期决定汇率的基础是购买力平价。

4.2.2　影响汇率变动的因素

1.国际收支

国际收支状况的好坏直接影响外汇市场的供求关系，在很大程度上决定了汇率的基本走势和实际水平。当一国处于国际收支逆差时，说明本国外汇收入比外汇支出少，外汇的需求大于外汇的供给，外汇汇率上涨，本币对外币贬值；反之，当一国处于国际收支顺差时，说明本国外汇收入比外汇支出多，外汇供给大于外汇需求，外汇汇率下跌，本币对外币升值。

2.通货膨胀率

在纸币流通的条件下，两国货币之间的比率，从根本上来说是由各自代表的价值量决定的。物价是一国货币价值在商品市场上的体现，通货膨胀就意味着该国货币代表的价值量的下降。因此，国内外通货膨胀率的差异就是决定汇率长期趋势的主导因素。在国内外商品市场相互密切联系的情况下，一国较高的通货膨胀率就必然反映在国际收支上。具体来看，高通货膨胀率会削弱本国商品在国际市场上的竞争力，引起出口的减少；同时提高外国商品在本国市场上的竞争力，造成进口增加。另外，通货膨胀率差异还会影响人们对汇率的预期；如果一国通货膨胀率较高，人们就会预期该国货币汇率趋于下降，会把手中持有的该国货币转化为其他货币，造成该国货币在外汇市场上的供给大于需求，汇率下跌。总之，如果一国通货膨胀率高于他国，该国货币在外汇市场上就会趋于贬值；反之，则会趋于升值。

3.利率差异

利率也是货币资产的一种“特殊价格”，它是借贷资本的成本和利润。在开放经济和市场经济条件下，利率水平变化与汇率变化息息相关，主要表现在当一国提高利率水平或本国利率高于外国利率时，会引起资本流入该国，由此产生对本国货币的需求增加，使本币升值、外币贬值；反之，当一国降低利率水平或本国利率低于外国利率时，会引起资本从本国流出，由此产生对外汇的需求增加，使外汇升值、本币贬值。

4. 经济增长率

国内外经济增长率的差异也会影响到汇率的变动。当一国经济增长率较高时，收入上升促使进口增加；同时，高经济增长率往往伴随着劳动生产率的提高，使本国产品竞争力增强，有利于出口。经济增长率对汇率的影响主要取决于两种经济力量的对比。一般来说，高经济增长率的国家对本国币值的稳定和升值具有支持作用。

5. 政府的管制

尽管第二次世界大战后西方各国政府纷纷放松了对本国的外汇管制，但政府对外汇市场的干预仍是影响外汇市场供求关系和汇率水平的重要因素。当外汇市场汇率波动对一国经济、贸易产生不良影响或政府需要通过汇率调节来达到一定政策目标时，货币当局便可以参与外汇买卖，在市场上大量买进或抛出本币或外汇，以改变外汇供求关系，促使汇率发生变化。为进行外汇市场干预，一国需要有充足的外汇储备，或者建立专门的基金、外汇平准基金、外汇稳定基金等，随时用于对外汇市场的干预。政府干预汇率往往是在特殊情况下（如市场汇率剧烈波动、本币大幅度升值或贬值等），或者为了特定的目标（如促进出口、改善贸易状况等）而进行的，它对汇率变化的作用一般是短期的。

英国政府从1932年起就用部分外汇储备设立外汇平准基金。当英镑汇率下跌时，就卖出外汇，买入英镑，促使英镑汇率上升；当英镑汇率过高时，就买入外汇卖出英镑，促使英镑汇率下跌。后来，美国、加拿大、瑞士等国纷纷效法，使外汇平准基金成为各国干预外汇市场的重要手段之一。

6. 心理预期

心理预期是人们对将来事物发展变化的预计。如果人们普遍对某种货币的发展前景看好，该种货币在市场上就会被大量买进，造成该种货币汇率上升。反之，人们普遍预期某种货币发展前景不佳，就会纷纷抛售这种货币，这种货币的汇率就要下跌。例如，1997年7月爆发的东南亚金融危机，许多经济学家认为，东南亚国家居民心里看淡本国货币是本国货币贬值的原因之一。

4.2.3 汇率变动对经济的影响

汇率是联结国内外商品市场和金融市场的一条重要纽带。一方面，汇率的变动受制于一系列经济因素；但另一方面，汇率的变动又会对其他经济因素产生广泛的影响。了解汇率变动对经济的影响，不论对一国货币当局制定汇率政策，还是对一个企业进行汇率风险管理都是极其重要的。

受经济、政策等多种因素影响的汇率，其变动及其作用从来就不是消极的，它反过来会对一国的经济、政治乃至整个世界经济产生重大的影响。掌握汇率变动对经济的影响与掌握影响汇率变动的原因同样重要，掌握这“两个影响”并采取相应的对策，对保持一国的汇率与经济的稳定是相当重要的。

1.汇率变动对国际收支的影响

（1）对贸易收支的影响

一国货币汇率变动会改变该国进出口商品的相对价格，从而影响对外贸易。当一国货币汇率下降时，其出口商品在国际市场上以外币表示的价格降低，出口增加；进口商品在本国市场上以本币表示的价格上升，进口减少，对外贸易顺差。反之，当一国货币汇率上升时，则对外贸易逆差。

（2）对非贸易收支的影响

当一国货币汇率下降时，外币的购买力提高，本国的商品和劳务价格相对降低，对外国旅游者增加了吸引力；而本币的购买力相对降低，外国商品和劳务的价格变贵，减少了对外支出，有利于本国旅游和劳务收支的改善。反之，当本国货币汇率上升时，则影响相反。

（3）对国际资本流动的影响

汇率变动对国际资本流动的影响取决于人们对该货币变动趋势的预期，如果预期贬值的幅度不够，汇率还会继续下降，则会引起资金的流出；如果人们认为贬值已使汇率处于均衡状态，则原来因为本币定值过高而流走的资金就会流回来；如果人们认为贬值已经过头，本币汇率低于正常水平，其后必然出现反弹，则资金就会流入本国以赚取收益。

2.汇率变动对国内经济的影响

汇率变动对一国国内经济有重要影响，首先会在短期内引起进口商品的国内价格发生变化，继而波及整个国内物价发生变化，甚至导致整个经济结构发生变化，从而使汇率变动对经济的影响作用长期而深远。

（1）汇率变动会对进口商品的国内价格产生影响

本国货币汇率上升，会使进口商品的国内价格降低，本国进口的消费资料和原料的国内价格就会随之降低。本国货币汇率下降，会使进口商品的国内价格提高，本国进口的消费品和原料因本币汇率下跌而不得不提高售价以减少亏损。

（2）汇率变动会对出口商品的国内价格产生影响

外国货币汇率上升，会使出口商品的国内价格提高。因为以本币表示的外汇汇率上涨，即外币购买力提高，外国进口商会增加对本国出口商品的需求，若出口商品的供应数量不能相应增长，则出口商品的国内价格必然会有较大幅度的增长。外国货币汇率下降，会使出口商品的国内价格下降。因为外汇购买力下降，会引起对本国出口商品需求的减少，从而引起出口商品国内价格的下降。

（3）汇率变动会对国内其他商品的价格产生影响

汇率变动不仅影响进出口商品的国内价格，也影响国内其他商品的价格。外币汇率上升即本币汇率下降，导致进口商品和出口商品在国内的售价提高，必然要导致国内其他商品价格的提高，从而会推动整个物价上涨。外币汇率下降或本币汇率上升，导致进口商品和出口商品在国内的价格降低，必然会促进国内的整个物价水平下降。

如本币汇率上升，进口商品国内价格降低，以进口原料生产的本国商品价格由于生产成本的降低而下降。

（4）汇率变动影响一国的通货膨胀程度

通货膨胀是影响汇率变动的因素，而汇率变动反过来也影响着通货膨胀。一国货币的对外贬值或升值即汇率变动，总是要直接或间接地影响到一国货币的价值，影响到一国的通货膨胀程度。一国货币汇率下跌会使出口商品增加和进口商品减少，从而使国内市场的商品供应相对减少；一国汇率下跌会使资本流入增加（在一定的相对条件下），从而使本币供应相应增加，这两种情况都会相对导致国内通货膨胀的压力加大。相反，一国货币汇率上涨，则有利于减轻该国通货膨胀的压力。

3.汇率变动对世界经济的影响

小国汇率变动只会对贸易伙伴国经济产生轻微的影响，主要工业国汇率的变动则不然。第一，主要工业国的货币贬值至少在短期内会不利于其他工业国和发展中国家的贸易收支，由此可能引起贸易战和汇率战，并影响世界经济的景气。第二，主要工业国的货币一般充当国际计价手段、支付手段和储备手段，故其汇率变动将会引起国际金融领域的震荡。如在国际贸易和借贷活动中，要收进贬值货币的经济主体将遭受损失，而要付出贬值货币的经济主体，则将从中获益。对于目前虽不运用，但却大量持有贬值货币作为资产的经济主体如银行和跨国公司来说，这至少是一种潜在的损失或账面损失。除非储备手段与未来的支付手段相一致，否则在未来运用这些作为储备手段的资产时，其兑换成其他货币作为支付手段的数额会因此而减少，这种账面损失也就转化为实际损失。第三，主要货币的汇率不稳定还会给国际储备体系和国际金融体系带来巨大的影响。

4.3 汇率制度

汇率制度（exchange rate system），又称汇率安排，是指一国货币当局对本国汇率变动的基本方式所作的一系列安排或规定，表明各国货币比价确定的原则和方式，包括货币比价变动的界限、调整手段以及维持货币比价所采取的措施等。

4.3.1 固定汇率制度

固定汇率制度（fixed exchange rate system），就是两国货币比价基本固定，并把两国货币比价的波动幅度控制在一定的范围内。

固定汇率制度是在金本位制基础上发展起来的。自19世纪中后期金本位制在西方各国确定以来，一直到1973年，世界各国的汇率制度，基本上属于固定汇率制度。固定汇率制，包括金本位制下的固定汇率制和布雷顿森林体系下的固定汇率制。

1.固定汇率制度的类型

（1）金本位制度下的固定汇率制

在金本位制度下，固定汇率制是自发形成的。各国金币的含金量是决定各国中心汇率的基础。并且金币自由兑换、自由铸造和熔化、自由输出入的原则能自动保证现实汇率的波动不超过黄金输送点。在金本位制度下，汇率变化的幅度很小，基本上是固定的。在这种汇率制度下，各个国家的汇率保持相对稳定。

（2）布雷顿森林体系下的固定汇率制

布雷顿森林体系下的固定汇率制是纸币本位下以美元为中心、以黄金为基础的固定汇率制。该固定汇率制有以下五个特点，即一固定、双挂钩、上下限、政府干预、允许调整。

"一固定"是指固定货币比价。各国货币都要确定各自货币的含金量，按照美元与各自货币含金量之比来确定各国货币对美元的平价。例如，按照1美元纸币的含金量为0.888671克纯金，1英镑纸币的含金量为3.58134克纯金，这样英镑与美元的汇率为：1英镑=3.58134÷0.888671=4.03美元。这一比价一旦确立下来，不得随意更改。

"双挂钩"是指美元与黄金挂钩，其他国家货币与美元挂钩，即其他国家货币通过与美元的直接挂钩达到与黄金的间接挂钩。

"上下限"是指货币比价确定之后，汇率波动只能在±1%的幅度内进行（1971年12月以后变为±2.25%）。例如，1英镑=4.03美元，则英镑、美元间的汇率波动幅度为1英镑：4.0703~3.9897美元，即英镑上浮的幅度不得超过1英镑=4.0703美元，下跌也不得跌破1英镑=3.9897美元。

"政府干预"是指汇率波动超过规定的上下幅度后，有关国家政府则有义务在外汇市场上进行干预，以维持汇率的稳定。

"允许调整"是指当一国经济状况发生了根本的变化，各国政府已无法通过外汇市场的干预来维持固定平价时，在获得基金组织同意的情况下，一国可以使其货币法定升值、贬值，即调整其货币法定平价。

由于上述五个特点，布雷顿森林体系下的固定汇率制相对稳定。

（3）两种固定汇率制度的比较

金本位制度下的固定汇率制与布雷顿森林体系下的固定汇率制在汇率决定基础和汇率波动幅度方面具有相似性，中心汇率是按两国货币的金平价确定，市场汇率围绕平价上下浮动，浮动幅度在黄金输送点和±1%的狭小区间，但是两者在调节机制和制度基础等方面存在本质的不同。

①汇率的调节机制不同。金本位制度下，汇率的稳定是通过黄金自由输出入而自动调节；布雷顿森林体系下，汇率的稳定主要通过各国货币当局对外汇市场的干预来实现。

②制度形成的基础不同。金本位制度下的固定汇率制是在主要资本主义国家普遍实行金本位制的基础上自发形成的，金币本身具有价值。布雷顿森林体系下的固定汇

率制是在信用货币基础上，国际货币基金组织之下人为建立起来的，并接受国际货币基金组织监督，纸币本身没有价值。

③汇率稳定程度不同。金本位制度下汇率的波动受制于黄金输送点，通过金币的自由铸造、自由兑换、自由输出入保持汇率稳定，波动幅度一般在5‰～7‰，是典型的固定汇率制。布雷顿森林体系下，汇率波动幅度在±1%范围内，1971年12月，将这一范围又扩大到±2.25%，同时国际货币基金组织还允许会员国变更货币的含金量，实行货币的法定贬值或升值。因此，布雷顿森林体系下的固定汇率制严格来说只能称为可调整的钉住汇率制。

2.固定汇率制度的优缺点

（1）固定汇率制度的优点

由于固定汇率制使两国货币比价基本固定，或汇率的波动范围被限制在一定幅度之内，它就便于经营国际贸易、国际信贷与国际投资的经济主体进行成本和利润的核算，也使进行这些国际经济交易的经济主体面临汇率波动的风险损失较小，而有利于这些国际经济交易的进行与发展，因而有利于世界经济的发展。

（2）固定汇率制度的缺点

①汇率基本不能发挥调节国际收支的经济杠杆作用。本币贬值有利于一国扩大出口，减少进口，从而可以改善一国的国际收支状况，可见汇率可充作调节国际收支的经济杠杆。然而固定汇率制下一国货币汇率基本固定或汇率的波动范围被限制在一定幅度之内，汇率自然就基本不能发挥其调节国际收支的经济杠杆作用。

②维持固定汇率制有时会以牺牲内部均衡为代价。由于固定汇率制下汇率基本不能发挥调节国际收支的经济杠杆作用，一国若国际收支失衡，就需采取紧缩性或扩张性财政货币政策，这会使国内经济增长受到抑制和失业扩大，或者是通货膨胀与物价上涨严重化。另外，维持汇率波动官定上下限所采取的干预外汇市场措施，也会有同样的后果。

③一国的国际储备资产经常变动。固定汇率制下，如果在外汇市场上两国汇率的波动超过规定的幅度，有关国家的货币当局有义务出来干涉。在汇率波动幅度不大时，一国货币当局往往会动用国家的外汇储备资产来维持本币汇率的稳定。本币贬值，一国货币当局抛售外汇，国际储备资产减少；本币升值，一国货币当局吸纳外汇，国际储备资产增加。

④易引起国际汇率制度的动荡与混乱。一国当国际收支恶化，进行市场干预仍不能平抑汇价时，该国最后有可能采取法定贬值的措施。这会引起同该国有密切经济关系的国家也采取法定贬值的措施，从而导致外汇市场和整个国际汇率制度的动荡与混乱。只有经过一段时期以后，才会平静下来。在恢复相对平静以前的这段时期内，经营国际贸易、国际信贷与国际投资的经济主体，都可能抱观望态度，从而出现国际经

济交易在某种程度上的中止、停顿现象。

4.3.2 浮动汇率制度

1973年年初，布雷顿森林体系下的固定汇率制彻底瓦解后，西方各国普遍采用了浮动汇率制（floating exchange rate system），1976年1月国际货币基金组织正式承认浮动汇率制。1978年4月，国际货币基金组织理事会通过《关于第二次修改协定条例》，废除以美元为中心的国际货币体系，确立了浮动汇率的合法地位，标志着全球正式进入牙买加体系的浮动汇率制时代。

浮动汇率制度，是一国政府对本币汇率不加以固定，也不规定上下波动的界限，听任外汇市场根据外汇的供求情况，自行决定本国货币对外国货币的汇率。

在浮动汇率制度下，外国货币供过于求时，外国货币的价格就下跌，外币的汇率就下浮；外国货币供小于求时，外国货币价格就上涨，外币汇率就上浮。

1.浮动汇率制度的类型

（1）自由浮动

外汇的价值由市场自由决定，中央银行不干预外汇市场，对外部和内部冲击名义汇率及时做出反应，不需要高额外汇储备，这种制度的缺点是名义（和实际）汇率的大幅度波动可能扭曲资源配置，汇率的随机性和通货膨胀偏向较大。实际上，没有任何一个国家采用纯粹的浮动汇率。

（2）管理浮动

管理浮动有时也称作不清洁浮动。这种安排的目的是保持正常的汇率变动，同时消除过度波动性。汇率是市场决定的，只不过借助政府的不时入场交易来缓解汇率变动压力，使汇率调整变得更加平滑，但未必要求汇率达到某个特定水平或不能超出某个波动范围。有时也寄望政府干预可以缓和或消除外汇市场上的周期性波动，以及过度的自我修正问题。典型代表有美国、日本、加拿大等。

（3）爬行钉住

爬行钉住将本国货币钉住外国货币，汇率按照固定的、预先宣布的比率作较小的定期调整或依据所选取的定量指标的变化作定期调整。爬行的幅度可根据以往通货膨胀变动对汇率变动的要求来设置，也可根据预期未来可能发生的通货膨胀情况来设置。典型代表有尼加拉瓜、伊朗等。

（4）货币局制度

货币当局根据对应的外汇储备额按某一固定比价发行国内货币。这种制度有利于维持汇率的可信度但不利于汇率的调节，外部冲击只能通过国内经济活动加以吸收，中央银行丧失了其最后贷款者的职能。历史上一些小国家或地区采用了这种制度，但不成功。典型代表有波斯尼亚、中国香港地区等。

2.浮动汇率制度的优缺点

(1) 浮动汇率制度的优点

①增加了推行本国经济政策的自主性。实行浮动汇率制可以独立地实行自己的货币政策、财政政策和汇率政策，从而在一定程度上保证了国内经济的相对稳定性和持续发展。一国可以听任本币在外汇市场上上下浮动，政府也可以采取一系列措施，尽量维护内部平衡和外部平衡的同时实现。

②汇率能发挥其调节国际收支的经济杠杆作用。由于浮动汇率制下汇率是浮动的，一国的国际收支逆差时，可以经由本币汇率的下浮，使该国出口大于进口而予以消除。

③无太多的外汇储备。在浮动汇率制度下，一国由于无义务维持汇率稳定，就不需要像固定汇率制下保存那么多外汇储备。这部分节约下来的外汇资金，则用来进口更多的国外资本品，增加投资，促进经济增长。

(2) 浮动汇率制度的缺点

①给国际贸易和投资带来不确定性。浮动汇率制使进出口商无法确定未来汇率的变化，给国际贸易和投资带来更大的不确定性，进出口商在价格和收益的不确定性下，即使利用期汇交易来进行套期保值，也势必会增加贸易成本。

②容易导致通货膨胀。在浮动汇率制度下，一国汇率下浮必将导致进口价格的上升。当一国汇率上浮时，由于棘轮效应，国内物价却不下降。因此，浮动汇率制较容易导致通货膨胀。

③对国内资源的配置形成不利影响。当汇率大幅度下浮时，该国资源就会流入贸易品部门，使该部门产品对外竞争力提高。然而，一旦汇率回升时，这些资源在贸易品部门就会因过剩而重新流出。由此，汇率波动将带来资源的配置不当。

④助长了外汇投机。由于汇率变动频繁，给国际货币的投机者以可乘之机。当投机者预测某种货币汇率将上浮时，就可以大量购进该种货币，待上浮后再抛售。有些国家的商业银行也经常参与外汇市场上的投机活动。

4.4 外汇市场

4.4.1 外汇市场的概念

外汇市场（foreign exchange market）是指进行外汇买卖的交易场所或网络，是外汇供给者、外汇需求者以及买卖外汇的中介机构所构成的买卖外汇的交易系统。

在外汇市场上进行交易的主要是经营外汇业务的银行，它们每天与顾客进行外汇交易后，很难做到当天买入和卖出某种货币的数额正好相等，往往会出现一个差额。我们将外汇银行在某一时点买卖某种外汇所产生的余额称为外汇头寸。银行买卖各期各种外币的头寸汇总计算所得的净余额称为外汇总头寸。银行外汇头寸有三种情况：

某种外币买入数额超过卖出的数额者称为超买，或称多头；某种外币卖出数额超过买入的数额者称为超卖，或称空头。买卖数额持平而不增不减者称为轧平，这种情况很少。

在经营外汇业务时，经常遵循买卖平衡的原则。也就是说当出现多头时，就将多余部分的外汇卖出；如果出现空头，就将短缺部分的外汇买进。这样银行在卖出或买进外汇进行平衡时，就需要利用外汇市场。

4.4.2 外汇市场的类型

1.按市场组织形式划分

（1）无形市场

无形市场：指没有固定场所，外汇买卖双方无须面对面进行交易，而通过电子计算机、信息网络同经营外汇的机构进行联系以达成外汇交易的市场。它是外汇市场主要组织形式。如纽约外汇市场、伦敦外汇市场、苏黎世外汇市场。

（2）有形市场

有形市场：指有具体、固定的交易场所进行外汇交易的市场。如巴黎、阿姆斯特丹、米兰外汇市场。

2.按市场买卖范围划分

（1）零售市场

零售市场是由外汇银行、个人和公司客户之间交易构成的外汇市场。特点是交易规模小，但每天交易总量还是很大的。

（2）批发市场

批发市场是指银行同业之间买卖外汇形成的市场。特点是每天成交的金额巨大，占外汇交易的95%。

3.按政府对市场交易的干预程度划分

（1）官方外汇市场

官方外汇市场是指受所在国家政府控制，按照中央银行或外汇管理机构规定的官方汇率进行外汇买卖的外汇市场。

（2）自由外汇市场

自由外汇市场指不受所在国家政府控制，基本按照市场供求规律形成的汇率进行交易的外汇市场。如纽约、伦敦、东京、新加坡等外汇市场。

（3）外汇黑市

外汇黑市是在外汇管制比较严格、不允许自由外汇市场合法存在的国家所出现的非法外汇市场。

4.4.3 外汇市场的参与者

1.外汇银行

这类银行包括专营或兼营外汇业务的本国商业银行，在本国的外国银行分行或代办处，以及其他金融机构（如信托投资公司)。外汇银行既收买外汇，并将这些外汇卖给外汇需求者，充当外汇供求的主要中介人，也自行对客户买卖外汇。

2.外汇经纪人

外汇经纪人是指为外汇交易双方介绍交易以获得佣金的中间商人。其主要任务是利用已掌握的外汇市场的各种行情和与银行的密切关系，向外汇买卖双方提供信息，以促进外汇交易的顺利进行。外汇经纪人一般有以下三类：

①一般经纪人，是指一方面介绍外汇买卖成交，另一方面还亲自参与外汇买卖来赚取利润者。

②跑街经纪人，专代顾客买卖外汇以赚取佣金。他们利用通信设备和交通工具奔走于银行、进出口厂商、贴现商等机构之间联络接洽的外汇交易。

③经纪公司，指那些资本实力较为雄厚，既充当商业银行之间外汇买卖的中介又从事外汇买卖业务的公司。

3.中央银行

中央银行是国家政策性银行。为了防止由于国际短期资金的大量流动而造成对外汇市场的猛烈冲击，由中央银行对外汇市场加以干预，即外汇短缺时大量抛售，外汇过多时大量吸收，从而使本国货币的汇率不致发生过分剧烈的波动。为此多设立专门机构，筹集专用资金。因此，中央银行不仅是外汇市场的成员，也是外汇市场的实际操纵者。

4.客户

客户是外汇的实际供求者。根据交易行为的不同，可以把客户分为三类：一是交易的外汇买卖者，如进口商、国际投资者、国际旅游者等；二是保值性的外汇买卖者，如套期保值者；三是投机性的外汇买卖者，如利用外汇市场利率进行套利、套汇的套利者和套汇者。

4.4.4 外汇市场的功能

1.国际结算

国际经济交易的结果是债务人向债权人进行支付，若债务人以本国货币支付，则债权人需要将该国货币在外汇市场上兑换成债权国货币；若债权人只爱接受本国货币，则债务人需要先将债务国货币在外汇市场上兑换成债务国货币再进行支付。可见，外汇市场为国际清算（international clearing）提供了便利。

2.套期保值

进出口商从签订进出口合约到实际支付或收款，通常要经过一段时间。由于外汇市场上汇率波动较大，因此，进出口商要承担一定的外汇风险。为了规避风险，进口商通常在签订货物合约的同时，买入或卖出等值的远期外汇，以轧平外汇寸头来实现保值。这种外汇业务叫作套期保值（hedging）。可见，外汇市场为进出口商从事套期保值业务提供了场所。

3.投机

外汇投机（speculation）是指投机者根据对外汇变动的预期，有意保持某种外汇的多头或空头，希望从中获取利润的行为。可见，投机者可以利用外汇市场从事具体的投机行为。它的主要特征是投机者进行外汇交易，并没有商业或金融交易与之相应。外汇投资利润具有不确定性，当投机者预期准确时可以赚取利润，但如果预期错误，就要蒙受损失。

4.4.5 世界主要外汇市场

世界外汇市场是由各国际金融中心的外汇市场构成的，这是一个庞大的体系。目前世界上大约有外汇市场30多个，其中最重要的有伦敦、纽约、苏黎世、法兰克福、巴黎、东京、米兰、蒙特利尔、阿姆斯特丹、新加坡、中国香港等。它们各具特色并分别位于不同的国家和地区。

1.伦敦外汇市场

伦敦外汇市场没有交易的具体地方，只是通过电话或电报完成交易。伦敦共有250多个地区经营商，其中有些经纪人在中国香港和新加坡设有分支机构。

伦敦外汇市场的外汇交易分为即期交易和远期交易。对每笔交易金额，并无具体规定和限制。伦敦外汇市场上外币套汇业务十分活跃，自从欧洲货币市场发展以来，伦敦外汇市场上的外汇买卖与欧洲货币的存放有着密切联系。

第二次世界大战后，尽管英镑作为国际贸易支付手段和国际储备货币的地位被美元所代替了，但由于伦敦外汇市场交易类型齐全，交易机构完备，加上欧洲货币市场的发展，设有十分现代化的电讯网络设备，使伦敦外汇市场目前仍然维持着外汇市场的中心地位。

2.纽约外汇市场

纽约外汇市场的历史比伦敦外汇市场短。作为国际性的外汇市场，它是在第二次世界大战以后发展起来的。纽约外汇市场是最复杂的，同时也是最具特色的外汇市场。

①由于美国没有外汇管制，对经营外汇业务没有限制，政府也不指定专门的外汇银行，所以几乎所有的美国银行和金融机构都可以经营外汇业务，比较重要的有商业银行、储蓄银行、投资银行、人寿保险公司、外汇经纪人，其中以商业银行为主。目

前纽约外汇市场主要包括50余家美国银行。

②纽约外汇市场交易活跃，但和进出口贸易相关的外汇交易量较少。

③纽约是世界上美元交易的结算中心。

3.巴黎外汇市场

巴黎外汇市场是当地银行之间通过电话直接进行外汇买卖，或通过经纪人进行，也通过电话或电传与外国银行进行外汇买卖。另外巴黎交易所也是巴黎外汇市场的组成部分。

外汇买卖分两种：一种是即期交易，一般金额不大，交易参加者主要是为本身利益进行买卖；另一种是远期交易，大量为客户的交易。

4.新加坡外汇市场

新加坡外汇市场的历史较短，是在20世纪70年代随着亚洲美元市场的兴起发展起来的新兴外汇市场。

新加坡的时区、地理位置优越，其外汇市场上午可与东京、中国香港进行交易，下午又可与中东、伦敦外汇市场进行交易，使新加坡外汇市场不仅成了亚太地区一个重要外汇市场，而且在世界交易中也具有重要作用。1968年新加坡政府逐渐放松了外汇管制，1978年完全取消了外汇管制，这都促进了新加坡外汇市场的进一步发展。

新加坡外汇市场由经营外汇业务的本国银行、经批准可经营外汇业务的外国银行和外汇经纪人组成。其中外资银行的资产、存放款业务和净收益都远远超过本国银行。

新加坡外汇市场是一个无形市场，外汇经纪人在外汇交易中起着重要作用。大部分交易都由他们办理，并通过他们把新加坡和世界各金融中心联系起来。

5.中国香港外汇市场

中国香港是20世纪70年代以后发展起来的国际性外汇市场。

中国香港外汇市场和伦敦、纽约外汇市场一样是一个无形市场，没有固定的交易场所或正式的组织，是一个从事外汇交易的银行、其他金融机构以及外汇经纪人组成，由电话、电传等通信工具联结起来的网络。中国香港外汇市场上的交易可以划分为两类：一类是港币和外币的兑换，其中以和美元兑换为主；另一类是美元兑换其他外币的交易。

当前的外汇市场业务交易是利用现代化的电子通信设备进行的。外汇市场连成一个统一的整体，形成全球性的连锁交易。全球各地区的外汇市场按照世界时区的差异相互衔接，出现了全球性的24小时不间断的连续外汇交易。如伦敦市场闭市正好是纽约市场开市，两者衔接当日的外汇交易；纽约和旧金山市场闭市正好日本东京、中国香港、新加坡市场开市，它们又衔接了头日和翌日的外汇交易；中国香港、新加坡市场闭市正好是欧洲各市场开市，它们像传递接力棒一样周而复始地把外汇交易传到下个接力站。

本章小结

汇率是指以一种货币表示的另一种货币的相对价格。汇率的表达方式有直接标价法与间接标价法两种。根据不同角度，汇率可以分为多种类型，如固定汇率与浮动汇率、单一汇率与复汇率、实际汇率与有效汇率。

影响汇率的因素有很多，这些因素有国际收支、通货膨胀率、利率差异、经济增长率和政府的管制等，而各个因素之间又有相互联系、相互制约甚至相互抵消的关系，因此汇率的变动原因极其错综复杂。

汇率变动又会反作用于经济的运行，对一国的国际收支和国内经济产生影响。它的影响是多方面的，其中最为主要的是汇率变动对国际收支的影响、汇率变动对国内经济的影响和汇率变动对世界经济的影响等。

传统的汇率制度分为固定汇率制度和浮动汇率制度，自20世纪80年代以来，国际汇率制度呈现弹性化趋势，出现了介于固定和浮动汇率制度之间的中间汇率制度。

固定汇率制度和浮动汇率制度各有优缺点，一国汇率制度的选择受本国经济特征以及政府政策目标的影响，同时也受到国际经济金融大背景的制约。

外汇市场是进行外汇交易的场所，它可分为两个层次，即银行同业市场、客户与银行间交易市场。银行同业市场是外汇市场的主体，它是一个无形的、抽象的市场。外汇市场上的基本交易类型是即期交易与远期交易。外汇市场是一个高度统一体化的市场，套汇活动是使全球各地的外汇市场的汇率保持一致的主要因素。

关键术语

外汇汇率　汇率制度　固定汇率制　浮动汇率制

基本训练

一、单项选择题

1.直接标价法是（　　）。

A.以本币作为标准　　B.以外币作为标准

C.为少数国家采用　　D.以美元作为标准

2.间接标价法是（　　）。

A.本币数额固定　　B.外币数额固定

C.为大多数国家采用　　D.以美元作为标准

3.美元标价法是（　　）。

A.以本币作为标准　　B.以外币作为标准

C.为大多数国家采用　　D.以美元作为标准

4.间接标价法下，后一个数字表示（　　）。

A.银行买进外币时向客户付出的本币数

B.银行买进本币时向客户付出的外币数

C.银行买进外币时向客户付出的外币数

D.银行买进本币时向客户付出的本币数

5.直接标价法下，后一个数字表示（　　）。

A.银行买进外币时向客户付出的本币数

B.银行买进本币时向客户付出的外币数

C.银行卖出外币时向客户付出的本币数

D.银行卖出本币时向客户付出的外币数

6.汇率最贵的是（　　）。

A.电汇汇率　　B.信汇汇率　　C.票汇汇率　　D.现钞汇率

7.按汇率是否适用于不同的来源与用途，可将汇率划分为（　　）。

A.官定汇率的市场汇率　　B.金融汇率和贸易汇率

C.单一汇率和复汇率　　D.银行汇率和商业汇率

8.银行卖出现钞价格（　　）卖出外汇凭证的价格。

A.高于　　B.低于　　C.等于　　D.加0.5%

9.目前国际外汇市场和大银行的外汇交易报价均采用（　　）。

A.美元标价法　　B.直接标价法　　C.间接标价法

D.美、英和欧元区国家采用间接标价法，其他国家采用直接标价法

二、多项选择题

1.若汇率采用的是间接标价法，那么（　　）。

A.外币数额变　　B.外币数额固定

C.买入价在前　　D.买入价在后

E.为大多数国家采用

2.银行间的外汇交易是（　　）。

A.以美元为单位货币表示其他货币的价格

B.以美元为计价货币表示其他货币的价格

C.采用间接标价法

D.采用直接标价法

E.采用美元标价法

F.外汇买卖差价小于银行对一般客户的外汇买卖差价

3.汇率若用直接标价法表示，那么前一个数字表示（　　）。

A.银行买入外币时依据的汇率

B.银行买入本币时依据的汇率

C.银行买入外币时向客户收取的外币数

D.银行买入外币时向客户付出的本币数

E.银行买入本币时向客户付出的外币数

4.直接标价法的特点是（　　）。

A.汇率波动所表现的货币是本币　　B.买入价在前

C.世界上大多数国家采用　　D.英国只采用这种方法

5.下面只实行直接标价法的国家（或地区）有（　　）。

A.中国　　B.日本　　C.美国　　D.欧盟

6.银行挂牌的卖出汇率是（　　）的价格。

A.银行买入顾客外汇　　B.顾客卖出外汇

C.银行卖出外汇　　D.顾客买入外汇

三、问答题

1.什么是外汇？外汇的种类有哪些？

2.什么是直接标价法和间接标价法？

3.什么是基本汇率和套算汇率？

4.什么是汇率制度？它包括哪些种类？

5.简述固定汇率制度与浮动汇率制度的优缺点。

四、论述题

1.影响汇率变动的因素有哪些？

2.试述汇率变动对经济的影响。

第5章
汇率决定理论

学习目标

◆了解金本位制度下的铸币平价理论；掌握绝对购买力平价和相对购买力平价以及利率平价理论的产生和评价；重点掌握货币理论和资产平衡理论。

5.1 购买力平价理论

购买力平价理论（Theory of Purchasing Power Parity）简称PPP理论，是由瑞典经济学家斯塔夫·卡塞尔于1922年提出的。卡塞尔认为，本国人之所以需要外国货币，是因为这些货币在外国市场上具有购买力，即可以买到外国人生产的商品和劳务；外国人之所以需要本国货币，则是因为这些货币在本国市场上具有购买力。因此，货币的价格取决于它对商品的购买力，两国货币的兑换比率就是由两国货币各自具有的购买力的比率决定。购买力比率即为购买力平价。进一步分析，汇率变动的原因在于购买力的变动，而购买力变动的原因又在于物价的变动。这样，汇率的变动最终取决于两国的物价水平比率的变动。购买力平价有两种形式：绝对形式和相对形式。

5.1.1 绝对购买力平价

1.一价定律

一国内部的商品可以分为两类：一种是可以通过套利活动消除区域间价格差异的商品，称之为可贸易商品（tradable goods）；另一种是无法通过套利活动消除区域间价格差异的商品，可称之为不可贸易商品（nontradable goods）。

如果不考虑交易成本等因素，以同一货币衡量的不同国家的某种可贸易商品的价格是一致的。用公式表示为：

$$P = e \cdot P^{*} \tag{5-1}$$

式中：P表示本国物价；P^{*}表示外国物价；e表示直接标价的汇率。

假设各国同类商品之间差异很小，具有均质性，且忽略信息费用、运输费用和贸易关税等，则可以认为，在自由贸易条件下，世界市场上的任何一种商品不论在何地出售，用同一种货币表示的价格是一样的；用另一种货币表示的价格，则只需按均衡汇率折算。这就是所谓的一价定律（the law of one price）。

2.绝对购买力平价

绝对购买力平价（absolute purchasing power parity）是指在某一时点上，两国的一般物价水平之比决定两国货币间均衡汇率（equilibrium exchange rate）。

假设对于任何一种可贸易商品，一价定律都成立；在两国物价指数的编制中，各种可贸易商品所占的权重相同。于是两国由可贸易品构成的物价之间存在下列关系：

$$\sum_{i=0}^{n} a_i P_i = e \times \sum_{i=0}^{n} \alpha_i P_i^* \quad (5-2)$$

式中：α表示各种商品所占的权数，P_i表示第i种可贸易品的价格。如果用P_i和P^*分别表示（5-2）式中的国内外可贸易品物价水平，则有：

$$P = e \times P^* \quad (5-3)$$

公式（5-3）就是一价定律公式，它表示用同一种货币计量的不同国家的可贸易商品的物价水平是相等的。同时，公式（5-3）也是绝对购买力平价的一般形式。它从静态的角度考察了汇率的决定机制，说明某一时点上的汇率水平取决于两国货币所代表的购买力（或物价水平）之比。

按照绝对购买力平价公式，设某种商品在美国卖10美元，在英国卖4英镑，则均衡汇率应当是1英镑等于2.5美元。如果市场上现实汇率不等于此均衡汇率，即不等于此绝对购买力平价，则国际的商品套购（commodity arbitrage）活动将迫使现实汇率调整到与绝对购买力平价相等为止。例如，假定现实汇率是1英镑兑换2美元，即美元定值过高，英镑定值过低，就会出现将商品从英国套购至美国的活动，即贸易商在英国以4英镑的价格买入这种商品，运到美国出售，获得10美元，再按1英镑兑换2美元的现实汇率换回5英镑，1个单位商品净赚1英镑。贸易商不断卖出美元，买进英镑，导致美元不断贬值，英镑不断升值，直到最后绝对购买力平价成立，现实汇率等于均衡汇率e，套购活动将会停止。

5.1.2 相对购买力平价

相对购买力平价（relative purchasing power parity）是指在一定时期内，汇率的变化要与该时期两国物价水平的相对变化成比例。显然，相对购买力平价理论将汇率在一段时间内的变化归因于两个国家在此段时间中的物价水平或货币购买力的变化。相对购买力平价决定汇率的公式是：

$$\frac{e_1}{e_0} = \frac{P_1/P_0}{P_1^*/P_0^*}$$

或 $$e_1 = e_0 \times \frac{P_1/P_0}{P_1^*/P_0^*} \quad (5-4)$$

式中：e_1和e_0分别为报告期和基期的均衡汇率；P_1和P_0分别为本国报告期和基期的物

价水平；P_1^*和P_0^*分别为外国报告期和基期的物价水平。

仍以前例说明，假定同一种商品在英国由原来的4英镑上升到5英镑，在美国由原来的10美元上升到12美元，则报告期新的均衡汇率为：

$$e_1 = e_0 \cdot \frac{P_1/P_0}{P_1^*/P_0^*}$$

$$2.5 \times \frac{12/10}{5/4} = 2.5 \times 0.96 = 2.4$$

这就是说，按照相对购买力平价理论，在报告期英镑兑美元的汇率应当是1英镑兑换2.4美元。

我们还可以将公式（5-4）变形。令Π_t和Π_t^*分别代入报告期本国和外国的通货膨胀率，则有：

$$P_1/P_0 = 1 + \Pi_t \tag{5-5}$$

$$P_1^*/P_0^* = 1 + \Pi_t^* \tag{5-6}$$

将公式（5-5）和公式（5-6）代入公式（5-4），得：

$$e_1/e_0 = \frac{1 + \Pi_t}{1 + \Pi_t^*}$$

或

$$\frac{e_t - e_0}{e_0} = \frac{\Pi_t - \Pi_t^*}{1 + \Pi_t^*} \tag{5-7}$$

式中：$\frac{e_1 - e_0}{e_0}$为汇率的变化率，并记为e，当通货膨胀率较低时，公式（5-7）可简化为：

$$e = \pi_1 - \pi_1^* \tag{5-8}$$

公式（5-8）表明，汇率的变化等于两国的通货膨胀率之差。如果本国通货膨胀率高于外国，则e值为正，即本币贬值，外币升值。这意味着，本国与外国的通货膨胀率之差恰好被外币的升值所抵销。

相对购买力平价理论比绝对购买力平价理论较具有应用价值，因而更富有意义。它从理论上避开了“一价定律”的严格假设，正因如此，有些经济学家如美国的约翰·威廉逊（J. Williamson）称绝对购买力平价公式为强表达式，而称相对购买力平价公式为弱表达式。意思为，如果相对购买力平价理论是正确的，绝对购买力平价理论却不一定正确；如果绝对购买力平价理论是正确的，则相对购买力平价理论一定正确。

5.1.3 关于购买力平价理论的评价

1.购买力平价理论的贡献

第一，在金本位制崩溃之后，它指出应从货币的基本功能（代表一定购买力）角度来分析汇率，并以国内外物价对比作为决定汇率的依据，这既符合逻辑，又易于理解。

第二，一国货币的对外价值是对内价值的体现。购买力平价以国内外物价对比作为汇率决定的依据，特别是指出货币的对内贬值必然引起货币的对外贬值，这在纸币本位制下有其合理性。可以说，它很大程度上揭示了汇率变动的长期原因。

第三，它开辟了从货币数量角度分析汇率决定之先河，这为以后的经济学者研究汇率提供了很多的研究思路和方法。20世纪70年代产生的汇率的弹性价格货币分析法和黏性价格货币分析法均沿用了这一思路。

第四，虽然实践并不支撑购买力平价论，但至今它仍被理论界与实务部门甚至国际机构广泛运用。如在比较不同国家的国民收入、分析货币对外价值的高估或低估、倾销与反倾销调查等方面，常常会用到购买力平价理论。

2.购买力平价理论的缺陷

第一，购买力平价理论以货币数量论为理论基础。该理论认为纸币的交换比率取决于纸币的购买力，而单位纸币的购买力由货币发行数量决定，人们根据纸币的购买力来评价纸币价值。这是一种本末倒置。事实上，纸币所代表的价值并不取决于纸币的购买力，相反，是纸币的购买力取决于纸币所代表的价值。

第二，该理论的限制条件过于严格。它所要求的完全自由贸易，两国生产结构与消费结构的同一，商品的同质性、价格体系的相似性、运输费用、信息费用可忽略等条件在现实世界无法满足。这样，两国货币的购买力就缺乏可比性。

第三，一价定律很难成立。由于上述严格限制条件的难于满足，又由于多数国家非贸易商品在国民生产总值中所占比重大于贸易商品，而非贸易商品价格形成的基础在国内市场，因此一价定律严格讲并不成立，正因如此，西方经济学界称它为“未经证明的经济假设”。

第四，存在技术操作上的障碍。这些障碍包括：①物价指数的选择不同，可以导致不同的购买力平价；②商品分类的主观性可能扭曲购买力平价；③在计算相对购买力平价时，基期的选择十分困难，而基期的选择不同，会使计算结果产生偏差。由此也可见绝对购买力平价理论缺乏实用意义，相对购买力平价理论在实用中也会产生偏差。

第五，该理论以物价作为影响汇率的唯一因素，不符合实际情况。许多经济因素如国际收支、经济增长、资本流动、贸易条件等都会影响汇率，还有一些非经济因素也会影响汇率。特别是，国际资本流动对汇率所产生的冲击，往往在短期内使现实汇率偏离购买力平价。由此也可见，购买力平价理论无法适用于短期，在短期内，现实汇率往往与购买力平价相去甚远。

第六，购买力平价理论只是一种静态或比较静态的分析，没有对物价如何影响汇率的传导机制进行具体分析，这也是其局限性所在。

5.1.4 实际汇率

实际汇率是对名义汇率进行物价因素调整之后得到的汇率。二者的关系可表示为：

$$e_r = e \times \frac{P^*}{P} \tag{5-9}$$

式中：e_r为实际汇率；e为名义汇率；P^*为国外物价指数；P为国内物价指数。由上式可知，实际汇率等于按外国与本国物价指数之比调整后的名义汇率，它能够解释通货膨胀对名义汇率的影响。

由于物价指数是一国一篮子商品的价格水平，因此，实际汇率实际上是用本国商品篮子衡量外国商品篮子的价格。本币对外币实际汇率e_r的上升意味着本币对外币的实际贬值，反之亦然。

5.2 利率平价理论

5.2.1 利率平价的基本内容

利率平价理论（Theory of Interest Rate Parity）又称远期汇率理论（Forward Exchange Rate Theory）。利率平价理论是英国经济学家凯恩斯在其1923年出版的《货币改革论》（Tract on Monetary Reform）中提出的。利率平价理论主要研究国际货币市场上两国利率差与即期汇率和远期汇率的关系。利率平价可分为抵补的利率平价和非抵补的利率平价。

1.抵补的利率平价

抵补的利率平价（covered interest rate parity）就是通过探讨即期汇率、远期汇率与利率间的关系，来说明远期汇率的决定。

抵补的利率平价理论的基本观点是：远期差价由两国利率差异决定；高利率国货币在期汇市场上必定贴水，低利率国货币在期汇市场上必为升水。在两国利率存在差异的情况下，资金将从低利率国流向高利率国牟取利润。但套利者在比较金融资产的收益率时，不仅要考虑两种资产利率所提供的收益率，而且要考虑两种资产由于汇率变动而产生的收益变动。换句话说，套利者一般总是要同时考虑套利的收益与风险。这样，套利者往往将套利与掉期业务结合进行。大量掉期外汇交易的结果，是低利率国货币的现汇汇率下浮，期汇汇率上浮；高利率国货币的现汇汇率上浮，期汇汇率下浮。由此，低利率国货币就会出现远期升水，而高利率国货币则会出现远期贴水。随着抵补套利的持续进行，远期差价就会不断加大，直到两种货币资产所提供的收益率完全相等，抵补套利活动结束。此时远期差价正好等于两国利差，即利率平价成立。

设e为即期汇率、f为远期汇率、i为本国利率、i^*为外国利率，汇率采用直接标价法。1单位本国货币在国内投资所获本利和为（1+i）；每1单位本国货币，可在金融市场上即期兑换1/e单位的外国货币。将这1/e单位的外国货币用于一年期存款，期满时本息为：

$$R=\frac{1}{e}(1+i^{*}) \tag{5-10}$$

一年后存款到期，假定当时的即期汇率为e_f，则这笔外国货币可兑换的本国货币数为：

$$\frac{1}{e}(1+i^{*})\times e_f=\frac{e_f}{e}(1+i^{*})$$

由于一年后的即期汇率e_f是不确定的，因此这笔投资的最终收益难以确定，或者说这笔投资有很大的汇率风险。为规避风险，投资者可以再即期购买一年后交割的远期合约，设此合约上的远期汇率为f。这样，该笔投资就不存在任何的汇率风险，一年后的收益为$\frac{f}{e}(1+i^{*})$。

但市场上其他的投资者也面临着同样的抉择。所以，在$1+i<\frac{f}{e}(1+i^{*})$情况下，众多投资者都会将资金投入外国金融市场，这会导致即期外汇市场上外国货币需求上升，从而使本币即期贬值（e增大），远期升值（f减少），投资外国金融市场的收益率下降。只有两种投资方式的收益率相同时，市场才处于均衡状态。

$$1+i=\frac{f}{e}(1+i^{*})$$

即

$$\frac{f}{e}=\frac{1+i^{*}}{1+i} \tag{5-11}$$

从公式（5-11）可以看出，如果本国利率高于外国利率，则远期外汇升水，即远期外汇升值，本币下跌。反之，如果本国利率低于外国利率，则远期外汇出现贴水。

公式（5-11）整理可得：

$$\frac{f-e}{e}=\frac{i-i^{*}}{1+i} \tag{5-12}$$

令$\rho=\frac{f-e}{e}$为远期外汇升水率，代入公式（5-12）得$\rho+\rho\cdot i^{*}=i-i^{*}$，由于$\rho\cdot i^{*}$的数值高阶无穷小，可以忽略不计，因此：

$$\rho=i-i^{*} \tag{5-13}$$

公式（5-12）和公式（5-13）均称为利率平价公式，从公式（5-13）可看出，远期外汇升水率等于两国货币利率之差，如果本国利率高于外国利率，则远期外汇升水；如果本国利率低于外国利率，则远期外汇贴水。

2.非抵补的利率平价

非抵补的利率平价（uncovered interest rate parity），是指套利者将较低利率国家货币兑换成高利率国家货币，在高利率国家进行金融投资获取利差且不在即期外汇市场进行方向相反的外汇交易。在这种情况下，未来国外的投资收益折算成本币所采用的汇率就不是远期汇率，而是未来的即期汇率。

假设投资者预期一年后的即期汇率为 E_{ef}，那么，在外国金融市场投资的预期本利和为：

$$\frac{E_{ef}}{e}(1+i^*)$$

如果在两国金融市场投资的收益存在差异，那么投资者会通过套利行为使两者一致。当市场处于均衡状态时，有

$$1+i=\frac{E_{ef}}{e}(1+i^*)$$

整理得：

$$\frac{1+i}{1+i^*}=\frac{E_{ef}}{e} \tag{5-14}$$

假设预期汇率变动率为 E_ρ，即

$$E_\rho=\frac{E_{ef}-e}{e}=\frac{(1+i)-(1+i^*)}{1+i^*}=\frac{i-i^*}{1+i^*}$$

$$E_\rho+F_\rho \cdot i^*=i-i^*$$

由于 E_ρ 和 i^* 的数值都很小，所以乘积 $E_\rho \cdot i^*$ 为高阶小，可以忽略不计，则：

$$E_\rho=i-i^* \tag{5-15}$$

公式（5-15）即为非抵补利率平价的一般形式，其经济含义是：预期的未来即期汇率变动率等于两国利率之差。在非抵补利率平价成立时，如果本国的利率高于外国利率，意味着市场预期本币在远期将会贬值；反之，预期本币远期升值。可见，利率平价理论指出了汇率和利率之间的联动关系。

5.2.2 对利率平价的评述

1.利率平价的理论贡献

利率平价理论在期汇汇率、现汇汇率之间建立密切联系，并由此揭示期汇汇率的决定，不仅有其理论意义，而且在20世纪70年代以来国际货币市场迅速发展的背景下具有现实意义。它认为汇率取决于两国货币的相对收益，以利差作为汇率变动的主要原因，这对于政府预测远期汇率趋势，制定汇率政策，调控外汇市场有较大参考价值。

2.利率平价理论的缺陷

第一，利率平价理论假定不存在资本流动障碍，资金能在国际上自由流动，这不符合现实。利率平价理论要能成立，不仅要求国内有一个“有效市场”，即价格能够完全反映可利用的信息和资料，因而能够使获利的机会被充分利用的市场，而且要求存在一体化的国际货币市场。换句话说，该理论不仅要求国内有十分发达的资产市场，而且要求国际上不存在任何资本管制以及关税、贸易壁垒等保护主义限制。然而不仅发展中国家，就是发达国家之间，一般也不具备这种

条件。

第二，利率平价理论未考虑交易成本。而如果考虑到交易成本（如银行手续费、邮费等），则显然套利收益的关系式将发生改变，从而影响汇率与利率的关系。事实上，在有交易成本的情况下，国际的抵补套利活动在达到利率平价之前就会停止。不过应看到，当代国际金融界已针对利率平价理论中的这一缺陷进行了改进。

第三，利率平价理论并未考虑机会成本。很显然，用于套利资金的金额越大，则有预防和安全之需而持有的现金就越小，付出的机会成本就越大。这样，套利活动中必须考虑机会成本，而这样一来，利率平价也就难以成立。

第四，非抵补利率平价成立的一个前提，是投资者为风险中立者，然而这很难得到经验支持。

5.3 国际收支理论

一国国际收支状况决定了外汇市场上的外汇供给与要求，而外汇供给必然对外汇的价格即汇率产生直接的影响，因此一国国际收支与该国汇率间存在着密切的联系。国际收支说就是从国际收支角度分析汇率决定的一种理论。1861年，英国学者葛逊（G. L. Goschen）较为完整地阐述了汇率与国际收支的关系。他的理论被称为国际借贷说（Theory of Internaitional Indebtedness）。在各国实行浮动汇率制以后，一些经济学家将凯恩斯主义关于国际收支的分析应用于对外汇供求的分析，进而分析了这些因素如何通过国际收支影响汇率，从而形成了国际收支说的现代形式。

5.3.1 国际收支理论的基本原理

外汇价格即汇率的变动会使外汇市场实现供求平衡，从而使国际收支处于平衡状态。国际收支的平衡条件是经常账户（CA）与资本与金融账户（K）相等，即

$$CA+K=0 \tag{5-16}$$

如果汇率完全自由浮动，政府不对外汇市场进行任何干预，而且将经常账户简单视为贸易账户，则经常账户主要由商品和劳务的进出口决定。其中，进口主要是由本国收入（Y）和实际汇率（$er=e_p^*/p$）决定的；出口主要由外国国民收入（Y^*）和实际汇率（$er=e_p^*/p$）决定。由此得到：

$$CA=f(Y, Y^*, P, e_p^*) \tag{5-17}$$

再假定资本与金融账户的收支由本国利率（i）、外国汇率（i^*）以及未来汇率变化的预期（Ee）决定，由此得到：

$$K=f(i, i^*, Ee) \tag{5-18}$$

将两式合并到一起，为：

$$BP=f(Y, Y^*, P, P^*, e, i, i^*, Ee)=0 \quad (5-19)$$

如果将除汇率以外的变量视为外生变量，则汇率将在这些变量的共同影响下发生变动，直至实现国际收支平衡的水平。由此得到：

$$e=g(Y, Y^*, P, P^*, e, i, i^*, Ee) \quad (5-20)$$

上式表明，影响汇率的因素有本国国民收入、外国国民收入、本国物价水平、外国物价水平、本国利率水平、外国利率水平以及对未来汇率的预期。凯恩斯主义的经济学家认为：

第一，当其他变量不变时（下同），本国国民收入的增加将带来进口的上升，外汇市场上会出现对外汇的超额需求，则本国货币出现贬值；外国物价水平上升的上升将带来本国出口的上升，外汇市场上会出现外汇的超额供给，则本国货币趋于升值。

第二，本国物价水平的上升将带来实际汇率的升值，这意味着提高了本国商品相对于外国商品的价格，导致本国商品出口下降，从而本币贬值；外国商品价格的上升意味着本国实际汇率的贬值，降低了本国商品相对于外国商品的价格，本国出口上升，经常账户得到改善，从而本币升值。

第三，本国利率水平的提高将带来更多的资本流入，外汇市场出现超额的外汇供给，本币升值，外国利率的提高将导致本国资金外流，外汇市场出现对外汇的超额需求，本币将贬值。

第四，如果预期未来本币贬值，资本将流出以避免损失，导致本币贬值，反之，则本币币值在即期升值。

5.3.2 国际收支理论的评价

国际收支理论是凯恩斯主义的国际收支理论在浮动汇率制下的变形，在20世纪70年代早期占据了突出地位。该理论运用供求分析方法将影响国际收支的各种因素纳入对汇率水平的分析，对于分析短期内汇率的变化方向具有重要的指导意义。该理论从宏观经济角度分析汇率，是现代汇率理论的一个重要分支。

国际收支理论还不能视为完整的汇率决定理论，因为它只是指出了汇率与其他变量之间存在着联系，而没有深入地分析各变量间的关系，也没有明确的因果关系结论。因此，国际收支理论只是更深入分析中可利用的一个重要工具。另外，国际收支理论的分析基础是一国的国际收支状况，而一国的国际收支状况又是一种流量，所以国际收支理论是关于汇率决定的流量理论，这主要体现在它认为国际收支引起的外汇供求流量决定了汇率水平及其变动，但外汇市场上汇率变动比其他普通商品市场上价格变动更为剧烈和频繁。可见，简单地运用普通商品市场上的价格与供求之间的关系来对外汇市场进行分析并不合适。

5.4 货币与资产组合平衡理论

货币理论分为弹性价格货币理论和黏性价格货币理论。

5.4.1 弹性价格货币理论

与传统的汇率理论不同，货币主义的汇率理论用存量分析法代替流量分析法。货币主义者认为，汇率是两国货币的兑换比率，汇率的变化就是两国货币比价的变化，在不考虑各国货币市场的情况下去研究汇率，是很荒唐的。货币主义者把汇率看成是两国货币的相对价格，而不是两国商品的相对价格，强调货币供求在汇率决定过程中的作用，他们把货币数量方程式与购买力平价有机结合起来，产生了基于货币供应量和实际产出的汇率理论。

1.弹性价格货币模型

弹性价格货币模型是现代汇率理论中建立最早也是最基础的汇率决定理论，主要代表人物有弗兰克尔（J. Frenkel）、穆萨（M. Mussa）、考瑞（P. Kouri）、比尔森（J. Bilson）等。该理论是在1975年斯德哥尔摩召开的关于“浮动汇率与稳定政策”的国际研讨会上提出的。

假定：①稳定的货币需求方程，即货币需求与某些经济变量存在着稳定的关系；②购买力水平持续有效；③垂直的总供给曲线。

英国经济学家亚瑟·塞西尔·庇古在1920年提出了著名的剑桥方程式，又称狭义货币数量方程式：

$$M = K \cdot P \cdot Y \tag{5-21}$$

式中：M为货币需求量；Y为实际收入；P为商品价格水平；K为货币行为常数（它等于货币流通速度的倒数）。它表明一国的货币需求量与实际产出和价格乘积成正比。

我们可以用带星号的变量表示相应的外国变量，于是得到：

$$M^* = K^* \cdot P^* \cdot Y^* \tag{5-22}$$

将公式（5-21）和公式（5-22）代入购买力平价公式可以得到狭义的汇率方程：

$$e = \frac{P}{P^*} = \left(\frac{K}{K^*}\right)^{-1}\left(\frac{M}{M^*}\right)\left(\frac{Y}{Y^*}\right)^{-1} \tag{5-23}$$

公式（5-22）表明汇率是由货币市场的均衡状态决定的，本国货币长期的增长相对过快将导致本币贬值。

外汇市场对利率变化似乎特别敏感，狭义货币数量方程式只考虑货币的交易性需求，而没有考虑货币的投机性需求，在货币市场上，持有货币的机会——成本利率也是影响资本供求的重要因素，因此货币数量论者将狭义的货币数量方程式进行了修正。一般来说，名义货币需求取决于实际收入Y、商品价格水平P和名义利率水平i，即实际货币需求$L^D=L$（I，Y），而实际的货币供给为M/P。当货币市场达到均衡时，货币供给等于货币需求：

$$\frac{M}{P} = L(I, Y) \tag{5-24}$$

根据卡甘的货币需求函数，上式可以表示为：

$$\frac{M}{P} = Ke^{-\lambda i}Y^{\eta}$$

式中：η为货币需求的收入弹性系数；λ为货币需求的利率弹性系数；K为常数；e为自然对数的底。

不妨假定K=1，并对上式两边求对数得：

$$\ln M = \ln P + \eta \ln Y - \lambda I$$

或 $$m = p + \eta y - \lambda I \tag{5-25}$$

式中：$m = \ln M$，$p = \ln P$，$y = \ln Y$。

同样，外国也有类似的关系式：

$$m^* = p^* + \eta^* y^* - \lambda^* I^*$$

假定本国与外国的货币需求函数相同，即 $\eta = \eta^*, \lambda = \lambda^*$，则有：

$$m^* = p^* + \eta y^* - \lambda I^*$$

根据假定，购买力平价持续有效，所以：

$$\ln E = \ln \frac{P}{P^*} = \ln P - \ln P^* = (m - m^*) - \eta(y - y^*) + \lambda(I - I^*)$$

即 $$\ln E = (m - m^*) - \eta(y - y^*) + \lambda(I - I^*) \tag{5-26}$$

上式是弹性价格货币模型的基本形式，它建立起了汇率与两国的相对货币供应量、相对实际收入、相对利率之间的联系。

2.对弹性价格货币模型的评价

弹性价格货币模型理论引入了货币供给、实际国民收入等实际变量，比购买力平价理论适用性强，它属于一般均衡分析。许多研究表明，各国的货币需求函数与某些经济变量的关系极不稳定，所以以收入和利率为基础的货币需求函数不能全面反映实际的货币需求变化；购买力平价理论的实用性自提出以来就受到了许多批评，在实行浮动汇率制以后它一般也是失效的。所以弹性价格货币模型就建立在非常脆弱的基础之上。后来的黏性价格货币模型和资产组合平衡模型部分地解决了上述问题。

5.4.2 黏性价格货币理论

黏性价格货币模型是货币主义的现代汇率理论，它是在弹性价格货币模型的基础上发展起来的，主要是解决购买力平价短期内不能成立的问题。1976年美国麻省理工学院教授鲁迪格·多恩布什（Rudiger Dornbusch）在《预期与汇率动态》一文中首先提出了汇率超调这一思想，因此人们也常把黏性价格货币模型称为汇率超调模型，其后弗兰克尔、布依特和米勒等人的研究使这一思想有了进一步的发展。

1.黏性价格货币模型

多恩布什的汇率超调模型的基本思想是：

第一，资产市场与商品市场对外部冲击的调整速度存在很大差异，资产市场和商品市场并不是同时达到均衡的，汇率对冲击的反应较快，几乎是即刻完成的，而商品价格的反应迟缓，呈黏性状态，因此在短期内购买力平价不能成立。

第二，经过一段时间，当商品价格逐步调整到位后，汇率从初始均衡水平变化到新的均衡水平，因此长期来看购买力平价是成立的。

第三，由于商品价格具有黏性，汇率对外部冲击做出了过度调整，即资产市场的迅速变动偏离了在价格完全弹性情况下调整到位后的购买力平价，这种现象称为汇率超调。这就是汇率在短期内容易波动的原因，它解决了弹性价格货币模型在短期分析方面的不足。多恩布什还对价格反应滞后的原因进行了解释，他认为，相对于资产市场来说，商品市场缺乏及时准确的信息，以及商品市场自身的特性，使商品价格调整在一般情况下不可能像资产市场那样迅速，如生产成本的调整和工资的变动都需要相对较长的时间。

黏性价格货币模型可以用图5-1来说明。假设在初始阶段国内经济处于充分就业的均衡状态，国内利率与国外利率相同，都是i_1。在t_1时刻，本国政府将货币供应量从M_1水平提高到M_2水平，本国价格水平由P_1上升到$\bar{P}$。在长期，购买力平价理论是成立的，汇率将由e_1上升至$\bar{e}$。但在短期，由于黏性价格的存在，国内价格仍然保持在P_1的水平，货币供应量的增加产生了货币的超额供给，国内利率由原来的i_1下降至i_2，本币贬值，如图5-1（b）所示，汇率在t_1时刻由e_1上升至e_2，超过了均衡水平$\bar{e}$，出现了利率超调。

国内利率下降和本币贬值导致对本国商品的需求增加，在充分就业的状态下，本国价格逐渐上涨至$\bar{P}$的水平，汇率逐渐下降至$\bar{e}$的均衡水平，本国利率也逐渐下降，逐渐与国外利率持平。

2.对黏性价格货币理论的评价

黏性价格货币理论综合了货币主义和凯恩斯主义的理论与方法，成为开放经济条件下汇率分析的一般模型；它首次涉及了汇率的动态调整过程，较好地说明了现实中汇率剧烈波动和超调现象。自该模型出现之后，学者们依循动态调整模式的研究思路，从不同角度和层面丰富和发展了汇率决定理论。

由于黏性价格货币分析模型本质上是对货币模型的发展与修正，因此，它也无法避免货币论模型的固有缺陷。另外，该理论忽略了国际收支流量对汇率的相应影响分析，使其理论的完整性受到影响。

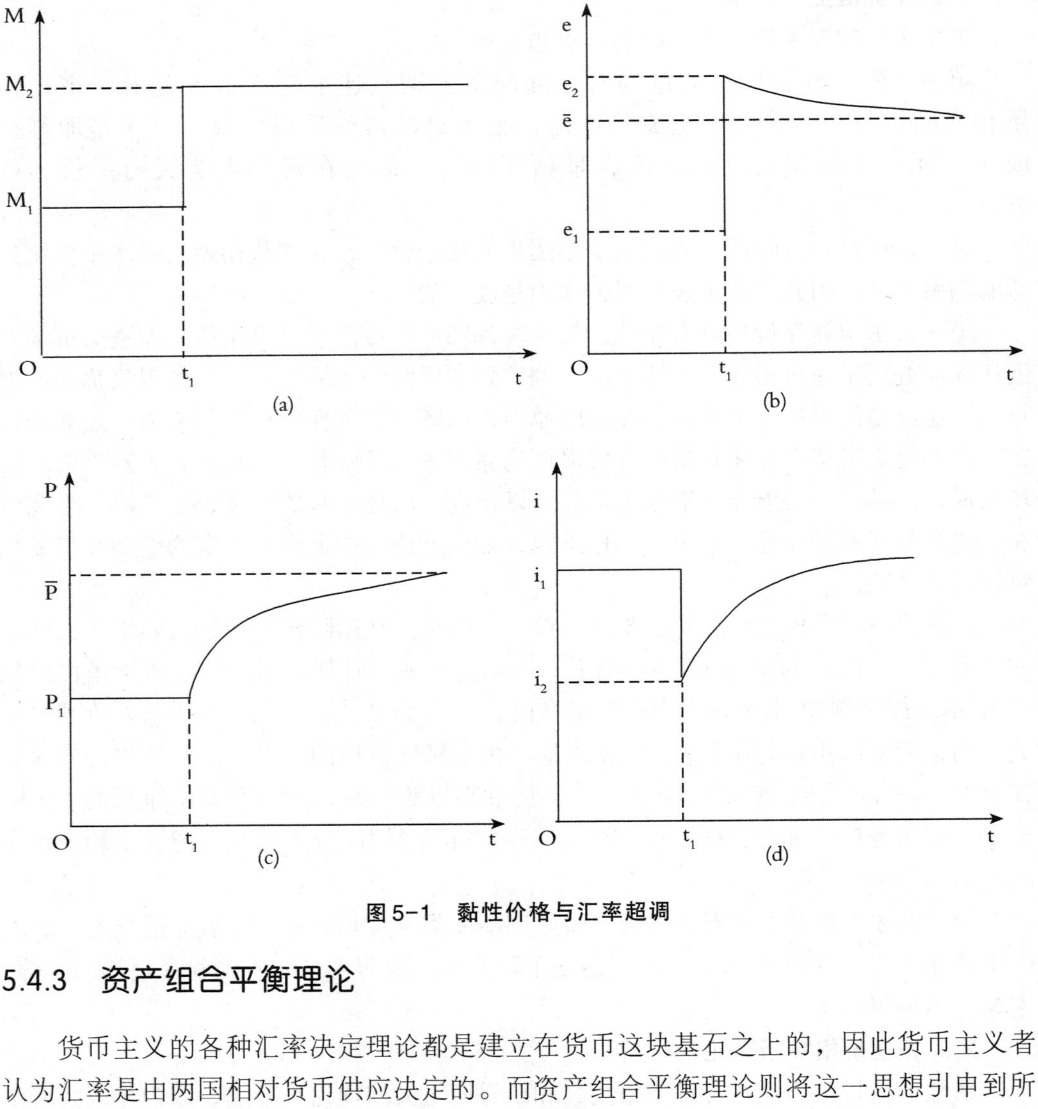

图 5-1 黏性价格与汇率超调

5.4.3 资产组合平衡理论

货币主义的各种汇率决定理论都是建立在货币这块基石之上的，因此货币主义者认为汇率是由两国相对货币供应决定的。而资产组合平衡理论则将这一思想引申到所有金融资产（包括本国货币和有价证券、外国货币和有价证券等），试图揭示资产组合和财富的积累过程对汇率的影响。该理论以一个小国为分析对象，假定本国居民不持有外汇资产，也不包括非金融资产（因为非金融资产在短期内对金融资产的替代性较差），这样私人部门持有的财富就只包括本国货币、本国有价证券和外国有价证券。

资产组合平衡理论的研究文献很多，有几条思路都独自产生了理论。如麦金农和奥茨（McKinnon & Oates，1969）在较早时曾提出过；布郎森（Branson，1975）就在托宾（Tobin）的货币模型的基础上，建立了资产组合平衡模型。以后艾伦（Allen，1973）、博耶尔（Boyer，1977）、艾伦和凯南（Allen & Kennen，1976）、弗兰克尔和罗德里格斯（Frenkel & Rodriguez，1975）、克鲁格曼（Krugman，1991）等人又进行了深入的研究，形成了多种形式的资产组合理论。

1.资产组合平衡模型

资产组合平衡模型认为汇率是由所有金融资产（包括货币资产）存量结构平衡所决定的，存在投资风险意味着两国的利差等于汇率的预期变化加上随时间变化的风险报酬，这种包括风险报酬的理论是资产组合平衡模型的显著特征。

根据前面的分析，资产组合平衡模型将一国私人部门（包括个人和企业）持有的财富（W）分解为3种形式：本国货币（M）、本国债券（B）和外国债券（F），从而投资者的总财富为：

$$W = M + B + e \times F \tag{5-27}$$

式中：e为直接标价法下的汇率，显然有 $M/W + B/W + e \times F/W = 1$，它表示3种财富所占比例各为1，在财富一定的条件下，增加对一种财富的需求，必然会减少对另一种财富的需求。由于对各种财富的需求取决于本国金融资产的收益和外国资产的收益率，所以：

令 $M/W = m(i, i^* + \rho_s)$，并求该函数的偏导数，则有：

$$m_1 = \partial m/\partial i < 0 ,\quad m_2 = \partial m/\partial(i^* + \rho_s) < 0 \tag{5-28}$$

令 $B/W = b(i, i^* + \rho_s)$，并求该函数的偏导数，则有：

$$b_1 = \partial b/\partial i > 0 ,\quad b_2 = \partial b/\partial(i^* + \rho_s) < 0 \tag{5-29}$$

令 $e \cdot F/W = f(i, i^* + \rho_s)$，并求该函数的偏导数，则有：

$$f_1 = \partial f/\partial i < 0 ,\quad f_2 = \partial f/\partial(i^* + \rho_s) > 0 \tag{5-30}$$

式中：m代表货币需求函数；b代表本国债券需求函数；f代表外国债券需求函数；$i^* + \rho_s$ 为按本币计算的外国债券的收益率；ρ_s 为外汇预期升值率，一般假定 i^* 为给定。

由于两种债券不能完全替代，所以 $i \neq i^* + \rho_s$，两者的差为风险报酬，则有：$m_1 < 0, m_2 < 0$，表示对本国货币的需求随本国和外国金融资产收益率的提高而减少，$b_1<0, b_2<0$，表示对本国债券的需求随本国金融资产收益率的提高而增加，随外国金融资产收益率的提高而减少；$f_1<0$，$f_2<0$ 表示对外国债券的需求随本国金融资产收益率的提高而减少，随外国金融资产收益率的提高而增加。

由公式（5-29）和公式（5-30）可得汇率的表达式：

$$e = \frac{B}{F} \cdot \frac{f(i, i^* + \rho_s)}{b(i, i^* + \rho_s)} \tag{5-31}$$

该式表明，在 $f(i, i^*+\rho_s)$ 和 $b(i, i^*+\rho_s)$ 不变的情况下，汇率是国内外债券的相对价格。

2.短期均衡汇率的决定

我们可以用图5-2来表示资产组合平衡模型的基本内容。在短期内，假定本国货币、本国债券和外国债券的供给量为既定，则各资产市场的均衡就由相应资产的需求来决定。图中得到三条不同的曲线：货币市场均衡曲线MM、本国债券市场均衡曲线

BB和外国债券市场均衡曲线FF。三条曲线有不同的斜率。

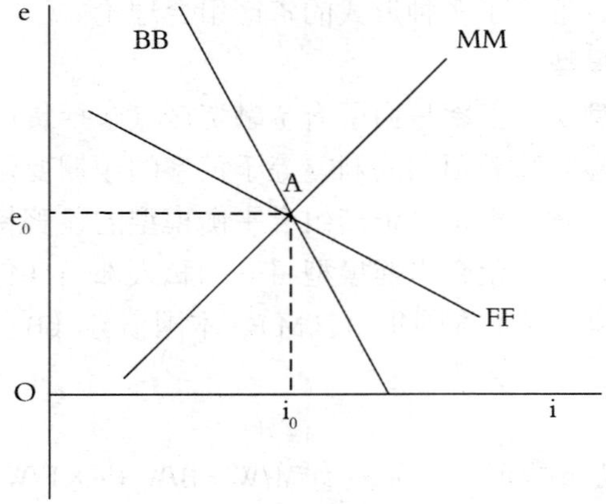

图5-2 资产组合平衡模型

MM曲线表示国内货币供给等于国内货币需求时国内利率i和汇率e的组合。在某一既定的资产组合水平下，如果汇率e上升，则以本币表示的外国债券价值eF上升，财富总量W增加，导致对本国货币和债券的需求增加，以保持货币市场的均衡。在货币供给不变的条件下，将导致利率的提高，所以MM曲线向右上方倾斜，斜率为正。

BB曲线是国内债券的需求等于供给时的i和e组合。在本国债券供给既定的情况下，本币贬值引起的对本国债券需求的增加，将导致债券价格上升，收益率下降，所以BB曲线的斜率为负。

FF曲线表示国内居民对国外债券的需求，等于短期固定供给时i和e的组合。汇率的上升意味着以本币表示的外国资产收益率上升，在外国资产供给既定的情况下，将导致对外国金融资产的超额需求，国内利率下降（它会使国内金融资产的价格上升以增加对本国债券的需求，减少对外国金融资产的需求），所以FF曲线的斜率为负。

BB曲线之所以比FF曲线陡峭，是因为本国债券对国内利率的反应更灵敏（即$b_1>f_1$），外国债券对汇率的反应更灵敏（$f_2>b_2$）。

当MM线、BB线和FF曲线相交时，三个市场同时达到均衡，交点A所对应的汇率和利率就是短期均衡的汇率和利率。通过分析还可以说明，该经济体系是一个稳定的经济体系，任何对均衡点A的偏离最终都会自动调整到这个均衡点。这一稳定的均衡点是在资产存量给定的情况下的均衡点。当资产的供给量发生变化时会造成图中的三条曲线的移动，从而使该经济达到一个新的均衡。

3.长期均衡汇率的决定

长期均衡汇率是指经常项目平衡时的汇率。当经常项目为顺差时，这时资本与金融项目必须是逆差，假定商品市场不变，则本国居民所拥有的国外债券增加。上述分析结果表明，国外债券的增加将导致本币的升值。在马歇尔-勒纳条件成立下，本币升值必然使本国的经常项目顺差减少，最终达到经常项目平衡，这时的汇率便是长期均衡汇率。若最初的经常项目是逆差，则调整的过程相反，最终也能达到长期均衡汇率。

与汇率决定的货币分析方法相比，资产组合平衡分析方法把经常项目这一传统的因素纳入了汇率决定的理论分析；同时，在假定资产间存在不完全替代性方面，资产组合平衡分析方法比货币分析方法更接近于现实。

资产组合平衡理论实现了凯恩斯主义汇率或货币主义汇率理论的综合。该模型实际上采取了存量-流量分析法，它一方面承认经常项目失衡会影响汇率，另一方面也承认两国货币供给量增长率和差异会影响汇率。某种特定资产和名义汇率会影响实际汇率和实际财富，这两个变量反过来又会影响经常项目，经常项目通过反馈效应影响外国资产存量。而外国资产存量的变化，会进一步导致资产组合的构成和资产价格的变化，直到达到新的稳定状态的长期均衡为止。该理论还具有特殊的政策分析价值，尤其被广泛运用于货币政策的分析中。运用这个模型，可以比较清楚地说明各种货币政策措施可能产生的效应，对于一国政府和中央银行选择恰当的政策措施具有明显的指导意义。

该模型认为当今金融资产市场的供需存量失衡引起国内利率上升时，会发生代替效应，导致短期的资本流动，但这一资本流动又必定只是短期的和有限的，因为一旦通过资本流动使资产市场达到了新的均衡后，这一资本流动就会停止；只有金融资产市场再次失去均衡而引起国内利率再次进一步上升时，才有可能再次启动新一轮的短期资本流入。这是汇率理论上的一个重大突破，并且具有重大的政治意义，尤其是它对央行进行公开市场以及政府发行债券等行为对于短期均衡汇率影响的分析，为开放经济条件下选择和制定宏观经济政策和汇率调节政策提供了重要的理论依据。

第一，资产市场分析法视汇率为一种资产价格，把分析的焦点置于资产市场均衡，改变了传统汇率理论把研究重心置于国际收支差额特别是经常项目收支差额的局限性，从根本上改变了研究视角，也使理论研究更加贴近西方经济的现实。

第二，资产市场分析法体现的是一般均衡分析，这克服了传统理论局部均衡分析的局限性，在一定程度上避免了传统汇率理论的片面性，因而能对现实汇率做出一定的解释。

第三，资产市场分析法第一次正式地将存量分析法引入到汇率决定理论中，同时结合流量分析法，这对传统的单纯的流量分析来说是一个重大的突破。从理论上来说，资产市场分析法的存量分析能更好地解释汇率的波动性，这显示了资产市场分析法在研究方法上的进步。

第四，资产市场分析法带有强烈的政策特征，直接为西方国家政府的宏观经济政策提供了理论依据。

第五，资产市场分析法中尽管存在不同分支，但它们在基本分析方法上和基本理论思想上是一致的。

当然，该模型也存在一些缺陷，它假定价格刚性保持不变以及该国有一组稳定的资产组合需求比例函数。长期看来这些假设未必符合实际，这些因素严重制约了该模型在长期均衡汇率分析上的有效性——在这些因素基本保持不变的时期里，该模型对于汇率长期趋势的分析上有效，但在这些因素显著不稳定或发生显著变化的时期里，它对于汇率长期均衡趋势的分析就会严重失效。因此它不适合分析严重通货膨胀时期的长期均衡汇率问题。

资产组合平衡模型与货币主义汇率理论的主要区别在于以下三点。第一，资产组合平衡模型认为，由于金融市场具有风险收益特征，而外汇市场的风险不可能通过资本转移完全消除，风险厌恶是投资者确定投资于本国有价证券还是外国有价证券时首先要考虑的问题。因此，无抛补的利率平价不成立。第二，货币主义汇率理论假设本国和外国的资产可以完全替代，而大量的实践证明该假设是缺乏根据的。由于风险的存在，投资者会使其持有的风险多样化。相对于其他资产，如果一种资产的收益提高，它在资产组合中的比例将会提高。由于财富一定，投资者必须减少其他资产的持有比例。因此，在不同的资产之间，只能是部分替代，而不能完全替代。第三，汇率受经常账户收支状况的影响，本国居民对外国金融资产的买卖影响资本与金融账户并影响汇率，因此国际收支在汇率的决定和变动中起重要作用。

本章小结

本章主要介绍了金本位制度下的铸币平价理论。介绍了购买力平价理论，分别阐述了绝对购买力平价和相对购买力平价的主要内容，并对购买力平价理论作了评述。利率平价理论分别阐述了抵补利率和非抵补利率平价理论，对利率平价理论的优缺点进行了阐述。在资产市场理论中主要介绍了货币理论和资产组合平衡理论。在货币理论中阐述了弹性价格货币理论和黏性价格货币理论的内容和优缺点。

关键术语

铸币平价　绝对购买力平价　相对购买力平价　利率平价论　抵补的利率平价　黏性价格货币理论　弹性价格货币理论

基本训练

一、单项选择题

1. 利率对汇率变动的影响有（　　）。

A. 利率上升，本国汇率上升

B.利率下降，本国汇率下降

C.须比较国外利率及本国的通货膨胀率后而定

D.无法确定

2.金币本位制度下，汇率决定的基础是（　　）。

A.法定平价　　B.铸币平价　　C.通货膨胀率差　　D.利率差

3.与金币本位制度相比，金块本位和金汇兑本位对汇率的稳定程度已（　　）。

A.升高　　B.降低　　C.不变　　D.不能确定

4.英镑的年利率为27%，美元的年利率为9%，公司投资英镑1年，为符合利率平价，英镑应相对美元（　　）。

A.升值18%　　B.贬值36%

C.贬值14%　　D.升值14%

E.贬值8.5%

5.当一国货币汇率升值时，下述（　　）情况会发生。

A.本国出口竞争力提高，投资于外币付息资产的本币收益率上升

B.本国出口竞争力提高，投资于外币付息资产的本币收益率降低

C.本国出口竞争力降低，投资于外币付息资产的本币收益率降低

D.本国出口竞争力降低，投资于外币付息资产的本币收益率上升

6.购买力平价学说的创始人是（　　）。

A.卡塞尔　　B.马歇尔　　C.丁伯根　　D.蒙代尔

7.要实行外汇倾销政策，必须使本币对外贬值幅度（　　）对内贬值幅度。

A.小于　　B.大于　　C.等于　　D.小于5%

8.影响汇率变动的一个重要的长期根本性因素是（　　）。

A.相对利率水平　　B.国际收支状况

C.相对通货膨胀率　　D.市场预期

二、多项选择题

1.根据货币主义汇率理论，下列各项中（　　）可直接导致本币汇率下降。

A.本国相对于外国的实际国民收入增加

B.本国相对于外国的名义货币供应量增加

C.本国相对于外国的预期通货膨胀率下降

D.本国相对于外国的实际利率下降

2.下列关于货币升值对资本流动影响说法正确的是（　　）。

A.短期资本外流，实际收支恶化

B.大量短期资本流入，国际收支改善

C.有利于对外举债

D.不利于对外举债

三、简答题

1.简述铸币平价理论。

2.什么是绝对购买力平价与相对购买力平价理论？

3.简述利率平价理论。

4.简述弹性价格货币理论的意义。

5.简述资产组合平衡汇率决定理论。

四、论述题

如何评价购买力平价理论？

第6章
外汇交易实务

学习目标

◆通过本章学习，要求学生重点掌握即期外汇业务、远期外汇业务、套汇、套利、外汇期货业务、外汇期权业务、掉期业务以及互换业务等基本原理及应用。掌握外汇交易的基本知识，了解外汇交易的询价流程。

6.1 外汇交易概述

6.1.1 外汇交易的概念

外汇交易又称为外汇买卖，是指外汇买卖的主题是为了满足经济活动的需要，按特定的汇率和特定的交割日期而进行的不同货币之间的兑换行为。在外汇交易中，大部分的外汇交易都采用银行转账的方式进行，使用现钞的情况非常少，而且外汇交易的主要货币是国际可自由兑换的货币，这些货币的成交量大约是每日成交量的85%。从表6-1看出，外汇市场是24小时的交易的场所。

表6-1　外汇市场交易时间表

地区	城市	开市时间（北京时间）	收市时间（北京时间）
大洋洲	惠灵顿	4:00	13:00
	悉尼	7:00	15:00
亚洲	东京	8:00	16:00
	香港	9:00	17:00
	新加坡	9:00	17:00
欧洲	法兰克福	16:00	0:00
	苏黎世	16:00	0:00
	巴黎	17:00	1:00
	伦敦	18:00	2:00
北美洲	纽约	20:00	4:00
	洛杉矶	21:00	5:00

6.1.2 外汇交易的规则

国际外汇市场每天的成交量数以万亿，而且跨越了国家的界限，在长期的交易中形成了一些约定俗成的做法，并最终成为外汇交易的规则。这些规则主要有：

1. 双向报价

在外汇交易成交之前，询价者通常不会向报价者透露其交易意图，因此报价银行必须同时报出买入价和卖出价。买入价和卖出价的差额称为差价。汇率一般用5位有效数字表示，由大数和小数两个部分组成，大数是汇价的基本部分，小数是汇价的最后两位数字。报价的最小单位，市场称为基点。

如银行的即期外汇报价为：EUR/USD=1.2365/1.2370，欧元的买入价是1.2365，欧元的卖出价1.2370，其中1.23是大数，65和70是小数，65和70之间的差额5为5个基点的差价。为了节省交易时间，外汇交易员按交易惯例一般省略大数，只报出小数。

2. 交易单位为100万美元

外汇交易通常以100万美元为单位进行，一般说来交易中的“one dollar”表示的是100万美元，低于100万美元的交易需要在询价时提前说明，并报出具体的交易金额

3. 采用以美元为中心的报价方法

一般所有货币的汇价都是针对美元的，在外汇市场上，外汇交易银行所报出的买卖价格如没有特殊说明，均是指所报货币与美元的比价，非美元的货币之间的汇率通过以美元为中心套算出来，这样有利于简化工作。

4. 交易术语规范化

外汇交易中交易员经常使用简洁的语言和行话来节省交易时间。表6-2是常用的外汇交易术语。

表6-2 **常用外汇交易术语**

bid(buy，pay，take)	买	square (close-out)	平仓
offer (sell，give)	卖	position	头寸
mine	我方买入	discount	贴水
yours	我方卖出	premium	升水
buying rate	买价	spot rate	即期汇率
selling rate	卖价	forward rate	远期汇率
call	买权	delivery date	交割日
put	卖权	value date	起息日
over sold (short)	空头	maturity date	结算日
over bought（long)	多头	full up	额度用尽

6.1.3 外汇交易程序

银行同业间的外汇交易程序一般包括：询价（asking）、报价（quotation）、成交（done）及确认（confirmation）四个程序。

1.询价

主动发起外汇交易的一方在自报家门之后询问有关货币的即期汇率的买入价和卖出价。询价的内容主要包括交易的币种、交易金额、合同的交割期限等。

2.报价

接到询价的外汇银行的交易员应迅速完整地报出所询问的有关货币的即期汇率的买入价和卖出价。

3.成交

询价者接到报价后，表示愿意以报出的价格买入或卖出某个期限的多少数额的某种货币。然后由报价银行对此交易承诺。

4.确认

当报价银行的外汇交易员说“成交了”，外汇交易合同即成立，双方都应遵守各自的承诺。但依照惯例，交易得到承诺后，双方当事人都会将交易的所有细节以书面形式相互确认一遍。

一旦成交，汇价水平、交易金额、交易币种等细节已经确定，对交易双方都具有约束力，不可以返回或撤销。确认交易后，要对交易进行记录并交割。询价者或报价者需要在询价和报价过程中协商价格规避各自风险。

6.2 即期外汇交易

6.2.1 即期外汇交易的含义

即期外汇交易（spot exchange transaction）又称现汇交易，指外汇买卖成交后，在两个营业日内办理交割的外汇业务。即期外汇交易可以满足买方临时性的付款需要，也可以帮助买卖双方调整外汇头寸的货币比例，规避外汇汇率风险，因此是外汇市场上最常用的一种交易方式。

交易双方进行资金交割的日期称为交割日（delivery date）或起息日（value date）。根据交割日的不同，即期外汇交易可以分为以下三种类型：

第一，标准交割日（value spot or val sp）：是在成交后第二个营业日交割。目前大部分的即期外汇交易都采用这种方式。

第二，隔日交割（value tomorrow or val tom）：是在成交后第一个营业日交割。如港币对日元、新加坡元、马来西亚林吉特、澳大利亚元就是在次日交割。

第三，当日交割（value today or val tod）：是在成交当日进行交割。如中国香港外汇市场用美元兑换港币的交易（T/T）可以在成交当日进行交割。

营业日的确定问题是即期外汇交易中的重要问题。一般遵循“价值抵偿原则”。即一项外汇合同的双方，必须在同一时间交割，以免任何一方由于交割时间的差异而遭受损失。例如，伦敦和中国香港的银行都在星期六和星期日休息，所以，如果一家伦敦银行和一家中国香港银行之间即期交易是发生在星期五，两个营业日后就是星期二，即应在星期二交割。如果星期二又是某国或地区的公共假日，则交割日要顺延到下一个营业日。

6.2.2 即期外汇交易的应用

1.满足客户临时性的支付需要

通过即期外汇买卖业务，客户可以将手上的一种外币即时兑换成另一种外币，用以应付进出口贸易、投标、海外工程承包等的外汇结算或归还外汇贷款。

【例6-1】某公司星期四需要偿还某外国银行贷款100万美元，现持有瑞士法郎，它可以在星期二按USD1=CHF1.1328的即期汇率向外汇银行购入100万美元，同时出售瑞士法郎。星期四，该公司通过转账将113.28万瑞士法郎交付给外汇银行；同时外汇银行将100万美元交付给公司，该公司可用美元偿还到期贷款。

2.帮助客户调整外币币种结构

如果某企业外汇存款中美元比重较大，为了防止美元下跌带来的损失，可以卖出一部分美元，买入欧元、英镑等其他货币，调整外币币种结构。

3.通过即期外汇买卖实现外汇投机

【例6-2】纽约外汇市场上，美元的即期汇率为USD/JPY=92.80/90，某投资者预测1个月后美元的即期汇率将下跌，于是卖出100万美元，买入0.9280亿日元。如果1个月后美元汇率下跌，跌至USD/JPY=90.30/50，则他可以再次在即期外汇市场上，卖出0.9280亿日元，买入102.5万美元。通过投机交易他可赚得2.5万美元。但是，如果投机者预测错误，1个月后美元汇率上升，那他可能会遭受损失。

6.3 远期外汇交易

6.3.1 远期外汇交易的概念

远期外汇交易（forward transaction）又称期汇交易，指外汇交易成交时，双方先约定交易的细节，到未来约定的日期再进行交割的外汇交易。远期外汇交易的期限较长，一般为1个月、2个月、3个月或6个月，也可以长达12个月，但通常为3个月。

远期外汇交易交割日的推算需要遵循一定规则：

1.整月原则

通常按照即期交割日（起息日）后整月或整月的倍数推算，而不管各月的实际天数差异。

2.不跨月原则

假设整月后的起息日不是有效营业日，则按惯例顺延到下一个营业日。但如果顺延后的交割日到了月底，需遵循“不跨月原则”，即往回推算到该月的最后一个营业日确定为有效交割日，而不能跨越到下月。

3.最后营业日原则

假定即期交易的起息日是当月的最后一个营业日，则所有的远期起息日是相应各月的最后一个营业日。

6.3.2 远期外汇交易的类型

远期外汇交易根据交割日的不同，可以分为固定交割日的远期外汇交易和选择交割日的远期外汇交易。

固定交割日的远期外汇交易（fixed forward transaction）是指交易的交割日期是确定的，交易双方必须在约定的交割日期办理外汇的实际交割，此交割日不能提前也不能推后。

选择交割日的远期外汇交易（optional forward transaction）又称择期外汇交易，是指在做远期外汇交易时，不规定具体的交割日期，只规定交割的期限范围。在规定的交割期限范围内，客户可以按预定的汇率和金额自由选择日期进行交割。交割的范围可以包括从成交后的第二个工作日至到期日的整个期间，也可以定于该期间内某两个具体日期之间，或具体的月份中。交割的期限越长，银行所承受的风险越大。例如，一英国出口商在9月28日向美国出口价值12 500USD的货物，他预计美国进口商可能在10月28日至12月28日支付货款，但具体日期尚不能确定。因此，该出口商在签订贸易合约时与银行签订一项卖出美元的择期交易，择定期限在10月28日至12月28日。

6.3.3 远期外汇交易的报价

1.远期汇率报价方法

（1）完整汇率报价方式

完整汇率（outright rate）报价方式又称为直接报价方式，是指银行按照期限的不同直接报出某种货币的远期外汇交易的买入价和卖出价。这种报价方式一目了然，通常用于银行对顾客的远期外汇报价。完整汇率报价方式见表6-3。

表6-3 **中国银行人民币远期外汇牌价（中间价）** 日期：2015-05-26

单位：人民币/100外币

		美元	欧元	日元	港币	英镑	瑞士法郎	澳元	加元
7天	买入	618.97	675.25	5.0663	79.68	953.95	652.85	482.43	501.08
	卖出	622.47	683.75	5.1323	80.44	963.00	659.20	488.77	506.42
1个月	买入	619.68	676.35	5.0747	79.76	955.01	653.92	482.24	501.48
	卖出	623.35	684.89	5.1394	80.55	964.43	660.79	488.85	507.10
3个月	买入	621.75	679.28	5.0959	80.04	957.50	657.77	482.34	502.64
	卖出	625.47	687.93	5.1628	80.83	967.00	664.67	489.07	508.31
6个月	买入	625.07	683.84	5.1325	80.47	962.46	663.90	482.64	504.73
	卖出	628.99	692.61	5.1994	81.26	972.09	671.46	489.29	510.51
9个月	买入	628.66	689.22	5.1752	80.93	967.44	670.86	483.37	507.24
	卖出	632.78	698.28	5.2433	81.76	977.54	678.65	490.20	513.19
12个月	买入	632.26	694.97	5.2203	81.41	972.93	678.19	484.17	509.89
	卖出	636.48	704.22	5.2891	82.24	983.13	685.65	491.25	515.94

（2）掉期率报价方式

掉期率（swap rate）也称为远期汇水，是指某一时点远期汇率与即期汇率的汇率差，通常表现为升水、贴水和平价。升水是指某种货币的远期汇率大于即期汇率。贴水是指某种货币的远期汇率小于即期汇率。平价是指某种货币的远期汇率等于即期汇率。升水和贴水是一个相对的概念，例如，即期汇率USD/CNY=6.8242，远期汇率为USD/CNY=6.8260，则表明远期美元升水，人民币贴水。

掉期率报价方式的好处是简明扼要，因为远期差价通常比较稳定，因此用掉期率来报价比直接报价方式要简便。

在实务中，报价银行通常只报出远期汇率的升水和贴水“点数”，并不标明升水还是贴水，远期汇率由即期汇率加减远期差额得到，询价者需要根据报价规则自行判断远期汇率变化。计算远期汇率的方法为：首先判断即期汇率报价中的基准货币；其次看远期汇水数字的大小，如前小后大，基准货币远期为升水；如前大后小，基准货币远期为贴水。即在银行使用直接标价法的情况下，远期差价点数前小后大表示远期外汇升水，前大后小表示远期外汇贴水；在银行使用间接标价法的情况下，远期差价点数前小后大表示远期外汇贴水，前大后小表示远期外汇升水。即：

①在直接标价法下：

远期汇率=即期汇率+升水远期汇率=即期汇率-贴水

②在间接标价法下：

远期汇率=即期汇率-升水远期汇率=即期汇率+贴水

其实无论银行使用何种标价方法，在计算远期汇率时，都可以遵循以下规则：

远期汇率=即期汇率+远期差价点数（远期差价点数前小后大）

远期汇率=即期汇率-远期差价点数（远期差价点数前大后小）

【例6-3】某日中国香港外汇市场的外汇报价：即期汇率为USD/HKD=7.7810/20，3个月远期差价为30/50，计算美元兑港币3个月远期汇率。

【分析】因为中国香港外汇市场采用直接标价法，且所报点数的小数在前，大数在后，所以美元远期升水，港币远期贴水。即前小后大，基准货币美元远期升水。

远期汇率=即期汇率+升水

3个月远期汇率：

7.7810+30/7.7820+50/=7.7840/7.7870

即美元兑港币3个月远期汇率为7.7870/70。

【例6-4】某日纽约外汇市场的外汇报价：即期汇率为USD/CHF=1.1328/33，6个月远期差价为40/20，计算美元兑瑞士法郎6个月远期汇率。

【分析】因为纽约外汇市场采用间接标价法，且所报点数的大数在前，小数在后，所以瑞士法郎远期升水，美元贴水。即前大后小，基准货币美元远期贴水。

远期汇率=即期汇率-升水

6个月远期汇率：

1.1328-40/1.1333-20=1.1288/1.1313

即美元兑瑞士法郎6个月远期汇率为1.1288/1.1313。

2.远期汇率的决定

根据利率平价理论，一种货币相对于另一种货币升水还是贴水，升贴水的幅度如何，是由两种货币的利率决定的。

假设，英镑年利率为2%，美元年利率为4%，外汇市场上的即期汇率为GBP/USD=1.4465。这时客户将会卖掉手中的英镑买入美元，赚取较高存款利息。同时为规避美元汇率变化风险，会向银行购买远期英镑。这时外汇银行就会按照即期汇率用美元购买英镑，存放在银行以便远期交割英镑。银行放弃了高利率的美元而存放低利率的英镑，将会遭受损失。此损失银行会通过影响远期汇率的方式把它转嫁到客户身上。因此远期美元汇率下跌，英镑升值。远期汇率的变动结果是投资于英镑和美元在相同时期内的获利状况是一样的。

假如客户买入美元存放银行一年，并卖出一年期的远期美元，则：

投资1英镑在一年内的收益为：

1+1×2%=1.02（英镑）

将英镑转换成美元投资在一年内的收益为：

1×1.4465×（1+4%）=1.5044（美元）

一年期的远期汇率为：

1.5044/1.02=1.4749即GBP/USD=1.4749

上述计算过程表明，在其他因素不变的情况下，利率对远期汇率的影响是：利率高的货币远期贴水，利率低的货币远期升水；远期汇率的升贴水率大约等于两种货币的利率差。

6.3.4 远期外汇交易的计算

在远期外汇交易中，外汇银行远期汇率的报价主要是遵循一价定律。一价定律是指在完全竞争的市场上，相同的交易产品或金融资产，经过汇率调整后，在世界范围内其交易成本是相等的。根据利率平价理论知道，远期汇率由两种货币的利率差决定，同时远期汇率是在即期汇率的基础上加、减升贴水得到的，因此外汇银行所报远期汇率升贴水的计算公式为：

升水（贴水）数=即期汇率×两种货币的利率差×天数/360

或　升水（贴水）数=即期汇率×两种货币的利率差×月数/12

【例6-5】已知日元年利率为8%，美元年利率为5%，某日东京外汇市场即期汇率报价USD/JPY=92.30，计算USD/JPY3个月远期汇率。

【分析】升水（贴水）数=即期汇率×两种货币的利率差×月数/12

=92.30×（8%-5%）×3/12=0.69

即3个月远期汇率：USD/JPY=92.30+0.69=92.99

6.3.5 远期外汇交易的套算

当客户需要知道远期套算汇率时，需先分别计算两种货币的远期汇率，再按照即期汇率套算的方法计算远期套算汇率。

【例6-6】某日法兰克福外汇市场即期汇率报价EUR/USD=1.2620/50，1个月远期升贴水20/30，东京外汇市场即期汇率报价USD/JPY=96.40/70，1个月远期40/20。计算EUR/JPY1个月远期汇率。

【分析】①计算EUR/USD1个月远期汇率：

1.2620+0.0020=1.2640　1.2650+0.0030=1.2680

即1个月远期汇率：EUR/USD=1.2640/80

②计算USD/JPY1个月远期汇率：

96.40-0.40=96.00　96.70-0.20=96.50

即1个月远期汇率：USD/JPY=96.00/50

③按一般交叉汇率计算方法计算EUR/JPY1个月远期汇率：

1.2640×96.00=121.34　1.2680×96.50=122.36

即1个月远期汇率：EUR/JPY=121.34/122.36

6.3.6 远期外汇交易的操作

远期外汇交易同即期外汇交易一样，也包括询价、报价、成交及确认四个步骤。

【例6-7】远期外汇交易流程：

A：Bank of China GUANGDONG Calling Yen Forward Outright Value 6th July for 5 USD.

我方是中国银行广东省分行，请报7月6日交割的美元/日元远期汇率，金额为500万美元。

B：Swap 138/132 Spot 23/28.

远期点数为138/132，即期汇率为23/28（注：即期汇率92.23/92.28中的大数取自当时路透社的ASAP即期行情）。

A：3 Mine.

我方买入300万美元。

B：OK Done. At 90.96 We Sell USD 3 Mio Against Yen Value 6th July Yen to Bank of Tokyo for A/C 12345.

好，成交了。按1美元等于90.96日元我方卖出300万美元，交割期为7月6日。日元划到我方在东京的东京银行账户12345。

A：USD to Bank of china NY for Our A/C 54321

美元划到中国银行纽约分行我方往来账户54321。

6.3.7 远期外汇交易的应用

1. 利用远期外汇交易规避外汇风险

在国际贸易中，进出口商从签订贸易合同到执行合同、收付货款通常需要经过一段相当长的时间，在此期间进出口商可能因汇率的变动遭受损失。因此对未来有外汇支出（空头）的进口商而言，可以通过与银行签订远期合约买入期汇的方式，即通过远期外汇市场上的多头对已知的外汇空头交易进行抵补，对未来外汇的支出进行保值。与此相对应的，对未来有外汇收入（多头）的出口商而言，可以通过与银行签订远期合约卖出期汇的方式，即通过远期外汇市场上的空头对已知的外汇多头交易进行抵补，对未来的外汇收入进行保值。

同样，资金借贷者持有净外汇债权或债务时，汇率的不利变动也会引起本币计值的收入减少或成本增加。因此资金借贷者也会通过远期外汇交易在收取或支付款项时按成交时的汇率办理交割。

【例6-8】某年3月12日，外汇市场上的即期汇率为USD/JPY=92.06/20，3个月远期差价点数30/40。假定当天某日本进口商从美国进口价值100万美元的机器设备，需在3个月后支付美元。若日本进口商预测3个月后（6月12日）美元将升值到USD/JPY=94.02/18。如果日本进口商不采取即期将日元兑换成美元并在3个月后支付的方式，在其预期准确的情况下：

①如果日本进口商不采取保值措施，则6月12日需支付多少日元？

②日本进口商采用远期外汇交易进行保值时避免的损失为多少？

【分析】①如果日本进口商不采取保值措施，6月12日，按当日即期汇率买入美元时，需支出的日元为：

1 000 000×94.18=94 180 000（日元）

②如果日本进口商采取保值措施，即在签订进货合同的同时，与银行签订3个月的远期协议，约定在3个月后的6月12日买入100万美元，从而“锁定”日元支付成本。

3个月的远期汇率：92.06+0.30=92.36　92.20+0.40=92.60

6月12日进口商按远期汇率买入美元时，需付出的日元为：

1 000 000×92.60=92 600 000（日元）

因此，日本进口商进行远期交易时，避免的日元损失为：

94 180 000−92 600 000=1 580 000（日元）

2.利用远期外汇交易进行外汇投机

与保值者利用市场轧平风险头寸、规避风险的动机不同，投机者是有意识地持有外汇头寸以获得风险利润。外汇投机者与保值者的区别主要是前者没有已发生的商业或金融交易与之对应。外汇投机者往往相信自己比大多数市场参与者更了解市场趋势，自己对汇率趋势的预期更为准确，从而进行外汇交易操作。因此外汇投机能否获得利润主要依赖于其预期是否准确。若预期准确，就可以获得收益，否则将会蒙受损失。

利用远期外汇交易进行投机有买空和卖空两种基本形式。买空是指投机者在预期某种货币的未来预期汇率将会高于远期汇率的基础上进行单纯买入该种货币远期的交易。卖空是指投机者在预期某种货币的未来即期汇率将会低于远期汇率的基础上进行单纯卖出该种货币远期的交易。

【例6-9】某加拿大投机商预期6个月后美元兑加元有可能大幅度下跌至USD1 = CAD1.1370/90，当时美元6个月远期汇率为USD/CAD=1.1530/60。如果预期准确，不考虑其他费用，该投机商进行500万美元的远期卖空交易，可获得多少投机利润?

【分析】①6个月后投机商按即期汇率买入500万美元，需支付加元为：

5 000 000×1.1390=5 695 000（加元）

②6个月后投机商履行远期合约卖出500万美元，可获得加元为：

5 000 000×1.1530=5 765 000（加元）

③投机商通过卖空获利加元为：

5 765 000−5 695 000=70 000（加元）

3.利用远期外汇交易平衡外汇头寸

当外汇银行接受了客户为避免和转嫁风险而发生的远期外汇交易时，外汇银行就会相应产生外汇“综合持有额”或称总头寸，期间难免会出现期汇或现汇的超买或超卖，这时，外汇银行就处于汇率变动的风险之中。因此为避免外汇风险，外汇银行需对不同期限、不同货币头寸的盈缺进行抵补，来平衡外汇头寸。

【例6-10】某日苏黎世外汇市场的报价即期汇率为GBP/CHF=1.6650/70，6个月的远期汇率为GBP/CHF=1.6820/50。瑞士某银行卖给客户6月期的远期英镑200万。如果6个月后英镑交割日的即期汇率为GBP/CHF=1.6930/60，那么，该行听任外汇敞口存在，其盈亏状况如何？

【分析】①如该行为履行合约在6个月后按即期汇率买进英镑，需支付瑞士法郎为：

2 000 000×1.6960=3 392 000（瑞士法郎）

②银行履行6月期的远期合约，收入瑞士法郎为：

2 000 000×1.6850=3 370 000（瑞士法郎）

③银行如果听任外汇暴露存在，将会亏损英镑为：

3 392 000−3 370 000=22 000（英镑）

可见，客户将外汇风险通过远期外汇交易转嫁到了银行身上，如果银行不愿承担这种外汇风险，可以将超卖的远期外汇反向买入，或将超买的远期外汇反向卖出，通过平衡外汇头寸，规避外汇风险。如上例中，外汇银行在接受了此业务后，可以同时买入6个月远期英镑200万来锁定成本。

6.4 掉期外汇交易

6.4.1 掉期外汇交易的含义

掉期外汇交易是指外汇交易者在买进或卖出一定的交割期限和数额的某种货币的同时，卖出或买进另一种交割期限、相同数额的同种货币的活动。也就是说，掉期外汇交易实际上由两笔外汇交易组成，两笔交易买卖方向相反，交割期限不同，而交易的币种和金额完全相同。因为银行在办理掉期交易时，只收取一次手续费，所以对客户来说，掉期交易的成本比较低。

6.4.2 掉期外汇交易的分类

按照两笔交易的交割期限，掉期交易可以分为即期对远期、即期对即期、远期对远期三种情况，其中最常见的是即期对远期的掉期交易。

1. 即期对远期

即期对远期的掉期交易是指买进或卖出某种即期外汇的同时，卖出或买进相同币种的远期外汇。即期对远期的掉期交易，广泛地应用于客户调整资金的期限结构、进行抵补套利，银行轧平头寸、调整交割日等外汇交易活动中，以避免汇率变动的风险。在国际外汇交易市场上，常见的即期对远期掉期交易有：

第一，即期对次日（S/N，spot/next）：自即期交割日算起，至下一个营业日为止的掉期交易。

第二，即期对一周（S/W，spot/week）：自即期交割日算起，为期一周的掉期交易。

第三，即期对整数月掉期：如1个月、2个月、3个月、6个月等。第一个交割日在即期，后一个交割日是1个月或其整数倍的远期。

2.即期对即期

即期对即期（spot against spot）的掉期交易，是指买进或卖出一笔即期外汇的同时，卖出或买进相同货币或金额、交割日期不同的另一笔即期外汇，主要用于大银行之间的短期资金拆借，目的在于避免敞口头寸导致的外汇风险。

第一，今日对明日掉期（O/N，over-night）：也叫隔夜交易，将第一个交割日安排在成交的当天，后一个交割日是明天，即交易日后的第一个工作日。

第二，明日对后天掉期（T/N，tom-next）：又称为隔日交易，前一个交割日是明天，即交易日后的第一个工作日，后一个交割日是交易后的第二个工作日。

3.远期对远期

远期对远期的掉期交易，是指同时作不同交割期限的两笔远期外汇交易，币种和金额相同而买卖方向相反，远期对远期交易能够使银行利用较为有利的时机，以便在汇率变动中获利，这种掉期交易只是偶尔使用。

6.4.3 掉期外汇交易的应用

1.利用掉期外汇交易进行保值

掉期交易可以被用来轧平不同期限的外汇头寸，调整交割日，从而达到保值的目的。

【例6-11】某港商1个月后有一笔100万欧元的应付账款，3个月后有一笔100万欧元的应收账款。在掉期市场上，1个月欧元远期汇率为EUR/HKD=9.8070/90，3个月期欧元汇率为EUR/HKD=9.8750/80，该港商可以进行1个月对3个月的远期对远期掉期交易：买入1个月期的100万欧元，并卖出3个月期的100万欧元进行保值。计算该港商的贴水收益。

【分析】1个月后买入欧元100万，需支付：

$1\times100\times9.8090=980.9$（万港元）

3个月后卖出欧元100万，可获得：

$1\times100\times9.8750=987.5$（万港元）

通过掉期交易的港元贴水收益为：

$987.5-980.9=6.6$（万港元）

2.利用掉期外汇交易从事货币转换

掉期交易可以使投资者将闲置的货币转换为所需要的货币，并得以运用，从中获得利益。

【例6-12】假设：即期汇率为USD/HKD=7.8040，3个月远期汇率为USD/HKD=7.8070。

银行承做了两笔外汇交易：卖出3个月远期美元100万，买入相应港币；买入即期美元100万，卖出相应港币。

银行应如何规避外汇敞口风险？

【分析】为了轧平两种货币的资金流量，银行可以承做一笔即期对远期的掉期交易：卖出即期美元100万，买入相应港币，买入3个月远期美元100万，卖出相应港币，从而调整两种货币的资金缺口。

3.利用掉期外汇交易投机获利

掉期率主要由即期汇率与市场利率决定，其中“即期汇率”对掉期率变动幅度的影响较小，影响掉期率的主要因素是两种货币之间的利率差。未来的市场利率随时都可能发生变化，当利差扩大时，掉期率上升；当利差缩小时，掉期率下跌。因此投机者可以根据对利率变化的预期，做出对未来某个时刻市场汇率的预期，并根据这种预期进行投机性的掉期交易，从中获得利润。

【例6-13】假设：5月某外汇市场报价：GBP/USD 3个月掉期率：30/32；GBP/USD 6个月掉期率：59/61。试分析交易员可以通过何种掉期交易投机获利。

【分析】掉期率为升水，表明英镑利率水平低于美元利率水平。预期在未来3个月内英镑和美元之间的利差将会缩小，这意味着英镑兑美元的掉期率将下跌。

根据预期，交易员可以承做两笔掉期交易：①即期卖出英镑买入美元，按升水32点，买入3个月远期英镑卖出美元；②即期买入英镑卖出美元，按升水59点，卖出6个月远期英镑买入美元。

交易员可以从3个月和6个月的汇率差额中获得27点（59-32）收益。

3个月后，如真像预期的那样英镑和美元之间的利差缩小，则英镑兑美元的掉期率水平下跌。假设：8月该外汇市场报价：GBP/USD3个月掉期率：18/20。则原持有3个月的远期头寸在此时已经变成即期头寸，原持有6个月的远期头寸相应地成为3个月远期头寸。

交易员再承做一笔掉期交易，将原有头寸轧平：

即期卖出英镑买入美元，按升水20点，买入3个月远期英镑卖出美元。

交易员从即期和3个月远期的汇率差价中损失20点。

通过前后两次操作，交易员可以实现7点（27-20）盈利。

6.4.4　汇率折算与进出口报价

在国际贸易活动中，经常会发生需要改变进出口报价的情况，熟练掌握汇率的计算以及进出口报价的原则，能提高企业效益，规避风险。

1.即期汇率与出口报价

（1）本币折算外币时，用买入价

出口商对外报价时，原以本币报价，现改报外币，需以所收取的外币向银行兑换本币，即银行买入外币，付出口商本币，所以按买入价折算。

【例6-14】我国出口商报价一批货物100万元人民币（本币），美国进口商想知道需支付多少美元，即要求我国出口商改为美元（外币）报价。当我国出口商收取了美元货款后，需向银行卖出美元并买入人民币，获得与所报100万元人民币等值的货款。所以如果当时市场即期汇率为USD1= CNY6.8220/6.8260，那么我国出口商改成外币报价应为100/6.8220=14.6585（万美元）。即当我国出口商收取14.6585万美元时，相当于收回价值100万元人民币的货款。

（2）外币折算本币时，用卖出价

出口商对外报价时，原以外币报价，现改报本币，出口商需计算以所收取的本币卖给银行后获得与原外币报价等值的货款，即银行买入本币，付出口商外币，所以按卖出价折算。

【例6-15】我国出口商报价一批货物100万美元（外币），美国进口商要求改用人民币报价。当我国出口商收取了人民币货款后，经过折算应等于100万美元的价值。所以如果当时市场即期汇率为USD1= CNY6.8220/6.8260，那么我国出口商改成本币报价应为100×6.8260=682.6（万元人民币）。即当我国出口商收取628.6万元人民币时，相当于收回价值100万美元的货款。

（3）以一种外币折算成另一种外币时，按国际外汇市场牌价折算，再行报价

折算应遵循的基本原则是：无论是直接标价市场的牌价，还是间接标价市场的牌价，均将外汇市场所在地国家的货币视为本币，而将其他国家的货币视为外币。然后按照上述的两个原则：本币折算为外币时，按买入价折算；外币折算为本币时，按卖出价折算。

【例6-16】我国某出口商原以美元报价，每件80美元，现英国进口商要求改以英镑报价。当日纽约外汇市场即期汇率为：GBP1= USD1.4440/70。这时我国出口商应将美元视为本币，英镑视为外币。将美元报价改为英镑报价即将本币报价折算为外币报价，应使用买入价，报价80/1.4440=55.40（英镑）。如果以当日伦敦外汇市场的牌价作为依据，则美元视为外币，英镑视为本币。把美元报价改为英镑报价，就是外币报价折算为本币报价，应使用卖出价折算。如果当日伦敦外汇市场报价也为GBP1= USD1.4440/70，为间接标价法，所以1.4440为美元的卖出价，则报价80/1.4440= 55.40（英镑）。

可见，一种外币改为另一种外币报价时，无论以哪个外汇市场作为基准，只要不同的外汇市场的汇率相同，折算出的同一货币表示的进出口报价也是相同的。

2.即期汇率与进口报价

在进口贸易中，外国进口商如果以两种货币对同一商品报价，进口商应尽力选择较低支付的方式接受报价。

（1）将进口商品的两种报价按人民币汇价折算成人民币进行比较

【例6-17】我国某公司从法国进口商品，法国出口商给出了两个报价：以欧元报

价的单价为500欧元，以美元报价的单价为600美元，当时外汇市场的即期汇率为：EUR1= CNY8.3810，USD1= CNY6.8200。我国应在欧元报价和美元报价中选择一个相对较低的价格，这时需分别将两个报价折算成人民币报价进行比较。欧元报价折算为人民币：8.3810×500= CNY4 190.5；美元报价折算为人民币：6.8200×600= CNY4 092。可见美元报价的人民币成本低于欧元报价的人民币成本，因此该公司应该接受美元的报价。

（2）将进口商品的两种报价按国际外汇市场的即期汇率统一折算后进行比较

【例6-18】接上例，参照上述法国商品的欧元和美元报价，如果以当天纽约外汇市场的美元与欧元的比价进行折算，也可得出应该以何种货币报价较为合理。假设同日，纽约外汇市场的报价为EUR/USD=1.1268/78，按此汇价，欧元的报价折算为美元：500×1.1268=563.4（美元），但以美元的报价为600美元。所以，在不考虑其他因素的情况下，该公司应接受欧元的报价。

3.远期汇率与出口报价

（1）在出口报价时，应参考汇率表中远期升贴水（点）数

远期汇率表中升水货币即为增值货币，贴水货币即为贬值货币。我方在出口贸易中，国外进口商在延期付款条件下，要求我方以两种外币报价。假如甲币为升水，乙币为贴水。如以甲币报价，则按原价报出；如以乙币报价，应按汇率表中乙币对甲币贴水后的实际汇率报出，以减少乙币贴水后的损失。

【例6-19】某日纽约外汇市场即期汇率报价USD1= CHF1.1580/90，3个月远期汇率贴水135/140。我国公司向瑞士出口机床，如即期付款每台报价2 000美元，现瑞士进口商要求我出口商改以瑞士法郎报价，并于货物发运后3个月付款，所以我方改报时，应首先计算3个月远期汇率：

1.1580+0.0135=1.1715

1.1590+0.0140=1.1730

考虑到我方要3个月后才能收款，因此需要将3个月瑞士法郎贴水的损失加在货价上，又根据纽约外汇市场报价折算，美元应判断为本币，瑞士法郎为外币，根据本币折算外币按买入价折算的原则，应报的瑞士法郎价=2 000×1.1730（瑞士法郎的买入价）=2 346瑞士法郎。

（2）在出口报价中，汇率表中的贴水年率，也可作为延期收款的报价标准

远期汇率表中的贴水货币，也即具有贬值趋势的货币。该货币的贴水年率，也即贴水货币（对升水货币）的贬值年率。如某商品原以较硬（升水）货币报价，但国外进口商要求改以贴水货币报价，出口商根据即期汇率将升水货币金额换算为贴水货币金额的同时，为弥补贴水损失，应再将一定时期内贴水率加在折算后的货价上。

【例6-20】我国某公司向英国出口商品原报即期价款为USD500/箱，英国出口商要求改用英镑报价，并延期3个月付款。伦敦市场即期汇率报价为：GBP1=

USD1.2740/70；3个月远期差价200/240点。英国出口商如果即期付款，我方需要按伦敦外汇市场汇率将外币折算为本币，应按卖出价折算，我方报价应为500/1.2740=GBP392.46。如果外商延期3个月付款，根据远期升贴水年率，远期英镑升水，美元贴水，按远期汇率的卖出价折算，我方报价500/（1.2740+0.02）=GBP386.40。这样同即期收款相比，延期收款不利于我方资金周转，而报价又低了6.06英镑。故我方报价的标准应是按即期收款的升水货币报价，即392.46英镑/箱。

4.远期汇率与进口报价

在进口业务中，某一商品从合同签订到外汇付出约需3个月，国外出口商以硬（升水货币）、软（贴水货币）两种货币报价，其以软币报价的加价幅度不能超过该货币与相应货币的远期汇率，否则我方可接受硬币报价。只有这样，才能达到货价与汇价均不吃亏的目的。

【例6-21】某日苏黎世外汇市场即期汇率报价为USD1= CHF1.1580，3个月远期汇率USD1= CHF1.1430。我国某公司从瑞士进口机械零件，3个月后付款，瑞士出口商报的单价为100瑞士法郎，如我方要求瑞士出口商改以美元报价，则其报价水平不能超过瑞士法郎对美元的3个月远期汇率，即100/1.1430=87.49（美元）。如果瑞士出口商以美元报价，超过87.49美元，则我方不应接受，仍应接受100瑞士法郎的报价。因为接受瑞士法郎硬币报价后，我方以美元买进瑞士法郎3个月远期进行保值，以防瑞士法郎上涨的损失，其成本也不过87.49美元，硬币对软币的远期汇率是核算软币加价可接受幅度的标准。

6.5 外汇期货交易

6.5.1 外汇期货的含义

外汇期货交易（foreign exchange future）又称货币期货交易，是指在期货交易所内，根据成交单位、交割时间标准化的原则进行的外汇期货合约买卖。外汇期货合约（currency future contract）是交易双方承诺在未来的某个确定的日期、按事先确定的价格交割特定标准数量外汇的合约。

20世纪70年代开始，布雷顿森林体系崩溃以后，国际金融市场上汇率波动频繁，出现了大量的外汇保值和外汇投机的需求，外汇期货业务也随之迅速发展。

6.5.2 外汇期货市场的组织结构

虽然世界各地的外汇期货市场的组织结构不尽相同，但都是参照IMM而来的，因此这里着重介绍IMM的组织结构。外汇期货市场的组织结构由以下几部分组成。

1.外汇期货交易所

外汇期货交易所是进行标准化外汇期货合约买卖的场所，是以会员制或公司制的组织形式设立的一个非营利性机构。期货交易所的主要功能是：

①提供固定的交易场所和交易设备。

②订立并监督执行标准的期货合约与交易规则。

③收集和传播最新的市场行情与影响市场行情的重要信息。

④仲裁交易活动中所发生的争执和纠纷。

由于大多数会员是交易者，因此对于交易所内的重大决策的制定与监督工作他们都会积极参与。会员之间除了互选董事之外，还成立另外的机构以协助日常管理和交易活动，如仲裁委员会、交易厅委员会及经纪商行业委员会等。

2.清算所

清算所的主要功能在于撮合买卖双方在交易所完成期货合约成交，并进行买卖双方的合约和保证金的划拨。清算所采用保证金制度，为所有在交易所内达成的期货合约交易提供履约保证。一笔交易完成后，经纪商负责向买卖双方收取保证金并由结算所的会员存入清算所，作为买卖双方履行其未结算的期货合约所需的财力保证。清算所执行严格的保证金制度，其目的是规避外汇期货交易中的信用风险和价格风险，确保外汇期货市场稳定、有序地进行。所以，清算所既是作为会员账户向买卖双方提供资金流动与转移的场所及资金存放的中心，又是买卖双方履行外汇期货合约的保证。

3.出市经纪公司

出市经纪公司即经纪商，是接受客户委托，按照客户指令，以自己的名义为客户进行期货交易并收取交易手续费的中介机构。外汇期货交易所实行会员制，会员资格是通过向有关部门申请，经过其批准取得的，每年向交易所缴纳会费。因此经纪商必须是注册登记的外汇期货交易所会员公司，但交易所的会员资格只能归个人所有，所以经纪商通过向交易所派驻具有会员资格的员工进行场内期货交易活动，经纪商通过自己的经纪人与客户联系。

在交易所内，会员可以进行两类交易：一是代客买卖，充当经纪人，收取佣金；二是作为交易商，进行自营，赚取利润。

4.商业交易者

商业交易者本身主要以从事现货市场交易为主，其之所以参与外汇期货市场的交易，主要出于规避汇率风险的动机，也可利用期货市场来调整资产配置，以满足其对风险的偏好与达到预期收益的目标。此类交易者主要是进出口商和商业企业等。

6.5.3 外汇期货交易的主要制度

1.外汇期货合约规格

不同交易所的期货合约的规格不尽相同，但其内容基本相同。IMM外汇期货合约的规格，见表6-4。

表6-4 IMM外汇期货合约的规格

期货合约类型		澳元	英镑	加元	欧元	日元	瑞士法郎
交易单位		10万	6.25万	10万	12.5万	1 250万	12.5万
最小变动价位		0.0001	0.0001	0.0001	0.0001	0.000001	0.0001
最小变动值		USD10	USD6.25	USD10	USD12.5	USD12.5	USD12.5
每日价格波动	7:20—7:35	150	400	150	100	150	150
	7:35以后	无	无	无	无	无	无
合约月份		3、6、9、12月					
交易时间		7:20—14:00；到期合约最后交易的时间截止到上午9:16					
初始保证金		1 200	2 800	900	2 100	2 100	2 100
维持保证金		900	2 000	700	1 700	1 700	1 700
最后交易日		合约月份的第三个星期三往回数的第二个营业日上午9:16					
交割日期		合约月份的第三个星期三					
交割地点		结算所指定的货币发行国银行					

注：本表所列时间为芝加哥时间。

2.订单或指令制度

所谓订单或指令，是指客户决定在进行外汇期货交易时向期货经纪商下达的买进或卖出某种外汇期货合约的指示。其主要内容包括买进或卖出、合约数量、交割日期、货币类别、交易地点、交易价格及委托书有效期等。客户通常通过电话或电传等方式通知期货经纪商，然后期货经纪商根据客户的要求通知期货交易所场内的交易员进行交易。一旦成交，则交易员通知期货经纪商，期货经纪商再通知客户。

3.公开喊价制度

外汇期货市场交易是通过公开喊价来表示客户买进或卖出某种外汇期货合约的要求的。买方总是报出比较低的价格，卖方总是报出比较高的价格。如果双方谈不拢就要互相退让，买方喊价调高，卖方喊价调低，直至有人愿意接受为止。当然买卖双方并不是对等退让，而是根据双方力量强弱对比而定。买方市场时，卖方让价幅度要大一些；卖方市场时，买方报价提高的幅度要大一些。在激烈竞争的外汇期货市场上，通过公开喊价竞争达成外汇期货合约买卖，有利于维护外汇期货市场的公平、公开与公正的竞争原则，保护参与者利益。

4.保证金制度

外汇期货交易采取保证金制度，即买卖双方都需缴纳保证金，其目的在于保障买卖双方的权利，以作为买卖双方都能履行其权利和义务的保证。因为外汇期货市场通常会存在信用风险，若买卖双方直接达成交易，如果市场汇价出现不利于一方的情况，则会出现亏损，亏损达到一定的程度时，亏损方很可能会选择违约。因此，期货市场采用保证金制度来防止买卖双方违约行为的发生，使外汇期货市场能正常、有序地进行下去。所以保证金制度是外汇期货市场的核心机制。

5.逐日盯市制度

逐日盯市制度是指清算所对会员经纪商的保证金账户根据每日的收益与损失进行调整，以便实际反映当日汇价的变化给其带来的损益情况，其目的是控制期市风险。会员的保证金通常是以持有合约净头寸计算的。因此清算所在每日收市后就会对会员经纪商计算出应有的保证金及变动的保证金，以便经纪商及时掌握自己持有期货合约的净头寸和应有的保证金。同样的道理，经纪商也采用此法对客户的保证金账户根据当日汇价的变化进行每日调整，以便及时掌握客户每日损益情况。如果保证金出现不足，则立即通知客户补足，如果出现盈余，则可提走或继续增仓。

【例6-22】11月30日，星期二，一位投资者买入1份次年6月到期的瑞士法郎期货合约。目前期货价格为CHF1=USD0.8630，IMM瑞士法郎期货合约的每份合约价值为125 000CHF。初始保证金要求为2 100USD。维持保证金要求为1 700USD。之后期货价格的变化，见表6-5。

表6-5 **逐日盯市制度**

日期	期货价格	当期损益	累计损益	保证金金额	补交保证金
11.30	0.8630			2 100	
11.30	0.8622	−100	−100	2 000	
12.1	0.8606	−200	−300	1 800	
12.2	0.8594	−150	−450	1 650	450
12.3	0.8598	50	−400	2 150	
12.4	0.8604	75	−325	2 225	
12.7	0.8618	175	−150	2 400	
12.8	0.8616	−25	−175	2 375	

其中：2 100美元为初始保证金，1 700美元为维持保证金，当客户的瑞士法郎期货合约保证金至12月2日降至1 650美元，低于维持保证金1 700美元时，客户必须缴纳450美元，使保证金达到初始保证金的水平。450美元被称为变动保证金。上述清算所计算保证金账户增减变动的过程称作逐日盯市制度。

6.现金交割制度

大多数外汇期货交易者并非以实际买卖期货为目的，其目的在于投机。因此大多数期货合约都在交割日以前以反方向交易方式冲销掉，即买进再卖出或卖出再买进。据估计，只有5%左右的外汇期货合约等到交割日到期时进行实际交割。因此当合约进行现金结算时，就按冲销的汇价进行清算，计算出头寸了结的损益情况。

6.5.4 外汇期货交易的基本流程

外汇期货交易在专营或兼营外汇期货的交易所进行，任何企业和个人都可通过外汇期货经纪人或交易商买卖外汇期货。

客户欲进行外汇期货交易，首先必须选定代理自己交易的经纪公司，开设账户存入保证金。然后，客户即可委托经纪公司办理外汇期货合约的买卖。在每一笔交易之前客户要向经纪公司发出委托指令，说明他愿意买入或卖出外汇期货合约的种类、成交的价格和数量等，指令是以订单的形式发出的。经纪公司接到客户订单后，便将此指令用电话或其他通信设备通知交易厅内的经纪人，由他执行订单。成交后，交易厅内的经纪人一方面把交易结果通知经纪公司和客户，另一方面将成交的订单交给交易所，进行记录并最后结算。每个交易日末，清算所计算出每一个清算会员的外汇头寸。外汇期货的交易程序如图6-1所示（芝加哥）。

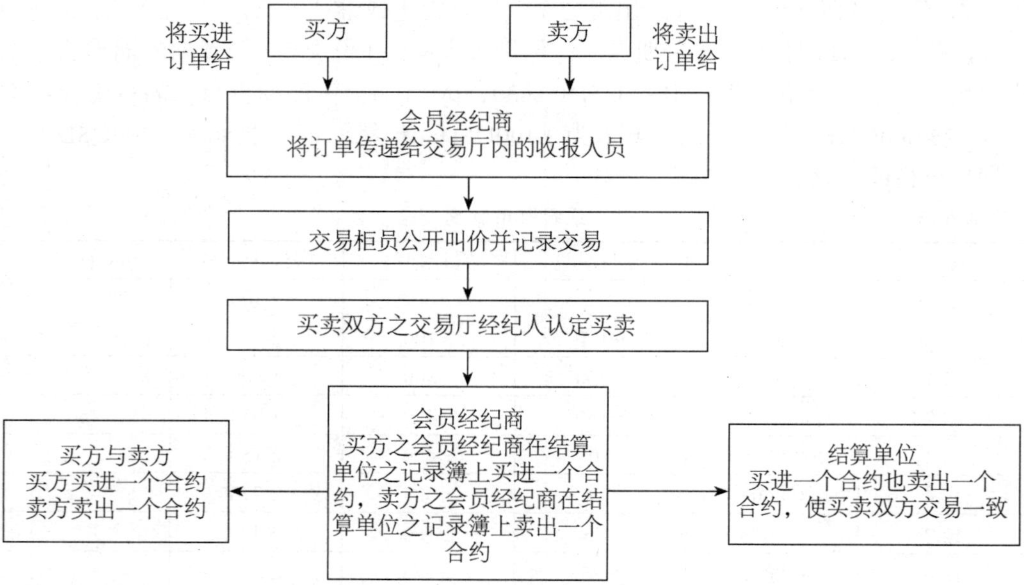

图6-1 外汇期货交易程序图（芝加哥）

6.5.5 外汇期货交易的应用

1.套期保值

套期保值（hedging）是指为了避免实际的或预期的现货头寸汇率变动的风险，而进行与现货头寸相反方向的外汇期货交易。根据套期保值所采取的方向不同，外汇期货的套期保值可以分为买入套期保值和卖出套期保值。

（1）买入套期保值

买入套期保值，又称多头套期保值，是指将来的用汇者，采取在现货市场上买进，期货市场上先买进后卖出的交易方式进行保值的方法。如果买进外汇期货合约后汇价下跌，虽然外汇期货交易受到损失，但相应的外汇现货交易却可以获得盈利；如果卖出外汇期货后汇价上涨，外汇现货交易虽然发生亏损，但外汇期货交易却可获得盈利，从而对冲了外汇现货交易的亏损。这种多头套期保值一般应用于在未来某日期将发生外汇支出的场合，如从国外进口商品、出国旅游、跨国公司的母公司向其设在外国的子公司供应资金及债务人到期偿还贷款等。

【例6-23】假设6月10日，美国通用公司从法国进口价值125 000欧元的货物，3个月后支付货款，市场即期汇率为EUR1=USD1.2200。为防止3个月后欧元升值，而使进口成本增加，该公司便买入1份9月份到期的欧元期货合约，面值为125 000欧元，约定价格为EUR1=USD1.2300。3个月后，欧元果然升值，9月市场即期汇率为EUR1=USD1.2400，期货价格为EUR1=USD1.2450。套期保值过程见表6-6。

表6-6 **多头套期保值**

日期	现货市场	期货市场
6月10日	现汇汇率：EUR1=USD1.2200 125 000欧元兑换美元：USD152 500 125 000×1.2200=152 500	买入1份9月到期的欧元期货合约（开仓） 期货价格：EUR1=USD1.2300 期货合约价值：USD 153 750 1×125 000×1.2300=153 750
9月10日	现汇汇率：EUR1=USD1.2400 125 000欧元兑换美元：USD155 000 125 000×1.2400=155 000	卖出1份9月到期欧元期货合约（平仓） 期货价格：EUR1=USD1.2450 期货合约价值：USD155 625 1×125 000×1.2450=155 625
结果	损失155 000- 152 500= USD2 500	盈利 155 625-153 750=USD1 875

结论：如果不作期货套期保值，由于欧元升值，美国通用公司为支付125 000欧元的货款需多支出2 500美元。但由于作了套期保值，在期货市场上盈利1 875美元，减去在现货市场上的损失2 500美元，只亏损625美元

（2）卖出套期保值

卖出套期保值，又称空头套期保值，是指将来的售汇者，采取在现货市场上卖出，期货市场上先卖出后买进的交易方式进行保值的方法。它是买入套期保值的相反模式。如果买进外汇现货后汇价下跌，虽然外汇现货交易会受到损失，但相应的外汇期货合约可获得盈利；若买进外汇现货后汇价上涨，外汇期货合约则发生亏损，但外汇现货交易却可以获得盈利。这种空头套期保值一般应用于在未来某个日期有外汇收入的公司、银行和个人，如向国外出口商品、提供服务、收回到期对外贷款等。

【例6-24】假设6月12日，美国IBM公司向加拿大出口价值100万加元的货物，3个月后以加元结算货款。市场即期汇率为CAD1=USD0.7590。为了防止3个月后加元贬值带来的损失，于是该公司便以CADl=USD0.7580的价格卖出10份9月到期的加元期货合约（每份10万加元）避险。3个月后，如果加元果然贬值，9月市场即期汇率为CADl=USD0.7570，期货价格为CADl= USD0.7560。套期保值过程见表6-7。

表6-7 空头套期保值

日期	现货市场	期货市场
6月12日	现汇汇率：CAD1=USD0.7590 1 000 000加元兑换美元：USD759 000 1 000 000×0.7590=759 000	卖出10份9月到期的加元期货合约（开仓） 期货价格：CADl=USD0.7580 期货合约价值：USD758 000 10×100 000×0.7580=758 000
9月12日	现汇汇率：CADl=USD0.7570 1 000 000欧元兑换美元：USD757 000 1 000 000×0.7570=757 000	买入10份9月到期加元期货合约（平仓） 期货价格：CADl=USD0.7560 期货合约价值：USD756 000 10×100 000×0.7560=756 000
结果	损失759 000−757 000=USD2 000	盈利 758 000−756 000=USD2 000

结论：如果不作期货套期保值，由于加元贬值，美国通用公司为支付1 000 000加元的货款需多支出2 000美元。但由于作了套期保值，在期货市场上盈利2 000美元，减去在现货市场上的损失2 000美元，企业规避了汇率波动的风险

（3）交叉套期保值

外汇期货市场上一般有多种形式外币对美元的期货合约，而很少有两种非美元货币之间的期货合约。在发生两种非美元货币收付的情况下，就要用到交叉套期保值。交叉套期保值是指利用相关的两种外汇期货合约为一种外汇保值。

【例6-25】假设日本某公司向加拿大出口一批货物，预计3个月后将收进5 000 000加元的货款，如果在这3个月中，加元对日元汇率下跌，则该日本公司收到这5 000 000加元后，只能兑换到较少的日元。为了避免这种加元贬值风险，这家日本公司应利用外汇期货交易进行套期保值。这家日本公司只有通过加元期货合约和日元期货合约实行交叉套期保值，才能规避外汇风险。

2.投机获利

（1）多头投机

多头投机是投机者预测外汇期货价格将要上升，从而先买后卖，希望低价买入、高价卖出对冲。

【例6-26】在6月10日，某投机者预测瑞士法郎期货将进入牛市，于是在CHF1=USD0.8387的价位买入2份6月期瑞士法郎期货合约。到6月20日，瑞士法郎期货价格果然上升，该投机者在CHF1=USD0.8487的价位卖出2份6月期瑞士法郎期货合约平仓。其盈亏如下：

（0.8487−0.8387）×125 000×2=2 500（美元）

在不计算手续费的情况下，该投机者在瑞士法郎期货的多头投机交易中获利2 500美元。

（2）空头投机

空头投机是指投机者预测外汇期货价格将要下跌，从而先卖后买，希望高价卖出、低价买入对冲。

【例6-27】在3月10日，某投机者预测英镑期货将进入熊市，于是在GBP1=USD1.4930的价位卖出4份3月期英镑期货合约。到3月15日，英镑期货价格果然下跌，该投机者可以在GBP1=USD1.4880的价位买入2份3月期英镑期货合约平仓。其盈亏如下：

（1.4930−1.4880）×62 500×2=625（美元）

在不计算手续费的情况下，该投机者在英镑期货的空头投机交易中获利625美元。

6.5.6　外汇期货交易与远期外汇交易的比较

外汇期货交易与远期外汇交易极其相似，它们相同的地方是：首先，都是通过合同的形式，把购买或出售外汇的汇率固定下来；其次，都是一定时期以后交割，而不是即期交割；再次，目的都是保值或投机；最后，交易市场互相依赖。外汇期货市场与远期外汇市场虽然分别为两个独立的市场，但由于市场交易的标的物相同，一旦两个市场出现较大差距，就会出现套利行为，因此两个市场的价格互相影响、互相依赖。但作为两种不同的外汇交易方式，外汇期货交易和远期外汇交易在诸多方面也都存在很大的差异。

1.合同的规范程度

外汇期货交易是一种标准化的合约交易，一般期货合同可以归纳为“三个标准化”：一是交易单位标准化，且每次交易量只能是合同金额的整数倍；二是交割期限标准化，如芝加哥国际货币市场外汇期货合同的交割期分别为3月、6月、9月、12月的第三个星期三；三是交割地点标准化，外汇期货的交割地点一律在清算所，一笔交易完成后，清算所就成为买卖双方的对方。对买方而言，它是卖方；对卖方而言，它是买方。所以交割清算的对象不是当初成交时的对方，而是清算所。而在传统的远期外汇交易中，交易金额、交割日期、交割地点等均是买卖双方根据每笔交易的具体情况，逐一谈判解决的。

2.交易场所与方式

外汇期货交易必须在固定的期货交易所，在特定的时间内，由有资格的经纪人以公开喊价的方式进行交易。交易双方不直接接触，银行也不直接介入市场，由清算所承担信贷风险。而远期外汇交易没有规范化的交易场所，它的市场大多是由各银行间、银行与外汇经纪商之间通过电话、电报、电传等组成的电讯网络，交易时间不受任何限制，买卖双方也可直接接触成交。

3.市场参与者

外汇期货市场中，任何投资人只要依规定缴纳保证金均可通过外汇经纪商来进行外汇期货交易，在远期外汇市场上参与者大多是专业化的证券交易商或与银行有良好往来关系的大客户，需要在外汇银行取得相应的信用额度。

4.实际交割率

在外汇期货交易中，绝大多数合同在到期前就已对冲了结，实际交割率通常在5%以下；而远期外汇交易一般是以实际交割为目的，在成交的远期合约中，90%以上将于到期日被实际交割。

5.保证金制度

参加外汇期货交易的各方都具有缴纳一定比率保证金的义务，并根据逐日盯市的计算结果调整保证金金额，基本没有信用风险；而远期外汇交易一般以客户的信用作为履约的保证，交易者不缴纳保证金，存在一定的信用风险。

6.佣金制度

外汇期货合同在购买和出售时均需支付佣金，费率无统一规定，一般由经纪人与客户协商决定，在远期外汇交易中一般不收取佣金费用。

两者的不同之处，我们再列表6-8加以比较。

表6-8　**外汇期货交易与远期外汇交易的区别**

比较项目	外汇期货交易	远期外汇交易
标准化程度	标准化的合约价值、交割期限、交割地点	无固定的标准和规定
交易场所	有形的期货交易所	无形市场
交易货币的种类	少数几种	无固定的标准
交易时间	交易所营业的时间	24小时都可以
交易者的资格	交易所的会员 非会员须通过会员经纪人	虽无资格限制 但受交易额限制
买卖双方关系	买卖双方分别与期货交易所的清算所签订合同，双方之间无直接合约责任关系	买卖双方签订远期合约，具有合约责任关系
标价方式	标准化的标价方式：美元/外币	多数使用美元标价法
报价方式	买方只喊买价，卖方只喊卖价，买方或卖方只报出一种价格	同时给出买入价和卖出价，它们都可以是成交价
合约风险	一般不存在信用风险	可能产生信用风险
保证金	保证金是交易的基础	一般不收取保证金
佣金	双向征收	一般不收取佣金
现金流动的时间	每日都有	到期日一次性交割，交割时才会有现金流动
合约的流动性	强。实际交割的不到5%，绝大多数提前对冲	差。90%以上到期交割

6.6　外汇期权交易

6.6.1　外汇期权的含义

外汇期权（foreign currency option）又称货币期权，是指期权的购买者在支付给期权的出售者一笔期权费后，获得的一种可以在合同到期日或期满前按预先确定的汇率（即执行价格）购买或出售某种货币的权利。在期权行使期内，当行市有利时，期权买方有权执行期权，买进或卖出约定的外汇资产；而当行市不利时，他可以放弃买卖该种外汇资产，不执行期权。但是，期权的卖方有义务在买方要求履约时卖出或买进约定的外汇资产。

在外汇期权交易中，每笔外汇期权都需要确定执行价格和期权费。

执行价格（strike price or exercise price），又称协定价格或履约价格，即期权交易双方在期权合约中事先约定的双方买卖外汇资产的价格。当期权购买方要求执行期权或行使期权时，双方会根据此约定汇率进行实际的货币收付。

期权费（premium），又称期权价格或保险费、权利金，是指期权合约成交后，由期权的购买方向期权的出售方支付的合同费用。无论合同购买者最终是否执行合同，这笔费用都归合同出售者所有。

6.6.2　外汇期权的分类

1.按履约方式划分为：欧式期权、美式期权

（1）欧式期权

欧式期权规定外汇期权买方只能在期权合约有效期的最后一天（即交割日）才能执行合同。

（2）美式期权

美式期权允许外汇期权买方在期权合约到期日之前的任何时间执行期权。

【例6-28】某投资者以每股10美元的期权费购买一份数量为100股、执行价格为100美元、到期日为7月第三个星期五的IBM公司股票的美式看涨期权，这意味着买方在支付期权费1 000美元之后，在7月第三个星期五之前的任何时候都可以以每股100美元的价格购买IBM公司的股票。而期权的卖方收取了期权费，因而相应地要承担潜在的义务，即按合约价格卖出股票的义务。假使在合约有效期内股价上涨到150美元，该投资者可以立即执行期权，以100美元买入100股IBM股票，而后再到市场上卖出，其股票增值5 000美元，减去购买期权所付的1 000美元，可获利润4 000美元（这里忽略了经纪人的佣金）。相应地，期权卖方必须以每股100美元的价格出售当前价值150美元的股票，从而遭受损失。看跌期权的情形则正好相反，IBM公司股票的看跌期权赋予了合约买方按协定价格卖出IBM公司股票的权利，合约卖方要承担买入股票的潜在义务。

显然，美式期权具有更大的灵活性，对于卖方而言，所承担的汇率风险更大。所以美式期权的期权费比欧式期权高。目前，在交易所内进行的期权交易多为美式期权，而在场外交易的期权多数是欧式期权。

2.按双方权利的内容划分为：看涨期权、看跌期权和双向期权

（1）看涨期权

看涨期权也称买入期权、择购期权、买权，是指外汇期权的买方有权按协定价格在期权到期日或之前，享有向期权出售者买进相关外汇期货合约的权利，而不承担必须买进的义务。一般当进口商或投资者预测某种货币有上涨趋势时，购买看涨期权避免汇率风险。

（2）看跌期权

看跌期权也称卖出期权、择售期权、卖权，是指外汇期权的买方有权按协定价格在期权到期日或之前，享有向期权出售者卖出相关外汇期货合约的权利，而不承担必须卖出的义务。一般当出口商或有外汇收入的投资者在预测某种货币有下跌趋势时，购买看跌期权避免汇率下跌的风险。

（3）双向期权

双向期权是指外汇期权的买方，在同一时间内、以同一执行价格同时买入看涨期权和看跌期权。买方之所以购买双向期权，是因为他预测该种外汇未来市场价格将有较大波动，但波动的方向是涨是跌难以断定，所以只有既买看涨期权又买看跌期权，以保证无论是涨是跌都有盈利的机会。卖者之所以会出售双向期权，是因为他预测未来市场价格变化的幅度不会太大。双向期权的保险费高于前者中的任何一种，故卖方愿意承担外汇波动的风险。

3.按执行价格与市场价格的关系分：溢价期权、折价期权、平价期权

（1）溢价期权

对看涨期权来说，溢价期权是指合约执行价格低于市场汇率的期权；对看跌期权来说，溢价期权是指合约执行价格高于市场汇率的期权。

（2）折价期权

对看涨期权来说，折价期权是指合约执行价格高于市场汇率的期权；对看跌期权来说，折价期权是指合约执行价格低于市场汇率的期权。

（3）平价期权

期权合约的执行价格等于市场汇率的期权。

4.按交易方式划分为：交易所内交易的期权、场外交易的期权

通常情况下，期权交易在交易所内进行，交易的期权都是合约化的，交易规则由交易所事先确定，参与者只需同意交易中合约的价格和数量。在交易所交易的期权由于已经标准化，因此可以进入二级市场买卖，具有流动性。在场外交易市场（柜台市场）交易的期权主要是适合个别客户的需要，其合约不像交易所那样标准化，通常通过协商达成，且根据客户的需要可以进行特制。目前场外交易市场的期权合同也在向标准化方向发展，其目的是提高效率，节约时间。

6.6.3 外汇期权的特征

1.买卖双方权利和义务不对称

外汇期权的交易对象是一种将来可以买卖某种货币的权利，而不是货币本身。因此期权的买方有权利但不承担义务，期权的卖方只有义务但没有权利。

2.买卖双方的收益与风险不对称

对于外汇期权的购买方而言，他所承担的最大的风险就是所支付的期权费。当外汇期权的购买者在价格对其有利的情况下执行期权时，收益可能是无限的。外汇期权的出售者获得的最大收益就是所收取的期权费，而一旦外汇期权购买者在价格对其有利时执行了期权，那么外汇期权的出售者就要遭受无限的风险损失。因此，外汇期权具有杠杆效应。

3.期权费不能收回，且费率不固定

期权交易的买方获取期权，意味着卖方出售了这种权利，所以卖方要收取一定金额作为补偿。期权费在期权交易成交时由合约买方支付给合约卖方，无论买方在有效期内是否行使期权，期权费均不能收回。

期权费在期权交易中扮演着重要的角色，期权费的制定主要依据以下几个因素。

（1）期权内在价值

内在价值是立即履行该期权合同所获取的利润，它取决于期权执行价格与市场价格之间的差价。

看涨期权的内在价值=期权金额×（市场价格-协定价格）

看跌期权的内在价值=期权金额×（协定价格-市场价格）

如果期权规定了以低于即期价格的价格买入或以高于即期价格的价格卖出，那么这个期权是具有内在价值的。因此，对于看涨期权而言，较低的执行价格可能要收取较高的期权费；较高的执行价格其期权费可能就会少些。反之，看跌期权较低的执行价格可能要收取较低的期权费，较高的执行价格要收取较高的期权费。

（2）期权合约的到期时间

合约时间越长，期权费越高，这是因为时间越长，汇率波动的可能性就越大，期权卖方遭受损失的可能性也就越大。对于美式期权，由于买方选择执行合约的日期更加灵活自由，合约买方也就需要支付相对更多的期权费。

（3）货币汇率的波动性

通常来说，汇率较为稳定的货币收取的期权费比汇率波动大的货币低，这是因为前者的风险相对后者较小。

（4）市场利率

利用期权交易可比远期外汇交易节省更多的资金（避免到期交割）。因此市场利率越高，这部分被节省的资金利息收入越高，期权卖方有理由要求更高的期权费，反之则越低。

（5）期权供求状况

一般而言，外汇期权市场上的供求关系对期权费也有直接影响。期权买方多卖方少，期权费自然收得高些；期权卖方多买方少，期权费就会便宜一些。

4.外汇期权交易的对象是标准化的合约

通常，期权交易中期权合约的内容已实现标准化，如货币数量、到期日等。在费城股票交易所，每个期权合约的金额分别为62 500瑞士法郎、50 000加元、31 250英镑、50 000澳元、6 250 000日元。期权合约的到期日分别为每年的3、6、9、12月份。

6.6.4 外汇期权合约的基本规则

1.合约的规格

期权合约是期权交易的对象，场内交易市场的期权合约是一个标准化合约，场外交易虽不是标准化合约，但是也需要参照场内交易合约来制定。外汇期权标准化合约除了期权费之外，其他条件都是固定的，见表6-9。

表6-9 **外汇期权标准化合约规格**

市场	币种	基础资产	标准代码	合约规模	协定汇率间隔	最小价格变动
CME	欧元	期货	EUR	125 000	0.01	0.01
	日元	期货	JPY	12 500 000	0.0001	0.0001
	加元	期货	CAD	100 000	0.005	0.01
	英镑	期货	GBP	625 000	0.02	0.02
PHLX	欧元	现货	EUR	62 500	0.02	0.01
	日元	现货	JPY	6 250 000	0.05	0.0001
	加元	现货	CAD	50 000	0.005	0.01
	英镑	现货	GBP	31 250	0.01	0.01

2.保证金制度

外汇期权交易的保证金与外汇期货交易的保证金的性质与作用相同。但执行却有很大的差别。在外汇期货交易中，无论是期货买方还是期货卖方，都要按交易所的规定开立保证金账户，缴纳履约保证金。而在外汇期权交易中，交易所只要求外汇期权卖方开立保证金账户，缴纳保证金。即使是外汇期权的卖方，也并不是非要以现金缴纳保证金不可，如果他在出售某种外汇看涨期权时，实际上拥有该期权的标的外汇资产，并预先存放于经纪人处作为履约保证，则可以不缴保证金。交易所之所以不要求外汇期权的购买者——买方缴纳保证金，是因为保证金的作用在于确保履约，而外汇期权的买方没有必须履约的义务。

3.头寸限制

在外汇期权中，交易所实行头寸限制制度。所谓头寸限制，是指交易所对每一账户在市场行情看涨看跌中可持有的某种外汇期权合约的最高限额。期权交易所之所以要实行头寸限额制度，做出每个账户可持有期权合约头寸最高限额的规定，主要是为了防止某一投资者承受过大的风险或对市场有过强的操纵能力。在实际交易活动中，不同的期权交易的交易所都有头寸限额的规定，有的以外汇期权合约的数量为实行头寸限额的标准，有的则以外汇期权合约的总值为实行头寸限额的标准。

4.对冲与履约制度

为了保证外汇期权交易的正常进行，期权交易所要求参与外汇期权交易的投资者必须遵守对冲与履约制度。按照交易所的规定，在场内外汇期权交易中，如果交易者不想继续持有未到期的期权头寸，就必须在最后交易日之前或在最后交易日，通过反向交易即对冲加以结清。如果在最后交易日或在最后交易日之前，期权的购买者所持有的期权仓位没有平仓，可行使其享有的权利，要求履约，而期权的卖方必须按外汇期权合约的规定无条件履约，并按期权交易所的清算制度进行清算。

5.清算制度

在场内外汇期权交易中，无论是对冲，还是履约，按照期权交易所的规定，都要通过期权清算公司加以配对和清算。在这种配对和清算过程中，期权清算公司充当了期权买卖双方的中介人。

在外汇期权交易中，当期权的购买者想要执行期权时，首先，需要通知其经纪人；然后，由经纪人再通知负责结清其交易的期权清算公司的会员，由该会员向期权清算公司发出指令。

这时，期权清算公司需要在所有出售该种期权的投资者的经纪商中随机选择一个加以配对，向其发出期权执行通知单。当该经纪商接到通知后，则应从其出售该种期权的顾客中选择一个或几个加以配对，向其发出期权执行通知单。该顾客一旦被选中，就要采取一定的方式进行履约清算。这种履约清算，对外汇现货期权来说，就是要以协定价格进行现货交割；而对外汇期货期权来说，则是要以协定价格将外汇期权现货仓位转化为相对应的外汇期权期货仓位。

6.6.5 外汇期权交易的应用

1.外汇看涨期权的套期保值

购买看涨期权可以对将来要支付的外汇进行套期保值，避免汇率上涨的风险。

【例6-29】美国某进口商从英国进口一套价值100万英镑的机器设备，3个月后交货付款。当时的即期汇率为GBP1=USDl.4500，那么美国进口商需花145万美元进口这套设备。为了避免3个月后货到付款时由于英镑升值使购买这套设备的美元价格上升的风险，该美国进口商决定购买英镑看涨期权进行保值。他查了一下行情表得知：执行价格为GBP1=USDl.4500、期限为3个月的英镑看涨期权，期权费为每英镑2美分，于是他买进40份（每份交易金额为2.5万英镑）期权合约，共计100万英镑，花去期权费2万美元。那么以后3个月无论即期汇率如何变化，他始终可以按GBP1=USDl.4500的价格从期权卖者手中买进100万英镑。在该进口商买进英镑看涨期权至期权到期的3个月内，会出现以下5种情况。

①英镑贬值，即期汇率＜执行价格，应该放弃期权，损失全部期权费，但实际支付的美元货款比按签订购货合同时汇率计算的要少。

假如市场即期汇率变为GBP1=USD1.4200，那么美国进口商可直接到即期外汇市场买进100万英镑，付出142万美元，比签订购货合同时的美元价格少3万美元。但买入的英镑期权合约到期自动作废，损失2万美元期权费。当然这是该进口商没有看准行情所发生的情况。

②英镑汇率不变，即期汇率=执行价格。这时客户执行或不执行合约没有差别，都将损失期权费。

③英镑升值，但升值幅度较小，执行价格＜即期汇率＜（执行价格+期权费），如上例中USD1.45＜GBP1＜USD1.47，这时可以行使期权，追回部分或全部期权费。

假如即期汇率变为GBP1=USD1.46，那么若从市场买进100万英镑需花146万美元，而从英镑期权卖者手中买进100万英镑需花145万美元，节省了1万美元，但由于购买期权支付了2万美元期权费，实际还要损失1万美元。假如即期汇率变为GBP1=USD1.47，那么行使期权的盈利恰好弥补了期权费的损失。因此这一汇率水平为购买该期权的保本点或称盈亏平衡点，当然这种情况也不是该进口商所期望的。

④英镑升值，且升值水平达到：即期汇率=（执行价格+期权费）。这时执行合约将不亏不盈，也就是说执行合约所赚得的利差刚好付了期权费，不执行合约则损失期权费，因此这时应执行合约。

⑤英镑升值，且升值水平达到：即期汇率＞（执行价格+期权费）。如上例中GBP1＞USD1.47，这时可以行使期权并获取利润，英镑升值越大，获取利润也就越多。假如英镑从GBP1= USD1.45上升到GBP1=USD1.49，那么美国进口商从现汇市场买入100万英镑需花149万美元，但从英镑期权卖方手中按协议价格买进100万英镑只需支付145万美元，加上期权费2万美元，共花147万美元，与没有套期保值相比，节省（或获利）了2万美元。

在此过程中，看涨期权的收益与损失可以通过表6-10和图6-2来反映。

表6-10　外汇看涨期权的收益与损失

GBP即期汇率	期权实施情况	单位损失与收益（美元）	
		买方	卖方
1.4200	不实施	-0.02	0.02
1.4500	不实施	-0.02	0.02
1.4600	实施	-0.01	0.01
1.4700	实施	0	0
1.4800	实施	0.01	-0.01
1.4900	实施	0.02	-0.02
⋮	⋮	⋮	⋮

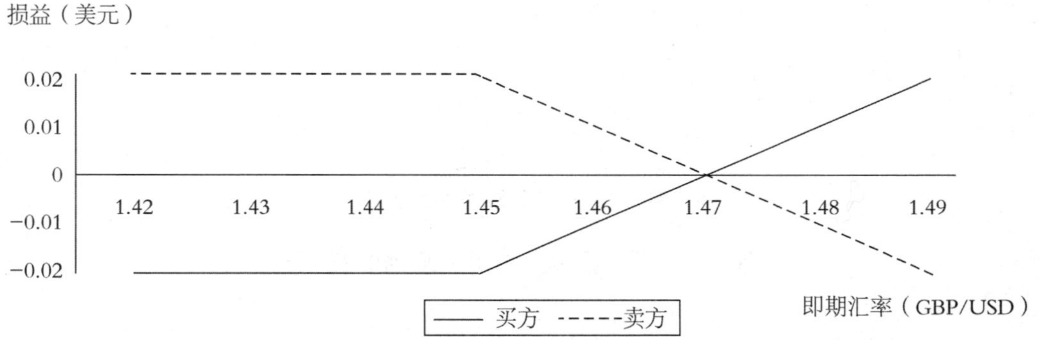

图6-2　外汇看涨期权损益图

购买了外汇期权以后，可以在期权到期日前流通转让。如果即期汇率上升，期权保险费也会上升，此时将期权转让出去，可以获取期权费差价；如果即期汇率下跌，期权费也会下跌，此时将期权转让出去，可以追回部分期权费。由上可知，购买外汇看涨期权对将来要支付的外汇套期保值的最大代价是损失全部期权费，最大损失是固定的、有限的，并是事先知道的，但最大收益或者说避免的汇率风险从理论上说却是无限的。这是外汇期权交易优于远期外汇交易和外汇期货交易之处。

2.外汇看跌期权的套期保值

购买外汇看跌期权可以对将来收进的外汇进行套期保值。

【例6-30】某美国出口商3个月后将收到一笔欧元货款，如果他预期欧元将贬值，于是购买欧元看跌期权，执行价格为EUR1=USD1.30，期权费为0.02USD/EUR。至到期日，该公司视到时的即期汇率与执行价格之间的关系，决定是否执行期权。基本原则是：若执行价格＞市场即期汇率，则执行看跌期权；反之，不执行。期权买方的收益和损失恰好是期权卖方的损失与收益。通过表6-11和图6-3进一步说明。

表6-11 **外汇看跌期权的收益与损失**

EUR即期汇率	期权实施情况	单位损失与收益（美元）	
		买方	卖方
1.2600	实施	0.02	-0.02
1.2700	实施	0.01	-0.01
1.2800	实施	0	0
1.2900	实施	-0.01	0.01
1.3000	不实施	-0.02	0.02
1.3100	不实施	-0.02	0.02
⋮	⋮	⋮	⋮

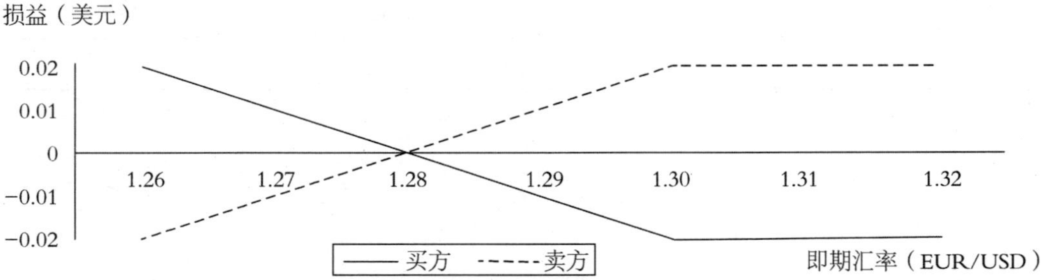

图6-3 外汇看跌期权损益图

6.7 套汇交易和套利交易

6.7.1 套汇交易

套汇（arbitrage）是指套汇者利用两个或两个以上外汇市场在同一时刻货币的汇率差异进行外汇交易，在汇率较低的市场上买入一种货币，在汇率较高的市场上卖出该货币，从中赚取差价利润的活动。

一般要进行套汇必须具备以下三个条件：①存在不同外汇市场的汇率差异；②套汇者必须拥有一定数量的资金，且在主要外汇市场拥有分支机构或代理行；③套汇者必须具备一定的技术和经验，能够判断各外汇市场汇率变动及其趋势，并根据预测采取行动。所以在西方国家，大型商业银行是最大的套汇投机者，他们在海外广设分支机构和代理行，消息灵通，资金雄厚，套汇便捷。

套汇交易结束后，原来汇率较低的外汇市场上，该种货币的需求大于供给，从而该货币的汇率上升；原来汇率较高的外汇市场上，该种货币的供给大于需求，使得该货币的汇率下降。这样各个市场的汇率差异减小，趋于消失。

套汇交易一般可分为时间套汇和地点套汇。时间套汇（time arbitrage）是指套汇者利用不同交割期限所造成的汇率差异，在买入或卖出即期外汇的同时，卖出或买入远期外汇；或者在买入或卖出远期外汇的同时，卖出或买入期限不同的远期外汇，借此获取时间收益，以获得盈利的套汇方式。因此，实质上时间套汇与掉期交易相同。地点套汇（space arbitrage）是利用两个或两个以上外汇市场中某种货币在汇率上的差异来进行外汇交易，从中套取汇差利润的外汇交易。地点套汇一般可以分为直接套汇和间接套汇。本节重点论述地点套汇。

1.直接套汇

直接套汇（direct arbitrage）又称两点套汇、两地套汇或两角套汇。它是套汇者利用两个外汇市场之间在同一时间的汇率差异，同时在两个外汇市场买卖同一种货币，以赚取汇差利润的外汇交易。其交易准则是：在汇率较低的市场买进，同时在汇率较高的市场卖出，亦称“贱买贵卖”。

【例6-31】假定某一时刻伦敦和纽约外汇市场的汇率如下：（1）伦敦的外汇市场：GBP1=USD1.4200/10。（2）纽约的外汇市场：GBP1=USD1.4310/20。试用美元进行套汇。

【分析】显然，英镑在伦敦外汇市场的价格比在纽约外汇市场的价格低。

根据贱买贵卖的原则，套汇者在伦敦外汇市场按GBP1=USD1.4210的汇率用142.10万美元买进100万英镑。同时在纽约外汇市场以GBP1=USD1.4310的汇率卖出100万英镑，收入143.10万美元，这样套汇者通过上述两笔外汇业务就可以赚取1万美元的收益。

2.间接套汇

间接套汇（indirect arbitrage）又称三地套汇或三角套汇，它是套汇者利用三个或三个以上不同地点的外汇市场同一时间的汇率差异，在多个市场间调拨资金，贱买贵卖，从中获取利润的外汇交易。间接套汇涉及多个外汇市场，情况复杂，所以必须判断是否存在套汇机会，然后再套汇操作。

套汇的步骤可遵循如下规则：

（1）统一标价方法，判断是否存在套汇的机会

方法是首先将三地的三种货币汇率统一成一种标价法（直接标价法或间接标价法），然后连乘，如果乘积等于1，说明不存在汇率差异和套汇获利机会；如果乘积不等于1，说明存在汇率差异和套汇获利机会，可以从事套汇交易。

（2）判断三地汇率差异

方法是通过套算汇率的方法，将一个市场的外汇汇率与另外两个市场套算出的同种货币汇率进行比较，找到某种货币在不同市场上的贵贱结果。

（3）套汇

在该种货币价值量比较贵的市场上将其卖掉，然后经过三个市场的转换在相对比较便宜的市场上买回来，完成套汇过程。

【例6-32】某日，中国香港、纽约、法兰克福三地外汇市场报价如下：（1）中国香港外汇市场：USD1=HKD7.7804~7.7814。（2）纽约外汇市场：GBP1=USD1.4205~1.4215。（3）伦敦外汇市场：GBP1=HKD11.072~11.073；EUR1=HKD10。试用100万

美元套汇。

【分析】①统一标价方法。

中国香港外汇市场：USD1=HKD7.7804~7.7814（直接标价法）

纽约外汇市场：GBP1 =USD1.4205~1.4215（直接标价法）

伦敦外汇市场：HKD1=GBP1/11.073~1/11.072（直接标价法）

将汇价连乘：7.804×1.4205×1/11.072≠1

乘积不为1，有套汇机会。

②判断三地汇率差异。

由纽约和伦敦两个市场的汇率套算出美元和港币之间的汇率：

USD/HKD=（11.072/1.4215）/（11.073/1.4205）=7.7892/7.7954

与中国香港外汇市场的汇率进行比较，纽约和伦敦两地外汇市场美元兑港元的汇价相对比较高。

③套汇路线。

由于中国香港外汇市场的美元较便宜，因而首先在纽约外汇市场卖出100万美元，得到英镑；再在伦敦外汇市场卖出英镑，可得到欧元；最后在中国香港外汇市场卖出78万港币，收回美元，金额为：

100×11.072÷（1.4215×7.7814）=100.0998（万美元）

投资者的套汇收益为：100.0998−100=0.0998（万美元）

需要注意的是，在当今世界，由于现代通信设备的迅速发展与完善，各大外汇市场交易已与国际卫星通信网络紧密地联系起来，加之电脑在外汇交易中的广泛使用，外汇市场与外汇交易已日趋全球化、同步化。因此，对于套汇来说，其赖以存在的基础——汇率差异在迅速减少，套汇的机会也大大减少了，取而代之的是诸如期权交易、现汇套汇交易等创新的业务形式。

6.7.2 套利交易

套利交易（interest arbitrage transaction）也叫利息套汇，是指投资者利用不同国家或地区短期利率的差异，将资金由利率较低的国家或地区转移到利率较高的国家或地区进行投资，以从中获得利息差额收益的外汇交易。

套利也是外汇市场上重要的交易活动。由于目前各国外汇市场联系十分密切，一有套利机会，大银行或大公司便会迅速投入大量资金，最终促使各国货币利差与货币远期贴水率趋于一致，使套利无利可图。套利活动使各国货币利率和汇率形成了一种有机的联系，两者互相影响制约，推动国际金融市场的一体化。

按照套利者在套利的同时是否作远期外汇交易进行保值，套利交易可分为非抵补套利和抵补套利。

1.非抵补套利

非抵补套利（uncovered interest arbitrage）是指单纯把资金从利率低的货币转向利率高的货币，从中谋取利率差额收入。这种交易不同时进行反方向交易，要承担高利率货币贬值的风险。

【例6-33】英国短期市场的存款利率为年息8%，美国的利率为年息10%。英国一套利者有100 000英镑闲置6个月，即期外汇市场报价GBP1= USD1.4770/80，他将如何进行套利活动？

【分析】英国某套利者把100 000英镑存入伦敦的银行6个月，到期利息为：

100 000×8%×6/12=4 000（英镑），本息和为104 000英镑。

如果按当时市场汇率将100 000英镑兑换成美元存放在美国6个月，到期利息为：

100 000×1.4770=147 700（美元）

147 700×10%×6/12=7 385（美元）

本息和=147 700+7 385=155 085（美元）

假设6个月到期时汇率无变化，将155 085美元汇回英国可得：

155 085/1.4780=104 928.96（英镑）

比存放在英国产生的利息多928.96英镑（104 928.96−104 000）。

2.抵补套利

抵补套利（covered interest arbitrage）是指套利者把资金从低利率国调往高利率国的同时，在外汇市场上卖出高利率货币的远期，以避免汇率风险。这实际上是将远期和套利交易结合起来。

【例6-34】假设某美国投资者手中有暂时闲置的资金10万美元，此时，美国货币市场1年期利率为5%，德国货币市场1年期利率为10%，市场即期汇率报价为EUR1=USD1.2260/90，1年期远期汇率报价EUR1= USD1.2200/20，投资者在一年的时间里将如何套利？

【分析】该投资者将美元存放美国银行一年，可获得的利息为：

100 000×5%=5 000（美元）

本息和为105 000美元。

如果先将美元按即期汇率兑换成欧元，存放在德国银行一年，同时为了防止汇率变动风险，卖出1年期的欧元，可得美元为：

兑换欧元：100 000/1.2290=81 366.97（欧元）

欧元本息和：81 366.97×10%+81 366.97=89 503.67（欧元）

卖出1年期欧元：89 503.67×1.2200=109 194.47（美元）

该投资者在套利过程中，锁定风险，比在美国投资多获利：

109 194.47−105 000=4 194.47（美元）

套利者在套利时需注意以下几点：①套利活动必须以有关国家对货币的兑换和资金的转移不加任何限制为前提。②所谓两国货币市场上利率的差异，是就同一性质或同一种类金融工具的名义利率而言，否则不具有可比性。③套利活动涉及的投资是短期性质的，期限一般都不超过1年。④抵补套利是市场不均衡的产物，然而随着抵补套利活动的不断进行，货币市场与外汇市场之间的均衡关系又会重新得到恢复。⑤抵补套利也涉及一些交易成本，如佣金、手续费、管理费、杂费等。它们将降低套利者的套利收益。⑥由于去国外投资会冒巨大的"政治风险"或"国家风险"，投资者一般对抵补套利持谨慎态度，特别是在最佳资产组合已经形成的情况下，除非抵补套利有足够大的收益来补偿资产组合的重新调整所带来的损失，投资者一般是不轻易进行抵补套利的。

6.8 货币互换

6.8.1 货币互换的含义

货币互换（currency swap）是指交易双方当事人各以固定或浮动利率筹措资金，在一定期限内将筹措货币进行互换，以避免各方所承担的风险，并降低成本。

6.8.2 货币互换的原理与应用

货币互换的基础是比较优势原理，一个公司如果在某种货币的融资中具有相对优势，通过互换可以转换成所需要的货币。

货币互换包括固定利率货币互换、固定利率与浮动利率货币互换和浮动利率与浮动利率货币互换三种情况。本节重点介绍固定利率货币互换的原理。

固定利率货币互换，是指交易双方当事人各以自已持有的货币的固定利率的利息与对方持有的另一种货币的固定利率的利息相交换，以便把一种货币的债务有效地转换为另一种货币的债务。这种交易一般包括"本金初期互换—利息互换—到期本金再次互换"三个基本步骤。按照互换市场的标准做法，第一步是双方按商定的汇率互换本金。这种互换可以是名义上的，也可以是真实的本金的相互划拨。最重要的是确定各自本金的金额，以便将来计付利息或再换回该本金。第二步，交易双方按交易开始时商定的各自的固定利率，相互用对方的货币向对方支付利息。合约到期日，再进行第三步，双方换回交易开始时互换的本金。

【例6-35】假定A公司是美国的一家跨国公司。它想利用货币互换的方式资助其在英国的子公司，向B公司提供一笔英国英镑的优惠贷款，而美国跨国公司并无英镑优惠利率的筹资能力。与此同时，一家英国C公司需用美元资金进行海外投资，却无美元优惠利率的筹资能力。这时，A公司与C公司即可通过货币互换得到各自所需的货币和低成本的融资条件，并可有效地避免汇率和利率变动可能遭受的风险损失。其基本操作流程如图6-4、图6-5、图6-6所示。

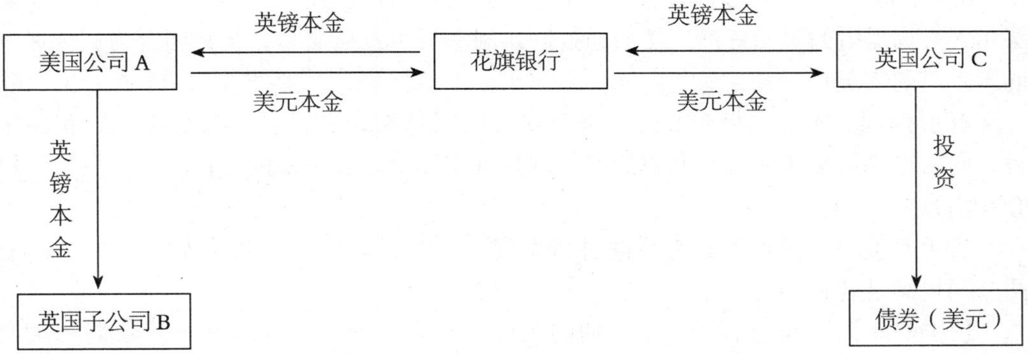

图6-4 本金初次互换

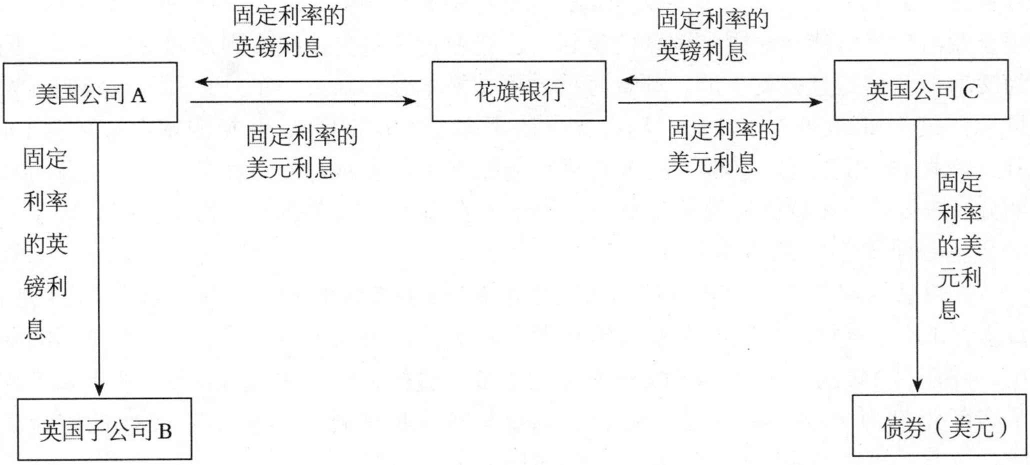

图6-5 利息互换

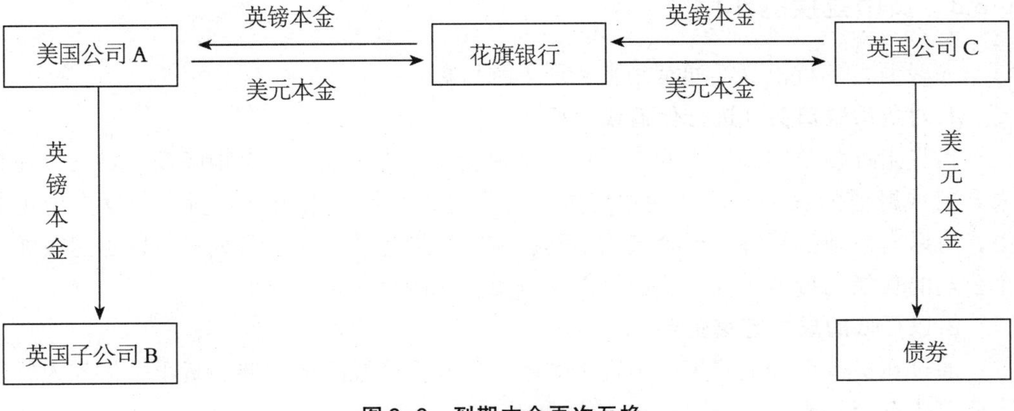

图6-6 到期本金再次互换

交易当天，A公司按即期汇率以美元同花旗银行调换相当于将要贷给B公司的本金金额的英镑，然后以公司间贷款方式转拨给B公司。作为交易媒介的花旗银行在与

A公司互换货币的同时又安排了与一家英国公司C的资产互换交易，即代理C公司购买由A公司提供的美元资产，然后通过固定利率货币互换交易，将其转换为充分保值的固定高利率英镑。

互换期间，A公司将向B公司贷款获得的利息额，在付息日完全支付给花旗银行，向后者收取相应的固定利率的美元利息（实际由C公司提供，花旗银行只是起媒介作用）。

货币互换中，重要的是考虑两种货币间存在的利差，银行可以从中得利，A、C两公司也满足各自需要。

【例6-36】甲企业有一笔2年期的美元负债，本金为200万美元，到期一次偿还，年息为8%，付息日为每年7月1日。乙企业有一笔2年期英镑负债，本金为100万英镑，到期一次偿还，年息为9%，付息日为每年7月1日。由于开展业务的需要，甲企业希望将负债换成固定利率的英镑，乙企业希望将负债换成固定利率的美元。因为两项债务都是过去发生的，开始时可以不交换本金。以第一个付息日为互换的开始日。假设为2010年7月1日，英镑/美元的汇率是1.5。因此，互换的本金金额为100万英镑和150万美元。这样，乙企业将其全部英镑负债换为美元负债，而甲企业将其部分（75%）美元负债换为英镑负债。由于乙企业美元需求强烈，乙企业同意每年向甲企业支付本金1%的费用。

在以后的两年中，甲企业每年向乙企业支付9万英镑的利息，并在第2年的7月1日支付100万英镑本金。乙企业每年向甲企业支付12万美元的利息，加1万英镑的费用，并在第2年的7月1日支付150万美元本金。这样，甲企业75%的美元债务转换成了实际年息为9%的英镑负债；乙企业的全部英镑负债转换为实际年息8%的美元负债。双方都可以规避两年内汇率变化的风险。

6.8.3 货币互换的作用

一般而言，货币互换通常用来实现下列目标：

1.对货币敞口头寸进行保值或投机

世界上许多公司都产生非本国货币的现金流，为了最大限度地降低一种货币在将来升值或贬值的长期风险，通过与本国货币进行互换创造出该种货币的反方向现金流，可以有效地抵消特定现金流的不利影响。互换也使公司财务人员可以迅速改变一个公司的负债的货币状况，从而可以用来对公司的负债进行保值。

2.以更低的成本筹集资金

通过在资本市场上筹集一种货币的新借款并把它互换成想要的货币，借款人可以降低筹措资金的成本。

3.获得进入一个受限制的市场的途径

直接进入国际资本市场的某个特定部分，常常会受到这样或那样的限制。在某些国家中，对于可以在债券市场上筹措新资金的借款人类型有各种限制。在这种情况下，货币互换可以用来将一种货币的借款转换成为所想要的货币的负债。

本章小结

1. 即期外汇交易指外汇买卖成交后，在两个营业日内办理交割的外汇业务。即期外汇交易是外汇市场上最常用的一种交易方式。即期外汇交易的报价通常采用美元标价法，并且采取双价报价。

2. 远期外汇交易是指外汇买卖双方成交时签订合约，在未来的约定日期按合约的约定办理交割的外汇交易。远期汇率的报价通常有完整汇率报价法和掉期率报价法两种方式。远期外汇交易可以被用来进行套期保值或投机。

3. 掉期交易指在买入某日交割的甲种货币、卖出乙种货币的同时，卖出在另一交割日的金额相等的甲种货币并买入乙种货币。根据交割日的不同，掉期交易可分为即期对远期的掉期交易、即期对即期的掉期交易和远期对远期的掉期交易。掉期交易可以被用来轧平不同期限的外汇头寸、调整外汇交易的交割日，从而起到套期保值的作用。

4. 地点套汇是指利用两个或两个以上外汇市场中某种货币在汇率上的差异来进行外汇交易，从中套取汇差的外汇交易。地点套汇主要分为利用两个外汇市场间的汇率差异进行的直接套汇和利用三个不同外汇市场间的汇率差进行的间接套汇两种，但是套汇的机会是很短暂的，频繁的套汇使得各个外汇市场的汇率趋于一致，从而使套汇的前提不复存在。

5. 套利交易是指两个国家市场短期投资利率存在差异，投资者将资金从利率较低的国家调往利率较高的国家，以赚取利差收益的外汇交易。按套利者在套利的同时是否作远期外汇交易进行保值，套利交易可分为抵补套利和非抵补套利两种形式。

6. 外汇期货又称货币期货，是指在期货交易所内，根据成交单位、交割时间标准化的原则进行的外汇期货合约买卖。外汇期货交易属于金融期货，金融期货还包括利率期货、黄金期货和指数期货等。

7. 外汇期权又称货币期权，它给予期权买方在契约届期或期满之前以事先确定好的汇率，向期权卖方购买或出售一定数量某种外汇资产的权利。在期权行使期内，当行市有利时，期权买方有权执行期权，买进或卖出约定的外汇资产；而当行市不利时，他可以放弃买卖该种外汇资产，不执行期权。但是，期权的卖方有义务在卖方要求履约时卖出或买进约定的外汇资产。

8. 互换交易是交易双方预先约定汇率和利率等条件，在一定期限内相互交换一组资金，达到回避风险目的的一种交易。货币互换的基础是比较优势原理，一个公司如果在某种货币的融资中具有相对优势，通过互换可以转换成所需要的货币。

关键术语

保证金交易　利率互换　货币互换　直接标价法　间接标价法

基本训练

一、选择题

1. 一般情况下，即期外汇交易的交割日定为（　　）。

A. 成交当天　　B. 成交后第一个营业日

C. 成交后第二个营业日　　D. 成交后一个星期内

2.（　　）项是外汇掉期业务。

A. 卖出一笔期汇

B. 买入一笔期汇

C. 卖出一笔现汇的同时，卖出等金额的期汇

D. 卖出一笔现汇的同时，买入等金额的期汇

3. 某银行报出即期英镑兑美元的汇率的同时，报出3个月英镑远期差价为10/20，则可以判断，3个月远期英镑（　　）。

A. 升值　　B. 贬值　　C. 贴水　　D. 升水

4. 有远期外汇收入的厂商与银行订立远期外汇合同，是为了（　　）。

A. 防止因外汇汇率上涨而造成的损失　　B. 防止因外汇汇率下跌而造成的损失

C. 获得因外汇汇率上涨而带来的收益　　D. 获得因外汇汇率下跌而带来的收益

5. 其他条件不变，远期汇率的升贴水率与（　　）趋于一致。

A. 国际利率水平　　B. 两国公司债券的利率差

C. 两国政府债券的利率差　　D. 两国货币的利率差

6. 下列（　　）属于期货与远期的区别。

A. 期货是标准化合同，远期不是

B. 期货一般在场外交易，远期主要在银行间交易

C. 期货没有违约风险，远期存在

D. 期货采用保证金交易，远期并不需要

7. 期权交易的特性是（　　）。

A. 代表金融资产的合约

B. 买方向卖方交付的期权费费率固定

C. 买方向卖方交付的期权费不能收回

D.买方与卖方的损益具有不对称性

8.按照行使期权的时间是否具有灵活性，外汇期权可以分为（　　）。

A.欧式期权　　B.美式期权　　C.看涨期权　　D.看跌期权

9.货币互换的方式包括（　　）。

A.固定利率货币互换　　B.固定利率与浮动利率货币互换

C.浮动利率与浮动利率货币互换　　D.基础利率与浮动利率货币互换

10.假设一家英国企业预期在6个月后会收到美元货款，但是企业担心6个月后美元会贬值，因而该企业通过（　　）种方式可以实现套期保值。

A.美元远期合约　　B.美元期货合约

C.互换交易　　D.美元期权合约

二、计算题

1.某年某月某日加拿大外汇市场USD/CAD即期汇率：1.4764/1.4784，3个月远期点数：20/40，计算USD/CAD3个月远期汇率。

2.某年某月某日纽约外汇市场GBP/USD即期汇率：1.4764/1.4784，3个月远期点数：30/20，计算GBP/CAD3个月远期汇率。

3.即期汇率为EUR1=USD1.0528，美元年利率为6%，欧元年利率为9%，求欧元6个月远期升贴水和远期汇率。

4.某日外汇市场行情为：即期汇率EUR/USD=0.9210，3个月欧元升水20点。假设美国一进口商从德国进口价值100万欧元的机器设备，3个月后支付。如3个月后市场汇率变为EUR/USD=0.9430，问：

①若美进口商不采取保值措施，3个月后损失多少美元？

②美进口商如何利用外汇市场进行保值？可避免多少损失？

5.某年2月10日，一美国出口商向英国出口价值10万英镑的货物，3个月后收款。签约日的市场汇率为GBP/USD=1.6260/90。美国出口商预测3个月后英镑将贬值为GBP/USD=1.6160/90。问：

①若预测正确，3个月后美出口商少收多少美元？

②若3个月掉期率为50/30，美出口商如何利用期汇市场进行保值？

③若已保值，但预测错误将会如何？

6.已知纽约外汇市场的汇价为：USD1=HKD7.7202/7.7355，中国香港外汇市场的汇价为：USD1=HKD7.6857/7.7011。有人以9 000万港元套汇，将能获多少毛利？

7.已知外汇市场行情为：

伦敦：GBP1=USD2；中国香港：GBP1=HKD12；纽约：USD1=HKD8。问：

①有无套汇的可能？

②如能套汇，如何进行？

③套汇收益是多少？

8.已知纽约外汇市场即期汇率为USD1 = CHF1.5341。3个月后，瑞士法郎升水37点。如纽约市场美元利率为6.5%，瑞士市场瑞士法郎利率为5.1%。问：在这种情况下能否套利？

9.某日我国某机械进出口公司从美国进口机械设备。美国出口商采用两种货币报价。美元报价为USD6 000.00，英镑报价为GBP4 000.00。

当日人民币对美元和英镑的即期汇率分别是：

USD1=CNY6.2671/6.2919；GBP1=CNY10.694/10.7405

当日伦敦外汇市场的即期汇率为：GBP1=USD1.5355/1.5365。

现只考虑即期汇率因素，在以上两种条件下，我公司应分别接受哪种货币报价？

10.英国某公司从美国进口一批货物，合同约定3个月后交货付款。为防止汇率变动造成损失，该公司购入3个月的远期美元已备到期支付。已知伦敦外汇市场即期汇率为GBP1 = USD1.5744，伦敦市场英镑利率为6%，纽约市场美元利率为4%，问：3个月后美元远期汇率是升水还是贴水，为什么？升贴水值是多少？实际远期汇率是多少？

英国公司因进口用汇（美元）的汇率变动是受益还是受损？升贴水年率是多少？

三、名词解释

1.即期外汇交易	2.远期外汇交易	3.掉期交易	4.套汇
5.套利	6.外汇期货	7.保证金制度	8.逐日盯市制度
9.套期保值	10.外汇期权	11.看涨期权	12.看跌期权
13.美式期权	14.欧式期权	15.货币互换	

四、简答题

1.即期外汇交易中的交割日及报价是如何规定的？

2.举例说明远期外汇交易的报价。

3.远期外汇合约与外汇期货合约的异同点有哪些？

4.请解释外汇期货交易的逐日盯市制度。

5.举例说明货币互换的比较收益原理。

第7章
外汇管制与外汇风险管理

学习目标

◆重点掌握外汇管制的主要内容和外汇管制对经济的影响；掌握交易风险管理方法。

◆掌握外汇管制的概念和主要类型以及外汇风险的含义和类型；掌握折算风险和经济风险的管理方法。

◆了解国际外汇管制的历史演进；了解我国外汇管制的主要内容。

7.1 外汇管制

7.1.1 外汇管制的概念

外汇管制也称外汇管理，是指一个国家为了减缓国际收支危机，减少本国黄金外汇储备的流失，而对外汇买卖的价格以及外汇资金进出国境的流动性直接加以限制，维持本国货币对外汇率的稳定所实施的政策措施。

外汇管制是世界各国调节外汇和国际收支的一种常用的强制性手段，一般由政府授权中央银行作为外汇管制的机关。我国则是由国家外汇管理局负责外汇管制工作。

7.1.2 外汇管制的产生与发展

外汇管制始于第一次世界大战期间，当时国际货币制度陷于崩溃，美、法、德、意等参战国都发生了巨额的国际收支逆差，本币对外汇率剧烈波动，大量资本外逃。为集中外汇资财进行战争，减缓汇率波动及防止本国资本外流，各参战国在第一次世界大战时都取消了外汇的自由买卖，禁止黄金输出，实行了外汇管制。1929—1933年世界经济危机时期，很多在第一次世界大战后取消外汇管制的国家又重新实行外汇管制，一些实行金块和金汇兑本位制的国家也纷纷实行外汇管制。1930年土耳其首先实行外汇管制，1932年，德国、意大利、奥地利、丹麦、阿根廷等20多个国家也相继实行了外汇管制。

第二次世界大战爆发后，参战国立即实行全面、严格的外汇管制。1940年，在100个国家和地区中，只有11个国家没有正式实行外汇管制，外汇管制范围也比以前更为广泛。第二次世界大战后初期，西欧各国基于普遍存在的“美元荒”等原因，继续实行外汇管制。20世纪50年代后期，西欧各国经济有所恢复，国际收支状况有所改善，从1958年开始，各国不同程度地恢复了货币自由兑换，并对国际贸易收支解除外汇管制，但对其他项目的外汇管制仍维持不变。1961年，大部分国际货币基金组织的会员国表示承担《国际货币基金组织协定》（以下简称《IMF协定》）第8条所规定的义务，即避免外汇限制而实行货币自由兑换。但时至20世纪90年代，绝大多数国家仍在不同程度上实行外汇管制，即使名义上完全取消了外汇管制的国家，仍时常对居民的非贸易收支或非居民的资本与金融项目收支实行间接的限制。

7.1.3 外汇管制的类型

外汇管制的类型，主要以是否实行全面的或部分的外汇管制为标准，大致分为以下三种：

1.严格型外汇管制的国家和地区

有些国家和地区对贸易收支、非贸易收支和资本与金融项目收支，都实行严格的外汇管制。大多数发展中国家，如印度、赞比亚、秘鲁、巴西等均属这一类。这些国家和地区经济不发达，出口创汇有限，缺乏外汇资金，市场机制不成熟，为了有计划地使用外汇资源，加速经济发展，不得不进行严格的外汇管制。

2.非严格型外汇管制的国家和地区

有些国家和地区对贸易和非贸易收支，原则上不加管制，但对资本与金融项目的收支则仍加以不同程度的管制。这类国家经济比较发达，市场机制在经济活动中起主导作用，并已承诺了《国际货币基金组织协定》的第八条，即不对经常项目的收支加以限制，不采取有歧视性的差别汇率或多重汇率，这些国家有法国、意大利、英国等。

3.松散型外汇管制的国家和地区

有些国家对经常项目和资本与金融项目的外汇交易不实行普遍的和经常性的限制，但不排除从政治和外交需要出发，对某些特定项目或国家采取冻结外汇资产和限制外汇交易等制裁手段。这些国家的汇率一般为自由浮动制，其货币也可以自由兑换。这类国家经济发达，黄金和外汇储备充足，国际收支整体情况良好，如美国、德国、加拿大等。

总之，一个国家外汇管制范围的大小和程度的宽严，主要取决于该国的经济、贸易、金融和国际收支的状况。由于世界各国的经济处于不断发展变化之中，所以其外汇管制也是在不断发展和变化的。其总趋势是：工业化国家和地区的外汇管制逐步放松，发展中国家和地区的外汇管制则有松有紧。

7.1.4 外汇管制的主要内容

1.对贸易外汇的管制

贸易收支，通常在一国的国际收支中所占的比例最大，所以，实行外汇管制的国家大多对贸易外汇实行严格管制，以增加出口外汇收入，限制进口外汇支出，减少贸易逆差，追求国际收支平衡。

（1）对出口收汇的管制

对出口实行外汇管制，一般都规定出口商须将其所得外汇及时调回国内，并结售给指定银行。也就是说，出口商必须向外汇管制机构申报出口商品价款、结算所使用的货币、支付方式和期限。在收到出口外汇后，又必须向外汇管制机构申报交验许可证，并按官方汇价将全部或部分外汇收入结售给指定银行。剩余部分既可用于自己进口，也可按自由市场的汇率转售他人。

许多国家在税收、信贷、汇率等方面采取措施，以促进本国商品出口，同时对国内供应短缺的某些商品则实行限量出口，也有些国家按其与有关国家达成的协议，对某些商品的出口实行数量限制。有些发达国家虽对出口收汇并无限制，但由于政治上的原因，对某些国家采取各种临时性的贸易制裁或禁止某些战略物资和尖端技术的出口。

（2）对进口付汇的管制

实行外汇管制的国家，除对进口外汇实行核批手续外，为了限制某些商品的进口，减少外汇支出，一般都采取下述措施：进口存款预交制，进口商在进口某项商品时，应向指定银行预存一定数额的进口货款，银行不付利息，数额根据进口商品的类别或所属的国别按一定的比例确定；购买进口商品所需外汇时，征收一定的外汇税；限制进口商对外支付使用的外币；进口商品一定要获得外国提供的一定数额的出口信贷，否则不允许进口；提高或降低开出信用证的押金额；进口商在获得批准的进口用汇以前，必须完成向指定银行的交单工作，增加进口成本；根据情况，允许（或禁止）发行特定的债券，偿付进口货款，以调节资金需求，减少外汇支出，控制进口贸易。

2.对非贸易外汇的管制

非贸易外汇收支的范围较广，贸易与资本输出、输入以外的外汇收支均属非贸易收支。其主要包括：与贸易有关的运输费、保险费、佣金；与资本输出、输入有关的股票、专利费、许可证费、特许权使用费、技术劳务费等；与文化交流有关的版权费、稿费、奖学金、留学生费用等；与外交有关的驻外机构经费；旅游费和赡家汇款。其中与贸易有关的从属费用，如运输费、保险费和佣金等，基本按贸易外汇管制办法处理，一般无需再通过核准手续，就可以由指定银行供汇或收汇。其他各类非贸易外汇收支，都要向指定银行报告或得到其核准。

实行非贸易外汇管制的目的在于集中非贸易外汇收入，限制相应的外汇支出。各个国家根据其国际收支状况，往往不同时期实行宽严程度不同的非贸易外汇管制政策。

3.对资本输出、输入的管制

资本的输出、输入直接影响一国的国际收支，因此，无论是一些发达国家还是绝大多数发展中国家，都很重视对资本输出、输入的管制，只是根据不同的需要，实行不同程度的管制。

发展中国家由于外汇短缺，一般都限制外汇输出，同时对有利于发展本国民族经济的外国资金，则实行各种优惠措施，积极引进。例如：对外商投资企业给予减免税优惠；允许外商投资企业的利润用外汇汇出等等。此外，有些发展中国家对资本输出、输入还采取如下措施：一是规定输出和输入资本的额度、期限与投资部门；二是从国外借款的一定比例要在一定期限内存放在管汇银行；三是银行从国外借款不能超过其资本与准备金的一定比例；四是规定接受外国投资的最低额度等。

相比较来说，发达国家较少采取措施限制资本输出、输入，即使采取一些措施，也是为了缓和汇价和储备所受的压力。例如，20世纪70年代，日本、瑞士、德国等发达国家由于国际收支顺差，它们的货币经常遇到升值的压力，成为国际游资的主要冲击对象，并且这些国家国际储备的增长，又会加剧它们本国的通货膨胀，因此，就采取了一些限制资本输入的措施，以避免本国货币的汇率过分上浮。这些措施包括：规定银行吸收非居民存款要缴纳较高的存款准备金；规定银行对非居民存款不付利息或少收利息；限制非居民购买本国有价证券等等。与此同时，这些国家还采取了鼓励资本输出的措施。例如，日本从1972年起对于居民购买外国有价证券和投资于外国的不动产基本不加限制。

4.对汇率的管制

汇率管制是一国从本国的经济利益出发，为调节国际收支、稳定本币价值，而对本国所采取的汇率制度和汇率水平管制的方法。其主要有以下几种：

（1）直接管制汇率

一国政府指定某一部门制定、调整和公布汇率，这一官方的汇率对整个外汇交易起着决定性的作用。各项外汇收支都必须以此汇率为基础兑换本国货币，但这种汇率的形成人为因素成分较大，很难反映真实的水平，极易造成价格信号的扭曲。此外，采取这种形式的汇率管制，通常都伴之以对其他项目较严格的外汇管制。

（2）间接调节市场汇率

由市场供求决定汇率水平的国家，政府对汇率不进行直接的管制，而是通过中央银行进入市场吸购或抛售外汇，以达到调节外汇供求、稳定汇率的效果。为进行这一操作，许多国家都建立了外汇平准基金，运用基金在市场上进行干预，有的则是直接动用外汇储备进行干预。除通过中央银行在外汇市场上直接买卖外汇以外，中央银行还通过货币政策的运用，主要是利率杠杆来影响汇率。利率水平的提高和信贷的紧缩，可以减少市场对外汇的需求，同时抑制通胀，吸引国外资金流入，阻止汇率贬值；反之，则可减轻汇率上升。

(3) 实行复汇率制度

复汇率是指一国货币对另一国货币的汇价因用途和交易种类的不同而规定有两种或两种以上的汇率的，IMF把一国政府或其财政部门所采取的导致该国货币对其他国家的即期外汇的买卖差价和各种汇率之间的买入与卖出汇率之间的差价超过2%的任何措施均视为复汇率。

一般来说，经济高度发达的市场经济国家，其汇率一般为自由浮动，国家不对汇率进行直接管制，而是运用经济手段间接调控引导汇率；而那些经济欠发达、市场机制发育不健全、缺乏有效的经济调控机制和手段的国家，则采取直接的行政性的方式来管理汇率，以保证汇率为本国经济政策服务。

5.对黄金、现钞输出及输入的管制

实行外汇管制的国家对黄金交易也进行管制，一般不准私自输出或输入黄金，而由中央银行独家办理。对现钞的管理，习惯的做法是对携带本国货币出入境规定限额和用途，有时甚至禁止携带本国货币出境，以防止本国货币输出用于商品进口和资本外逃以及冲击本国汇率。

6.对货币兑换的管制

货币兑换管制是外汇管制最基本、最主要的内容。外汇资金收入与运用的管制是以货币兑换管制为前提的。如果一国的货币可充分自由地兑换成另一国货币，那么外汇收入和运用的管制便难以进行。自由兑换是指一个国家或某一货币区的居民，不受官方限制地将其所持有的本国货币兑换成其他国家或地区的货币，用于国际支付或作为资产持有。按照国际货币基金组织的定义，一国若能实现贸易账户和非贸易账户下的货币自由兑换，该国的货币就被列为可兑换货币。但是目前这个定义被普遍认为是部分可兑换，因为其仅包括经常项目，而没有包含资本与金融项目。很多国家都陆续放开了资本与金融项目的管制，实现完全可兑换。完全可兑换是指一国或某一货币区的居民，可以自由地将其所持有的本国货币兑换成其他国家或地区的货币，用于经常项目和资本与金融项目的国际支付和资金转移。

小视窗7-1

经常项下可兑换的标准和内容

IMF规定，如果一国解除了经常项目下支付转移的限制，即实现了经常项目下的货币可兑换，也承担了《IMF协定》第8条所规定的义务，成为IMF的第8条款的会员国。在《IMF协定》第8条中有明确的规定：

1.对经常项下支付转移不加限制

一国对居民从国外购买经常项下商品或劳务所需外汇要加以提供，允许其拨付转移，不以各种形式和手段加以限制、阻碍或推迟。其内容包括（但不限于）以下各项：所有有关对外贸易、其他经常性业务（包括劳务在内）以及正常短期银行信贷业务的支付；贷款利息及其他投资净收入的支付；数额不大的偿还贷款本金或摊提直接投资折旧的支付；数额不大的赡家汇款。

2.不采取差别性的复汇率措施

IMF认为，导致多种汇率做法的汇兑措施主要有：针对不同的交易制定不同的汇率，且不同汇率之间的汇差超过2%；双重或多重外汇市场，留成额度以及汇兑课税、汇兑担保等。歧视性的货币措施主要是指双边支付安排，它有可能导致对非居民转移的限制以及多重货币的做法。

3.兑换其他会员国积累的本币

任何一个成员方均有义务购回其他成员方所持有的本国货币结存，但要求兑换的国家应说明此项货币结存是最近经常性往来中所获得的，或此项兑换是为支付经常性往来所必需的。比如，成员方不可限制非居民将经常性国际往来的收入进行兑换或转移，因此，不应对外商投资企业外方和非居民个人将投资所获得的利润、红利及利息换成外汇或转移进行限制。

资料来源 《国际货币基金组织协定》。

7.1.5 外汇管制对经济的影响

1.外汇管制对经济的正面影响

（1）防止资本外逃

国内资金外逃是国际收支不均衡的一种表现。在自由外汇市场下，当资金大量外移时，由于无法阻止或调整，势必造成国家外汇储备锐减，引起汇率剧烈波动。因此，为制止一国资金外逃，避免国际收支危机，有必要采取外汇管制，直接控制外汇的供求。

（2）维持汇率稳定

汇率的大起大落，会影响国内经济和对外经济的正常运行，所以要通过外汇管制，控制外汇供求，稳定汇率水平，使之不发生经常性的大幅度波动。

（3）维护本币在国内的统一市场不易受投机影响

实行外汇管制可以分离本币与外币流通的直接联系，维持本币在国内流通领域的唯一地位，增强国内居民对本币的信心，抵御外部风潮对本币的冲击。

（4）便于实行贸易上的差别待遇

一国实行外汇管制，对外而言，有利于实现其对各国贸易的差别待遇或作为国际政府谈判的手段，还可通过签定清算协定，发展双边贸易以克服外汇短缺的困难；对国内而言，通过实行差别汇率或贴补政策，有利于鼓励出口，限制进口，增加外汇收入，减少外汇支出。

（5）保护民族工业

发展中国家工业基础薄弱，一般工艺技术有待发展完善，如果不实行外汇管制及其他保护贸易政策，货币完全自由兑换，则发达国家的廉价商品就会大量涌入，从而使其民族工业遭到破坏与扼杀。实行外汇管制，一方面可管制和禁止那些可能摧残本国新兴工业产品的外国商品的输入，同时可鼓励进口必需的外国先进的技术设备和原材料，具有积极发展民族经济的意义。

（6）有利于国计民生

凡涉及国计民生的必需品，在国内生产不足时，政府均鼓励进口，准其优先结汇，按较低汇率申请进口，以减轻其成本，保证在国内市场上廉价供应，而对非必需品、奢侈品则予以限制。

（7）增加货币币值，稳定物价

实行外汇管制，可集中外汇资财。节约外汇支出一定程度上可提高货币的对外价值，增强本国货币的币信，加强一国的国际经济地位。纸币对外表现为汇率，对内表现为物价。当一国主要消费物资和生活必需品价格上涨过于剧烈时，通过外汇管制对其进口所需外汇给予充分供应，或按优惠汇率结售，则可增加资源，促进物价回落，抑制物价水平上涨，保持物价稳定。因此，外汇管制虽直接作用于汇率，但对稳定物价也有相当作用，可避免或减轻国外通货膨胀对国内物价的冲击。当然，外汇管制也可作为外交政策，当别的国家实施外汇管制而对本国经济和政治产生不利影响时，该国即可起用外汇管制作为一种报复手段。这样，外汇管制便成为一种政策工具。

2.外汇管制对经济的负面影响

（1）不利于平衡外汇收支和稳定汇率

法定汇率的确定，虽可使汇率在一定时期和一定范围内保持稳定，但是影响汇率稳定的因素很多，单纯依靠外汇管理措施以求汇率稳定是不可能的。比如：一个国家财经状况不断恶化，财政赤字不断增加，势必增加货币发行，引起纸币对内贬值，通过外汇管制，人为高估本国币值的法定汇率，必然削弱本国商品的对外竞争力，从而影响外币收入，最后本国货币仍不得不对外公开贬值，改变法定汇率。若财政状况仍没有根本好转，新的法定汇率就不易维持，外汇收支也难以平衡。

（2）阻碍国际贸易的均衡发展

采取外汇管制措施虽有利于双边贸易的发展，但由于实施严格的管制后，多数国家的货币无法与其他国家的货币自由兑换，必然限制多边贸易的发展。另外，官方对汇率进行干预和控制，汇率不能充分反映供求的真实状况，常出现高估或低估的现象。而汇率高估，对出口不利；汇率低估，又不利于进口，汇率水平不合理会影响进出口贸易的均衡发展。

（3）限制资本的流入

在一定情况下，实行外汇管制不利于本国经济的发展与国际收支的改善。比如，外商在外汇管制国家投资，其投资的还本付息、红利收益等往往难以自由汇兑回国，势必影响其投资积极性，进而影响本国经济发展。

（4）价格机制失调，资源难以合理配置

外汇管制会造成国内商品市场和资本市场与国际相分离，国内价格体系与国际相脱节，使一国不能充分参加国际分工和利用国际贸易的比较利益原则来发展本国经济，资源不能有效地分配和利用。资金有盈余的国家，不能将其顺利调出；而急需资金的国家又不能得到它，资金不能在国际上有效流动。

7.1.6 中国的外汇管制

外汇管制在我国习惯被称为外汇管理。我国外汇管理的基本任务是：建立独立自主的外汇管理体制，正确制定国家的外汇法规和政策，保持国际收支的基本平衡和汇率的基本稳定，有效地促进国民经济的持续稳定发展。我国外汇管理制度的简历和发展可以分为以下几个阶段：

1.1978—1993年的外汇管理体制改革

十一届三中全会确立了把全党工作重点转移到社会主义现代化建设上来，为适应改革开放的要求以及经济形势的不断变化，加强经济核算并适应外贸体制改革的需要，国务院改革外汇管理体制，取得了以下主要进展：

（1）成立国家外汇管理局

1979年3月，国务院批准成立国家外汇管理局，由其对国家外汇业务和外汇储备进行专门管理，为国务院直属单位，由中国人民银行归口管理。

（2）实施外汇管理条例

1980年12月国务院颁布了《中华人民共和国外汇管理暂行条例》，这是我国关于外汇管理的第一个专门法规，标志着我国外汇管理开始步入法制化轨道。

（3）改革汇率制度

国务院决定从1981年起实行两种汇价制度，采取官方汇率和市场汇率并存的汇率形成机制，即自1981年起，全部进出口贸易均按1美元兑换2.8000元人民币的贸易内部结算价进行结算，而对非贸易外汇收支仍按1美元兑换1.5303元人民币的外汇牌价进行结算。这种双重汇率结算制度在一定程度上推动了我国经济发展，但同时也出现了一些问题，银行结算界限不清，外汇管理混乱，并遭到了国际货币基金组织的批评。因此1985年1月1日我国取消了贸易内部结算价，人民币又重新恢复到单一汇价，在这一年，人民币贬值15%左右。自1986年1月1日起，人民币开始实行有管理浮动的汇率制度，公布官方汇价。同时，1988年后，全国各省建立了外汇调剂市场中心，出现了外汇调剂价格。形成了1986年1月至1993年12月间官方汇价与外汇市场调剂价并存的有管理浮动的汇率制度。外汇调剂价格的涨跌在一定程度上反映了外汇供求关系的变化，并为官方汇率的调整提供了有效参考依据。

（4）实行外汇留成办法

在外汇由国家集中管理、统一平衡、保证重点的同时，实行贸易和非贸易外汇留成。出口企业将外汇收入卖给国家后，国家按规定比例给出口企业和地方外汇留成额度。根据不同地区 、不同部门和不同行业，确定不同的留成比例。用汇时企业用人民币配以额度，按国家公布的外汇牌价购买现汇，对外进行支付。

这一系列改革措施取得了很大的成果，在1978—1993年这十几年间，外汇储备变化幅度较大，由1978年的1.67亿美元到1993年的211.99亿美元，大约增长了126.94倍。

2.1994—1997年的外汇管理体制改革

（1）改革汇率形成机制

从1994年1月1日起，我国将官方汇价与调剂汇价统一，开始实行以市场供求为基础的、单一的、有管理的浮动汇率制度。企业和个人按规定向银行买卖外汇，银行进入银行间外汇市场进行交易，形成市场汇率。中央银行设定一定的汇率浮动范围，并通过调控市场保持人民币汇率稳定。

（2）实行结售汇制度

1996年中国人民银行颁布了《结汇、售汇及付汇管理办法》，从1995年1月1日起，国家取消各类外汇留成、上缴和额度管理制度，对境内机构经常项目下的外汇收支实行银行结汇和售汇制度。为配合银行结售汇制度，对中资企业实行外汇账户限额管理，限额以内的经常项目外汇收入实行意愿结汇，限额以外的实行强制结汇。在银行结售汇制度下，结汇是指外汇收入所有者将外汇卖给外汇指定银行，外汇指定银行根据交易行为发生之日的人民币汇率付给等值人民币的行为。售汇是指外汇指定银行将外汇卖给外汇使用者，并根据交易行为发生之日的人民币汇率收取等值人民币的行为。1996年6月20日，中国人民银行颁布了《结汇、售汇及付汇管理办法》，将外资企业也纳入了银行结售汇体系。

（3）实现人民币经常项目下可兑换

1994年我国取消了国际货币基金组织有关经常项目可兑换定义中的绝大多数限制，包括取消歧视性货币措施和多重汇率安排以及对绝大多数经常项目交易的用汇和资金转移限制，实现人民币经常项目有条件可兑换。

1996年12月接受《IMF协定》第8条条款，取消所有经常项目对外支付和转移的限制，实现了人民币经常项目可兑换。

（4）规范外汇储备资产管理制度

我国外汇管理当局于1996年1月29日通过了《中华人民共和国外汇管理条例》，当年4月1日开始实施，并于1997年1月对该条例进行了修订，使外汇管理法规更加符合实际需要，并形成以该条例为核心的外汇管理法规体系，使外汇储备资产管理逐渐步入法制化轨道。伴随外汇管理体制进一步深化改革和我国经济的不断发展，我国国际收支状况大为改善，中国外汇储备的规模变化巨大。1994年年底的外汇储备余额为516.2亿美元，而截至1997年年底，我国国家外汇储备已高达1 398.90亿美元，国家外汇储备进入较快增长阶段。

3.1998—2004年的外汇管理体制改革

（1）实行双重汇率

1998年，为应对东南亚金融危机，将汇率体制从此前的单一汇率制转变为双重汇率制，开设外汇调剂中心，出现外汇调剂价，实际上形成双重汇率。

（2）建立银行间外汇市场

银行间外汇市场是推进人民币可自由兑换进程、完善人民币汇率形成机制、提高外汇资源配置效率、增强金融宏观调控效果的重要基础。该阶段是外汇体制改革前瞻性加强阶段。

（3）实行间接管理

2001年，我国加入世界贸易组织，为适应新的经济环境，我国外汇制度由直接管理转向间接管理，进一步注重外汇资金流入、流出的平衡管理。

（4）建立QFII制度

2002年11月8日中国证监会和中国人民银行联合下发《合格境外机构投资者境内证券投资管理暂行办法》，QFII制度开始在中国内地确立和实施。QFII制度的全称是合格的境外机构投资者（qualified foreign institutional investor）制度，是指允许合格的境外机构投资者在一定规定和限制下汇入一定额度的外汇资金，并转换为当地货币，通过严格监管的专门账户投资当地证券市场，其资本利得、股息等经过批准后可转换为外汇汇出的一种市场开放模式。引入QFII制度是中国逐步开放金融资本市场的现实选择。

4.2005年至今的外汇管理体制改革

（1）改革人民币汇率形成机制

2005年7月21日我国改革人民币汇率形成机制，实行以市场供求为基础、参考一篮子货币进行调节、有管理的浮动汇率制度。人民币汇率不再只是钉住美元，而是形成更富弹性和市场化的人民币汇率制度，坚持人民币汇改主动性、可控性和渐进性原则，调整汇率水平。美元对人民币交易价格一次性调整为1美元兑8.11元人民币，作为次日外汇市场上外汇指定银行间交易的中间价。在新的汇率形成机制下，中国人民银行于每个工作日闭市后公布当时银行间外汇市场美元、欧元、日元和港元等交易货币对人民币汇率的收盘价，作为下一个工作日该货币对人民币交易的中间价。每日银行间外汇市场美元货币对人民币的交易价在人民银行公布的美元交易中间价上下3‰的幅度内浮动，非美元货币对人民币的交易价在人民银行公布的该货币交易中间价上下一定幅度内浮动。2007年5月，银行间即期外汇市场人民币兑美元汇率的日浮动区间由原来的3‰扩大至5‰。

2010年6月19日，中国进一步推进人民币汇率形成机制改革，增强人民币汇率弹性，重在坚持以市场供求为基础，参考一揽子货币进行调节。不断完善外汇交易制度增加交易主体，允许符合条件的非金融企业和非银行金融机构进入即期银行间外汇市场；引进美元做市商制度，在银行间市场引进询价交易机制；引进人民币对外币掉期业务；调整银行汇价管理办法，扩大银行间市场非美元货币波动幅度，取消银行对客户非美元货币挂牌汇率浮动区间限制，扩大美元现汇与现钞买卖差价。

自2012年4月16日起，银行间即期外汇市场人民币兑美元交易价浮动幅度由5‰扩大至1%。2014年3月17日起，浮动幅度由1%扩大至2%。

（2）修订外汇管理条例

2008年8与5日，我国发布了《中华人民共和国外汇管理条例》，标志着我国外汇管理和汇率制度改革进入了一个新的阶段。对比1997年的原条例，这次修订提出了建立国际收支应急保障机制，放松了对外投资的审核，进一步明确了外汇监管部门的监管职责，并提出了更高的监管要求。

（3）调整中国外汇储备的管理制度

自2005年汇率制度改革后，我国人民币汇率开始稳步上升，外汇储备增速异常加快。1995—2005年的十年间，平均每年递增10%~20%。2005年年初我国外汇储备余额为6 236.46亿美元，至2006年2月末，增至8 536.72亿美元，首次超过日本，位居全球第一。至2006年年底增至10 663.44亿美元，同比增速超过了30%。在此背景下，2007年8月外汇管理局取消了经常项目外汇账户限额管理，意味着意愿结汇制度取代了我国自1994年沿袭13年的强制结汇制度。中国开始运用合理的手段，充分利用超额外汇储备使外汇储备保持适度规模。在此之后，外汇管理局不断放宽企业对用汇、结售汇的管理。2008年，修订后的《外汇管理条例》明确规定，经常项目外汇收入可以自行保留或者卖给银行。2011年1月1日起，企业出口收入可以存放境外，无需调回境内。当然即便如此，在“双顺差”的背景下，2014年6月末，我国外汇储备仍然最高攀升至了39 932.13亿美元的规模。之后，在中国经济增速放缓的背景下，外汇储备也随之有所下降。

（4）加速人民币资本与金融项目下可自由兑换进程

2009年4月8日，国务院常务会议决定，在上海、广州、深圳、珠海、东莞等城市开展跨境贸易人民币结算试点，这标志着人民币结算由此前仅限于边贸领域开始向一般国际贸易拓展。2009年7月6日，国务院六部委发布《跨境人民币结算试点管理办法》后，人民币跨境结算地域及对象范围逐渐扩大。至2011年8月23日，国务院六部委发布《关于扩大跨境贸易人民币结算地区的通知》，人民币跨境贸易结算实现了适用结算范围覆盖大陆全境，适用结算对象覆盖全球所有国家和地区的“两覆盖”。2011年10月，中国人民银行发布了《开展外商直接投资人民币结算业务，扩大人民币跨境使用》的管理办法，明确规定，境外企业和经济组织或个人以人民币来华投资在遵守中华人民共和国外商直接投资相关法律规定的前提下，可以直接向银行申请办理人民币结算业务，银行可以按照相关规定直接为外商投资企业办理人民币资金结算业务，相关金融服务手续更加便利。在跨境贸易人民币结算范围扩大的背景下，证监会、央行、外管局2011年12月16日联合发布《基金管理公司、证券公司人民币合格境外机构投资者境内证券投资试点办法》，允许符合条件的基金公司、证券公司中国香港子公司作为试点机构开展RQFII业务。RQFII制度的全称是人民币合格境外机构投资者（RMB qualified foreign institutional investors），是指境外机构投资人可将批准额度内的外汇结汇投资于境内的证券市场，起步金额为200亿元。同时中国人民银行提出了“支持香港发展成为离岸人民币业务中心”的具体方案。2008年开始我国陆续与其他国家及地区签订了人民币双边互换协议，货币互换协议是指互换双方可在必要之时，在一定规模内，以本国货币为抵押换取等额对方货币，向两地商业银行设于另一方的分支机构提供短期流动性支持。通过货币互换，将得到的对方货币注入本国金融体系，使得本国商业机构可以借到对方货币，用于支付从对方进口的商品。这样，在双边贸易中，出口企业可以收到本币计值的货款，可以有效规避汇率风险、降低汇兑费用。推广人民币双边本币互换可以应对短期流动性问题，维护金融体系稳定。

小视窗7-2

我国跨境人民币业务稳步发展

如图7-1所示，截至2015年第一季度，银行累计办理跨境贸易人民币结算业务1.65万亿元，与上年同期持平。其中，货物贸易结算金额14 960亿元，服务贸易及其他经常项目结算金额1 586亿元。跨境贸易人民币结算实收9 055.4亿元，实付7 490.5 亿元，收付比为1：0.83。直接投资方面，银行累计办理人民币跨境直接投资结算金额2 879亿元，其中，人民币对外直接投资结算金额534亿元，外商直接投资结算金额2 345亿元。

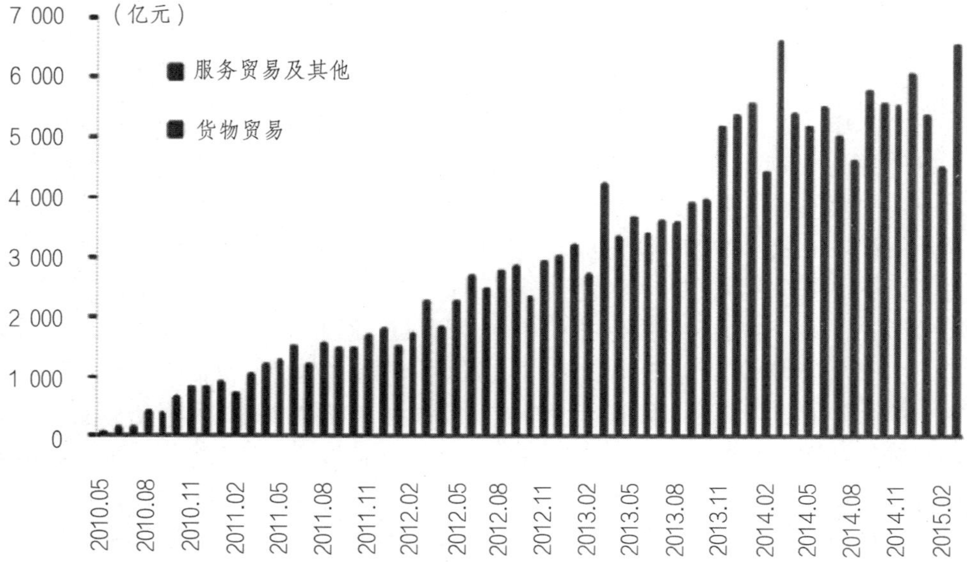

图7-1 跨境贸易人民币结算按月情况

资料来源 中国人民银行2015年第一季度中国货币政策执行报告。

7.2　外汇风险管理

7.2.1　外汇风险概述

1.外汇风险的含义

外汇风险（foreign exchange risk）也称汇率风险（exchange rate risk）或外汇暴露，是指在一定时期的国际经济、贸易和金融活动交往中，经济主体以外币计价的资产或负债由于汇率的变动而产生价值变动的可能性。汇率变动可能带来风险损失也可能带来风险收益，但从外汇风险管理角度看，外汇风险仅指外汇市场主体因汇率变动而遭受损失的可能性。

外汇风险有广义和狭义之分，广义的外汇风险包括汇率风险、国家风险、制度风险和信用风险等；狭义的外汇风险仅指汇率风险。本节讨论的外汇风险主要是指狭义的外汇风险。

经济主体在经营中所产生的外币资产或负债存在遭受外汇风险的可能，但并非所有这类资产或负债都会在汇率发生未逾期的变动时给企业带来损失。如果以某种外币表示的资产和负债价值相等，可以相互抵销，则企业不会面临外汇风险。只有当外币资产与负债不能相抵，存在差额时，这部分差额才会给企业带来风险。这部分承受外汇风险的外币金额一般被称为外汇敞口头寸或外汇风险暴露（foreign exchange exposure）。对外汇银行而言，这种差额就是其外汇持有头寸中的“超买”或“超卖”的部分。

2.外汇风险的构成因素

外汇风险的产生要具备两方面因素：时间因素和货币因素，即必须有既定数量的外币需要在一段时间以后与本币兑换或折算成本币。

在国际经济活动中，若以本币收付款，不存在货币兑换问题，就没有外汇风险。但是如果发生外币应收和应付账款、外币借出和借入资本业务，就需要与本币进行兑换或折算。本币和外币之间的兑换或折算问题即构成外汇风险的货币因素。

而从签约到付款的这段时期内，汇率很可能发生变化，这段时间即构成外汇风险的时间因素。一般说来：外币账款的时间因素与外汇风险之间存在正相关关系，时间越长，汇率在此期间波动的可能性越大，外汇风险就相对越大；时间越短，汇率在此期间波动的可能性越小，外汇风险就越小。缩短一笔外汇业务的收付时间可以减缓外汇风险，但不能消除外汇风险，因为本币和外币之间兑换的汇率波动的风险还存在。要想消除外汇风险，就意味着既要消除价值风险又要消除时间风险。

3.外汇风险类型

从风险承受对象的角度分析，外汇风险可以分为交易风险、折算风险和经济风险三种类型。

（1）交易风险

交易风险（transaction risk）是指国际企业在以外币计价或结算的交易中，由于外币和本币之间汇率的波动而引起应收资产或应付债务价值变化的风险。交易风险是国际企业面临的一种最主要的风险。交易风险又可分为交易结算风险和外汇买卖风险。

①交易结算风险，又称商业性风险，是指以商业信用的方式购买或销售以外币计价的商品或劳务时，货款或劳务费用尚未收付期间，外汇汇率变化所产生的风险。在国际经济贸易中，贸易商无论是以即期支付还是延期支付都要经历一段时间（从签订进出口合同到债权债务的最终清偿），而这段时间内汇率可能会发生变化，于是，以外币表示的未结算的金额就成为承担风险的风险暴露部分。

例如，中国某公司签订了价值100万美元的出口合同，即期汇率1：6，3个月后交货、收汇。假设该公司的出口成本、费用为500万元人民币，则目标利润为100万元人民币。但3个月后当该公司收到100万美元的货款时，由于美元对人民币的汇率不确定，该公司将面临交易结算风险。3个月后若美元与人民币的汇率高于6，则该公司不仅可收回成本，获得100万元人民币的利润，还可获得超额利润；若汇率等于6，则该公司收回成本后，刚好获得100万元人民币的利润；若汇率高于5、低于6，则该公司收回成本后所得的利润介于0和100万元人民币之间；若汇率等于5，则该公司刚好只能收回成本，没有任何利润；若汇率低于5，则该公司不仅没有获得利润，而且还会亏本。

同样，进口商从签订合同到结清货款之间也有一段时间，也要承担交易结算风险，原理与出口商承担的风险相同，只是汇率变动的方向与出口商面临的刚好相反。

②外汇买卖风险，又称金融性风险，产生于本币和外币之间的反复兑换。这种风险产生的前提条件是交易者一度买进或卖出外汇，后来又反过来卖出或买进外汇。外汇银行承受的外汇风险主要是外汇买卖风险，因为外汇银行的交易几乎都是外汇买卖。银行以外的企业有时也面临外汇买卖风险，它主要存在于以外币进行借贷或伴随外币借贷而进行外币交易的情况之中。

例如，外汇银行在某一时间买进了10万元港币，同时又卖出了8万元港币，出现了2万元港币的多头。当该银行日后卖出这2万元港币时，如果港币贬值，该银行就会出现亏损，这种亏损的可能性就是外汇买卖风险。同理，如果该银行在外汇交易中卖出的港币多，买进的港币少，出现港币空头，那么在日后补进港币时，如果港币升值，该银行也会面临由于外汇买卖风险而造成的损失。

再如，美国某公司在国际金融市场上以5%的年利率借入1亿日元，期限半年。借到款项后，该公司立即按当时的汇率USD1＝JPY100，将1亿日元兑换成100万美元。半年后，该公司为归还贷款的本息，必须在外汇市场买入1.05亿日元，此时如果美元对日元的汇率发生变动，日元升值，该公司将面临由于外汇买卖风险而造成的损失。但是如果日元出现贬值的情况，该公司就可能获得额外的收益。

影响交易风险的因素有三个：

一是国际企业拥有的远期外汇的头寸，拥有的头寸越多，可能蒙受的交易风险就越大。

二是外汇汇率的波动幅度，汇率波动的程度越大，国际企业蒙受的交易风险越大。

三是在国际企业拥有多种外币业务的情况下，几种外币相对本币汇率变化的综合变动趋势，也就是几种货币汇率变化之间的相关程度。如果几种外币汇率同方向变化，这些外币形成的交易风险就会叠加；如果几种外币汇率反方向变化，交易风险就可能相互抵销关系。

（2）折算风险

折算风险（translation risk）又称会计风险或转换风险，是指跨国公司的母公司与海外子公司合并财务报表时由于汇率变化而引起资产负债表中某些以外币计量的资产、负债、收入、费用等项目在折算为本币时产生的金额变动的风险。虽然折算风险所产生的损益是一种账面损失的可能性，并不是实际损益，但它会影响到企业向股东和社会所公布的营业报告书的结果。

企业在编制综合财务报表时使用的报告货币称为记账本位货币，企业在经营活动中流转使用的各种货币称为功能货币。企业通常以本币进行会计核算，而跨国公司的海外子公司的财务报表大多按所在国的当地货币进行表述。因此，拥有外币资产负债的企业就要将原来以外币度量的各种资产和负债按一定汇率换算成本币来表示，以便汇总编制综合的财务报表。一旦功能货币与记账货币之间的汇率变动，同样多的货币的价值在账面上就减少了，这就是折算风险。

例如，北京某公司在美国有一个分公司，该公司2015年12月31日的资产负债表如表7-1所示。

表7-1 **2015年12月31日某分公司的资产负债表** 单位：百万美元

资产	金额	负债和所有者权益	金额
库存现金	4	负债	10
应收账款	6	权益	16
厂房及设备	12		
存货	4		
合计	26	合计	26

该公司在编制合并财务报表时，先要按某个特定的汇率将该资产负债表折算成以人民币计价的资产负债表。假定美元兑人民币的当天汇率是1∶6，那么折算后的资产负债表如表7-2所示。

表7—2 **2016年1月1日某分公司的资产负债表** 单位：百万元人民币

资产	金额	负债和所有者权益	金额
库存现金	24	负债	60
应收账款	36	权益	96
厂房及设备	72		
存货	24		
合计	156	合计	156

假如2016年1月1日，美元兑人民币变为1：6.1，那么折算后的资产负债表如表7-3所示。

表7-3 **2016年1月1日某分公司的资产负债表** 单位：百万元人民币

资产	金额	负债及所有者权益	金额
库存现金	24.4	负债	61
应收账款	36.6	权益	97.6
厂房及设备	73.2		
存货	24.4		
合计	158.6	合计	158.6

由此可见，由于汇率的变动，资产由人民币1.56亿元增加到1.586亿元。

影响折算风险大小的因素包括企业进行会计转换时以外币计价资产和以外币计价负债金额的大小，以及企业采用的会计转换方法。目前世界各国普遍采用的方法为现行汇率法，即对所有的资产和负债项目均按现行汇率折算，所有转换的资产和负债项目都面临转换风险。

（3）经济风险

经济风险（economic risk）又称经营风险，是指由于意料之外的汇率变动，使企业在未来特定时期的收益发生变化的一种潜在风险。经济风险是由于汇率的变动产生的，这种潜在的风险会直接关系到企业在海外的经营成果。例如，当本币贬值时，企业出口货物的外币价格会同步下降，有可能刺激出口使其出口额增加；同时如果企业在生产中所使用的主要是进口原材料，本币贬值后又会提高以本币所表示的进口原材料的价格，出口货物的生产成本因而增加。结果该企业将来的纯收入可能增加，也可能减少，这就是经济风险。也就是说汇率的变动会影响企业的生产成本、销售价格，进而引起产销数量的变化，并由此最终带来获利状况的变化。

值得注意的是，经济风险中所说的汇率变动，仅指意料之外的汇率变动，不包括意料之中的汇率变动。因为企业在预测未来的获利状况而进行经营决策时，已经将意料到的汇率变动对未来产品成本和获利状况的影响考虑进去了，因而排除在风险之外。

对于企业来说，经济风险的影响比交易风险和折算风险更大。因为经济风险不能被准确地识别和测量，经济风险在很大程度上取决于销售数量、销售成本的变动对汇率变动的反映程度；折算风险与交易风险相比其影响是一次性的、相对短期的，而经济风险的影响则是在长期、中期和短期都存在；经济风险通过间接渠道产生，即汇率变化—经济环境变化—企业收益的变化。潜在的经济风险直接关系到企业在海外的经营效果和在国外的投资效益。所以对于企业来讲，经济风险至关重要。

7.2.2　外汇风险管理

外汇风险管理就是对外汇风险的特征以及影响因素进行识别与测定，并设计和选择防止损失发生的处理方案，运用各种管理技术来避免汇率变动造成的不利影响。

1.外汇风险管理概述

（1）外汇风险管理战略

外汇风险管理战略分为完全避免外汇风险的管理战略、消极的外汇风险管理战略和积极的外汇风险管理战略三大类。不同的经济主体应采用不同的外汇风险管理战略。

①完全避免外汇风险的管理战略是指经济主体在国际业务中尽可能地阻止外汇风险的形成，通过各种方法保证外汇收付平衡，以避免汇率波动可能带来的风险损失。

②消极的外汇风险管理战略是指经济主体对外汇风险采取听之任之的基本态度，勇于承担一切外汇风险。如果汇率变动对其有利，它就获取风险报酬；如果汇率变动对其不利，它就承担风险损失。

③积极的外汇风险管理战略是指经济主体积极地预测汇率走势，并根据不同的预测对不同的风险项目分别采取不同措施的风险管理战略。例如，在预期汇率变动对其不利时，经济主体采取完全或部分避免的管理手段，在预期汇率变动对其有利时，经济主体承担外汇风险以期获取风险报酬。

（2）外汇风险管理的原则

外汇风险管理的目标是充分利用有效信息，力争减少汇率波动带来的现金流量的不稳定性，控制或消除业务活动中可能面临的不利影响。为了达到上述目标，外汇风险管理中应该遵循一些共同的指导思想。

①稳妥防范原则。所谓稳妥防范就是使风险消失或将风险转嫁，同时还尽可能地从风险防范中获利。

②分类防范原则。外汇风险有不同的种类，有的企业经营活动中可能只会面临一种风险，而有的企业可能面临多种风险。所以跨国经营的企业需要对国际结算、国际筹资成本、跨国投资的收益以及外汇买卖等项目下的外汇风险保持清醒的头脑，采用不同的方法来分类防范，避免造成重大的损失。

③风险最小化原则。风险最小化是把外汇风险损失减小到最低限度，但并不意味着风险为零。应该尽可能缩短外汇敞口的期限、减少外汇敞口的额度。

（3）外汇风险管理过程

①识别风险。要防范和转嫁风险，首先要对自身面临的风险进行识别。各经济主体在进行对外交易时，要了解存在哪些外汇风险，在多种风险并存的情况下，识别哪些是主要风险，哪些是次要风险。此外，还要识别风险持续时间的长短、影响风险存在的因素等。

②衡量风险，是指通过预测汇率走势，对外汇风险程度进行测算。一般衡量外汇风险的方法一是连续计算外汇敞口额，列明外汇敞口时间；二是预测汇率变动的方向和走势，对面临的外汇风险进行量化。

③驾驭风险，是指在识别风险的基础上采取措施控制外汇风险，避免产生较大损失。从实际运用看，包括使风险消失；使风险转嫁；从风险中避险得利三种情况。

2.外汇风险管理方法

（1）交易风险的管理

管理交易风险的方法有很多种，这些方法大致可以分为两大类。一类是利用贸易谈判、合同的商洽和经营决策等一些贸易手段来降低交易风险，我们称之为贸易类管理手段；另一类是利用金融工具来规避交易风险，我们称之为金融工具交易法。

贸易类管理手段主要是利用贸易谈判争取对自己有利的贸易方式，从而规避交易风险。其具体包括：

①货币选择法。

第一，本币计价法。外汇交易中双方有两种计价货币的选择方法。一是以“第三国”货币计价；二是以任意交易方的本国货币计价。一般而言，外汇交易中尽量选择以本国货币计价。

第二，出口以硬货币计价，进口以软货币计价。对于债权人来说，应该尽量争取让债务人用硬货币支付，这对于债权人来说是没有风险的。对于债务人来说，应该尽量争取用软货币向债权人支付。但是在实际的业务中货币的选择不是一厢情愿的，所以会取决于双方的经济实力和谈判能力。

第三，多种货币组合计价法。货币的软和硬是有时间性的。在实际的交易中，由交易一方独自承担风险，一般是让人难以接受的。当前，有些交易金额比较大的企业采用多种货币组合的方法，例如采用四种货币，两软，两硬，使汇率大幅度波动的影响大大降低。

第四，调整价格法。在国际贸易中，一般是坚持出口收“硬币”，进口付“软币”的原则，但是在实际交易中，常常出现出口商不得不收“软币”，进口商不得不付“硬币”的情况，这时往往可以通过调整进出口商品的价格的方法，将外汇风险分摊到价格中去，这就是价格调整法。一般出口商在使用软币计价时可要求加价保值，进口商在使用硬币计价时可要求压价保值。价格调整法包括加价保值法和压价保值法。

加价保值法的计算公式是：

出口商品的新价＝出口商品的原价×1÷（1−计价货币预期贬值率）

压价保值法的计算公式是：

进口商品的新价＝进口商品的原价×1÷（1＋计价货币预期升值率）

②结算时间选择法。

第一，提早收付。提早收付包括提前收汇和提前付汇两种。所谓的提前收汇是指在企业的应付外汇账款中的计价货币可能出现升值时使用的方法；而提前付汇是指在企业的应收外汇账款中的计价货币可能出现贬值时使用的方法。使用这种方法的原理主要就是通过缩短外汇敞口的时间期限来规避交易风险。

第二，延迟收付。这种方法与提早收付相反。如果企业的应收外汇账款中的计价货币出现升值或者企业的应付外汇账款出现贬值均可以延迟收付。在实际交易中，如果一方申请提前收付或者延迟收付，一般会给对方一定的折扣来弥补对方的损失，折扣的多少由双方协商而定。

③货币保值法。

第一，黄金保值法。该条款适用于固定汇率时期，它是指根据签订合同时计价货币的金平价对原货币进行支付。这样无论汇率如何波动，双方所收付的价值折成黄金的数量是不变的。如果黄金价格稳定，就可以达到保值的目的。

例如：A、B两国签订借贷合同，金额为1 000万美元，借贷期限为两年，并在合同中加列黄金保值条款（此处不考虑利息，只算本金）。

借款时 1美元=0.8克黄金

1 000万美元=800万克黄金

还款时若美元贬值 1美元=0.7克黄金

还款人应偿还的本金为：800万克黄金÷0.7=1 142.86万美元

该例中，借贷交易无论成交时还是偿还时，本金始终是与800万克黄金等值的美元，避免了合同货币美元价值变化给借贷双方带来的不合理的利益重新分配。不过，黄金保值条款现在基本不用。

第二，外汇保值法。外汇保值条款就是用硬货币保值，用软货币支付。常见的做法就是在贸易合同中，规定某种软币为结算货币，某种硬币为保值货币，签订合同时，按当时软币与硬币的汇率，将货款折算成一定数量的硬币，到结算时再按此时的汇率，将硬币折回成软币来结算。例如，一笔进出口贸易合同，其支付货币是美元，合同金额10万美元，双方约定以日元为保值货币。在签约时，美元与日元的汇率是1∶120，合同金额折算为1 200万日元，到了支付日时，美元兑日元的汇率变为1∶100，则应付合同金额为12万美元（1 200万日元÷100日元）。这样一来，美元贬值给收汇方带来的损失得以弥补。

第三，“一篮子”货币保值法。一篮子货币指的是多种货币的组合。在浮动汇率制度之下，各种货币的汇率时时刻刻在变动之中，而且变化的方向和幅度并不一致，由于是多种货币的组合，各种货币的汇率有升有降，汇率的风险得以分散。在使用“一篮子”货币保值时，首先要确定“一篮子”货币由哪几种货币构成，其次在签订合同时，确定支付货币与“一篮子”保值货币之间的汇率，并规定各种保值货币与支付货币之间的汇率变化的调整幅度。到期支付时，汇率的变动超过了规定的幅度，则按合同规定的汇率进行支付，从而达到保值的目的。

④平衡法。

在同一时期内，创造一个与存在风险货币金额相等、币种相同、期限相同、方向相反的交易，通过资金的反方向流动来消除未来进行货币兑换的需要，从而避免外汇风险。

⑤组对法。

当某企业面临某种货币的外汇风险时，可以创造一个与该种货币联系密切的另一种外汇的反方向流动来消除外汇风险。形成组对的货币为第三国货币，两种组对货币具有同升同降的趋势。两种货币资金流金额相等、期限相同、方向相反，面对汇率涨跌，即可起到规避风险的作用。

⑥贸易融资法。

第一，出口押汇，是指在出口商发出货物并交来信用证或合同要求的单据后，银行应出口商要求向其提供的以出口单据为抵押的在途资金融通。出口押汇的范围包括：信用证下出口押汇和跟单托收下出口押汇；外币出口押汇和人民币出口押汇。出口押汇的原理就是出口商将单据押给银行后，根据外汇市场汇率变化选择获取外汇的时间，因此也将外汇风险转嫁给外汇银行。

第二，打包放款，是指出口地银行为支持出口商按期履行合同、出运交货，向收到合格信用证的出口商提供的用于采购、生产和装运信用证项下货物的专项贷款。打包贷款的期限一般很短，出口商借入打包贷款后，很快将货物装船运出，在取得各种单据并向进口商开发汇票后，出口商通常前往贷款银行，请其提供出口抵押贷款，该银行收下汇票和单据后，将以前的打包放款改为出口押汇，这时的打包放款即告结束。打包放款对于出口商来说相当于把货款提前取出，所以收汇的风险也就变小了。

第三，出口信贷，是指一国为了支持和扩大本国大型设备的出口，对本国的出口给予利息补贴并提供信贷担保，由本国银行向本国的出口商或外国的进口商（或其往来银行）提供低利率贷款的融资方法，包括买方信贷和卖方信贷。

买方信贷是指出口国银行直接向外国的进口厂商或进口方银行提供的贷款，使国外进口商可以即期支付货款。

卖方信贷是指出口国银行对本国出口商提供的贷款。出口商以此贷款为垫付资金，允许进口商赊购自己的产品和设备。

第四，福费廷，又称包买票据或买单信贷，是指出口商将经过进口商承兑的，并由进口商的往来银行担保的，期限在半年以上的远期票据，无追索权地向进口商所在地的包买商（通常为银行或银行的附属机构）进行贴现，提前取得现款的融资方式。由于“福费廷”对出票人无追索权，出口商在办理此业务后，就把外汇风险和进口商拒付的风险转嫁给了银行或贴现公司。

第五，保付代理，简称保理，是指出口商以延期付款的形式出售商品，在货物装运后立即将发票、汇票、提单等有关单据卖断给保理机构，收进全部或一部分货款，从而取得资金融通。

福费廷和保理都是通过提前收回货款、改变时间结构来规避风险。

金融工具交易法是指通过签订金融合同消除外汇风险，具体包括：

①即期合同法，是指具有应收或者应付外汇账款的企业通过与外汇银行签订出卖或者购买外汇的即期合同来消除外汇风险的方法。

②远期合同法，是指具有应收或应付外汇账款的企业通过与外汇银行签订出卖或者购买外汇的远期合同来消除外汇风险的方法。外汇风险是由本币、外币和时间三个因素构成的，远期合同法的基本原理是利用远期合同，可以把时间结构由将来转移到现在从而剔除时间因素，并在规定的时间内实现本币与外币的冲销，剔除另外两个因素，从而消除外汇风险。

③期货合同法，是指具有应收或应付外汇账款的企业，在外汇期货市场，根据标准化原则与清算公司或经纪人签订货币期货合同，以消除或减少外汇风险的方法。期货合同法的原理就是利用现货和期货两个市场，一方面提前确定即期与远期交易时间，消除时间因素的影响，另一方面利用两个市场的对冲来减少风险。具体的方法就是多头套期保值和空头套期保值。

④外汇期权合同法，就是具有应收或应付外汇账款的企业，通过外汇期权市场进行外汇期权交易，以消除或减少外汇风险的方法。外汇期权合同法的原理是利用期权交易合约的买方具有选择权的特点，通过选择是否执行期权合约规避汇率的波动对企业的影响。具体做法是买进看涨期权或看跌期权。

⑤掉期合同法。在买进或卖出一种期限的某种货币的同时，卖出或买进另一种期限在同种货币的外汇交易就是掉期交易。掉期交易因为实现了资金的反向流动所以可以减少外汇风险。

⑥借款投资法。

第一，借款法，就是拥有应收外汇账款的企业通过向银行借入一笔与远期收入金额相同、期限相同、币种相同的贷款，并通过融资来降低外汇风险的一种方法。借款法的原理就是通过改变外汇风险中的时间结构来降低外汇风险，但是因为要从银行借款，所以借款法防范外汇风险是有成本的，即借款利息。但如果利息的支出小于汇率波动带来的损失，仍可以起到规避风险的作用。

例如，我国某公司向美国出口价值500万美元的货物，半年后收回货款，该公司即可在签订贸易合同后首先从外汇银行借入500万美元贷款，然后将500万美元在现汇市场出售，收回本币资金，半年后该公司收回500万美元货款，用500万美元偿还外汇银行借款（不考虑利息）。

对该公司来讲，借助于这一操作，将本来应该在未来进行的本、外币之间的兑换提前到现在进行，从而消除了未来汇率变化的影响。

第二，投资法，就是有应付外汇账款的企业通过将一笔资金（一般为闲置资金）投放于某金融市场，一定时期之后连同利息一并收回从而使该笔资金增值，并降低外汇风险。投资法的原理也是通过改变时间结构来降低风险，但是与借款法不同的是，借款法是将未来的收入转移到现在，投资法是将未来的支付转移到现在。

例如，某公司从国外进口价值100万英镑的货物，半年后货到付款，该公司即可在签订贸易合同后先在现汇市场购进100万英镑，然后在国际货币市场将100万英镑作半年期投资。半年后收回英镑投资本息，约为100万英镑（不考虑利息），然后以收回的投资支付货款。

对该公司来讲，借助于这一操作，将本来应该在未来进行的本、外币之间的兑换提前到现在进行，从而消除了未来汇率变化的影响。

⑦综合避险法。

在前面叙述即期合同法、借款法和投资法等方法的基础上，可以将其综合利用，以达到消除全部风险的效果。这就是BSI法和LSI法。

第一，BSI法，即借款–即期合同–投资（borrow-spot-invest，BSI）法。我们可以从企业的应收外汇账款和应付外汇账款两个方面阐述BSI法的应用。

BSI法在应收外汇账款中的应用：企业首先应从银行中借入与应收外汇账款相同数额、相同币种、相同期限的外币，将借入的外币通过即期交易兑换成本国货币，再将换得的本币进行投资，投资的期限与应收账款的期限一致，到期后将本金和利息全部收回，本金用于应收账款的支付，投资的利息所得用于弥补银行借款的利息。

BSI法在应付外汇账款中的应用：企业从银行借入与应付账款相同期限本币，将借入的本币通过即期交易兑换成与应付账款币种相同、金额相等的外币，再将换得的外币进行投资，投资的期限与应付账款的期限一致，到期后将本金和利息全部收回，本金用于应付账款的支付，投资的利息所得用于弥补银行借款的利息。

第二，LSI法，即提早收付–即期合同–投资（lead-spot-invest，LSI）法。

LSI法在应收外汇账款中的应用：有应收账款的企业在征得债务方的同意后，请其提前支付货款，并给对方一定的折扣，然后通过即期合同兑换成本币，与此同时，将换回的本币用于短期投资，其收益弥补折扣的损失。

LSI法在应付账款中的应用：有应付账款的企业先借入一笔与外币金额等同的本币贷款，通过即期合同本币兑换成外币，以外币提前支付并获得对方的折扣。整个过程虽然是借款-即期合同-提前支付，但是国际传统习惯不把它称为BSL，而称之为LSI。

（2）折算风险的管理

涉外经济主体对折算风险的管理，基本思想是在资产负债表上尽量使各种功能货币表示的受险资产与受险负债的数额相等，以使其折算风险头寸（受险资产与受险负债之间的差额）为零。

实行资产负债表中性化方法，具体操作分以下几个步骤：

①统计资产负债表中各账户、各科目上各种外币的规模，并明确综合折算风险头寸的大小。

②根据风险头寸的性质确定受险资产或受险负债的调整方向。如果以某种外币表示的受险资产大于受险负债，就需要减少受险资产或增加受险负债。反之，如果以某种外币表示的受险资产小于受险负债，则需要增加资产，减少受险负债。

③在明确调整方向和规模后，进一步确定需要调整的账户和科目。需要注意的是，有些账户或科目的调整可能会带来相对于其他账户或科目调整更大的收益性、流动性损失，或造成新的其他性质的风险。因此，一般说来，通过资产负债表保值获得折算风险的消除或减轻，是以经营效益的牺牲为代价的，应慎重对待，权衡利弊。

（3）经济风险的管理

对经济风险的管理十分复杂。经济风险不单来自国际经济合同签订之后，而且跨国公司早在决定在海外投资设立分公司时起，就已经面临经济风险了。防范经济风险的目标是预测和防止非预期汇率变动对企业未来净现金流的影响。这一目标要求跨国公司及时发现市场出现的不均衡状况，并随时采取措施。经济风险管理的主要方法有以下两种。

①经营多样化，是指跨国公司在生产、销售等方面实行分散化策略，即企业在全球范围内分散其销售市场、生产基地和原料来源地，或随汇率变动及时调整原材料、零部件来源，随汇率变动及时调整销售数量、销售价格。这种经营方针对经济风险的降低作用还体现在主动调整经营结构上，当汇率出现意外变化时，比较不同国家或地区的子公司的生产和销售状况，据此迅速调整总公司内部的生产基地和销售市场，增加富有竞争力的子公司的份额，减少竞争能力弱的子公司份额，使整个公司竞争力增强，可避免单一生产经营可能遭受的经济损失。

②融资多样化，是指在多个资金市场上寻求多种资金来源和资金去向，在筹资和投资两方面都做到多样化。较理想的状况是国际企业在货币趋于贬值的国家借款，如果预期正确，就可以从中获得好处；另一种状况是从多个国家的金融市场借入多种货币，多种货币中有的升值，有的贬值，互相抵销，从而降低外汇风

险。投资方面，国际企业同样可以投向预期货币趋于升值的国家，或者向多个国家同时投资。

拓展案例 7-1

力帆股份俄罗斯大考 多举措应对汇率波动

在经历了一系列海外市场开拓努力后，目前国际市场已占据力帆股份一半的销售额。在2013年度，营业收入100.73亿元中，出口金额53.52亿元人民币，其中轿车出口位列自主品牌轿车出口第三名，连续三年为俄罗斯中国车企销量冠军。摩托车实现销售34.14亿元，其中出口17.34亿元。

由于目前卢布不能直接兑换人民币，要先兑换美元再兑换人民币，所以卢布兑美元大跌对力帆公司造成了一些影响。针对俄罗斯卢布贬值的风险，公司已在前期做了充分准备，主要应对措施包括但不限于：

①根据公司的实际需求，将卢布在俄罗斯使用，包括用于俄罗斯利佩茨克经济特区新建厂项目、购入俄罗斯木材等货品销往国内等，避免形成较大汇兑损失；

②存放在当地银行，以获取较高利息；

③适当提高汽车产品销售价格，特别是新产品按新价格销售；

④在贬值幅度加大时，适当控制压缩销量。

资料来源 李健.乔力帆股份俄罗斯大考 多举措应对汇率波动 [EB/OL]. [2014-12-24]. http://news.163.com/14/1224/01/AE6NIGH900014SEH.html.

本章小结

外汇管制也称外汇管理，是指一个国家为了减缓国际收支危机，减少本国黄金外汇储备的流失，而对外汇买卖的价格以及外汇资金进出国境的流动性直接加以限制，维持本国货币对外汇率的稳定所实施的政策措施。

外汇管制的类型主要以是否实行全面的或部分的外汇管制为标准，大致分为严格型外汇管制的国家和地区、非严格型外汇管制的国家和地区以及松散型外汇管制的国家和地区。

外汇管制的主要内容包括对贸易外汇的管制、对非贸易外汇的管制、对资本输出和输入的管制、对汇率的管制、对黄金和现钞输出和输入的管制以及对货币兑换的管制。

外汇管制对经济的正面影响包括：防止资本外逃、维持汇率稳定、维护本币在国内的统一市场、不易受投机影响、便于实行贸易上的差别待遇、保护民族工业、有利于国计民生以及增加货币币值，稳定物价。外汇管制对经济的负面影响包括：不利于平衡外汇收支和稳定汇率、阻碍国际贸易的均衡发展、限制资本的流入、导致价格机制失调，以及资源难以合理配置。

外汇风险是指在一定时期的国际经济、贸易和金融活动交往中，经济主体以外币计价的资产或负债由于汇率的变动而产生价值变动的可能性。汇率变动可能带来风险损失也可能带来风险收益，但从外汇风险管理角度看，外汇风险仅指外汇市场主体因汇率变动而遭受损失的可能性，包括交易风险、折算风险和经济风险。

企业交易风险的管理方法包括贸易类管理手段和金融工具管理手段。贸易类管理手段包括货币选择法、结算时间选择法、货币保值法、平衡法、组对法、贸易融资法。金融工具管理手段包括即期合同法、远期合同法、期货合同法、期权合同法、掉期合同法、借款投资法以及综合避险法。对折算风险的管理通常是实行资产负债表中性化，达到保值的目的。资产负债表中性化方法的基本思想是在资产负债表上尽量使各种功能货币表示的受险资产与受险负债的数额相等，以使其折算风险头寸（受险资产与受险负债之间的差额）为零。对经济风险的管理方法主要是经营多样化和融资多样化。

关键术语

外汇管制　外汇风险交易　风险折算　风险经济　风险外汇　风险管理

基本训练

一、单项选择题

1.所谓外汇管制就是对外汇交易实行一定的限制，目的是（　　）。

A.防止资金外逃　　B.限制非法贸易

C.奖出限入　　D.平衡国际收支、限制汇价

2.经济实力较强的国家实施外汇管制的主要目的是（　　）。

A.限制资本流出　　B.限制资本过剩

C.平衡国际收支　　D.维持汇率稳定

3.经济实力较弱，外汇资金短缺的国家实施外汇管制的目的在于（　　）。

A.防止资本外逃　　B.加强黄金外汇储备

C.提升本币信用　　D.平衡经常项目收支

4.我国实行经常项目下人民币可自由兑换，符合国际货币基金组织（　　）。

A.第5条会员国规定　　B.第12条会员国规定

C.第8条会员国规定　　D.第14条会员国规定

5.我国人民币实现经常项目下的自由兑换的时间是（　　）。

A.1992年　　B.1994年　　C.1996年　　D.2000年

6.外汇管制最基本最主要的内容是（　　）。

A.外汇资金收入和运用的管理　　B.货币兑换管理

C.汇率管理　　D.额度留成制

7.某公司有一笔远期美元收入，同时创造了一笔港币支出业务，该公司使用的防范风险的方法是（　　）。

A.平衡结汇法　　B.掉期合同法

C.选择货币法　　D.软硬货币搭配法

8.在预期本币贬值的情况下，公司的做法是（　　）。

A.进口商拖后收汇，出口商拖后付汇

B.进口商提前收汇，出口商拖后付汇

C.进口商拖后收汇，出口商提前付汇

D.进口商提前收汇，出口商提前付汇

9.按照货币选择的原则，签订进出口合同时，应尽量采取（　　）计算。

A.本国货币　　B.外币　　C.一篮子货币　　D.美元

10.使用BSI法，在有应付外汇账款的情况下，企业应首先从银行借入与应收外汇账款相同数额的（　　）。

A.本币　　B.外币　　C.黄金　　D.特别提款权

二、多项选择题

1.外汇管制对经济的正面影响包括（　　）。

A.保证本币升值　　B.保护民族工业　　C.稳定物价　　D.平衡外汇收支

2.以下属于外汇管制内容的有（　　）。

A.对汇率的管制　　B.对资本输出和输入的管制

C.对贸易外汇的管制　　D.对货币兑换的管制

3.外汇风险的产生需要具备的因素有（　　）。

A.价格因素　　B.时间因素　　C.经济因素　　D.货币因素

4.外汇风险的类型包括（　　）。

A.交易风险　　B.折算风险　　C.经济风险　　D.政治风险

三、简答题

1.简述外汇管制的概念和主要内容。

2.简述外汇管制对经济有哪些影响。

3.2005年以后我国外汇管理体制改革的主要内容有哪些？

4.什么是外汇风险？外汇风险有哪些类型？

5.分析企业应该如何防范外汇风险。

第8章
国际金融市场

学习目标

◆了解国际金融市场的概念、形成与发展以及国际金融市场的作用。
◆掌握国际货币市场和国际资本市场的业务活动、营运方式及其特点。
◆重点掌握欧洲货币市场的形成和构成，以及其积极作用和消极影响。

8.1　国际金融市场概述

8.1.1　国际金融市场的概念

国际金融市场的概念有广义和狭义之分。广义的国际金融市场是指资金在国际上进行流动或金融产品在国际上进行买卖和交换的场所，包括短期资金市场（货币市场）、长期资金市场（资本市场）、外汇市场和黄金市场等。另外70年以来形成和发展的国际金融期货和期权交易市场，是国际金融市场新的组成部分，这几类市场是密切联系的。狭义的国际金融市场是指在国际上经营借贷资本，即进行国际借贷活动的市场，因此也叫国际资金市场，包括长期资金市场和短期资金市场。

本章是从狭义的概念上来探讨国际金融市场的。

8.1.2　国际金融市场的类型

1.传统的国际金融市场

传统的国际金融市场是从事市场所在地国家货币的国际借贷，并受市场所在国政府政策与法令管辖的金融市场。这种类型的国际金融市场，经历了由地方性金融市场到全国性金融市场，最后发展为世界性金融市场的历史发展过程。传统的国际金融市场受所在国法令、政策的管辖，交易使用的是所在国货币，交易者基本上是所在国居民。这类国际金融市场是以所在国强大的工商业、对外贸易与对外信贷同等经济实力为基础，由地方金融中心发展为世界金融市场的。伦敦就是一个较典型的传统的国际金融市场。另外，纽约、苏黎世、巴黎、东京、法兰克福、米兰等也属于这类国际金融市场。

2.新型的国际金融市场

新型国际金融市场是指第二次世界大战后形成的欧洲货币市场（Euro-currency market）。新型的欧洲货币市场与传统的国际金融市场相比，其特点是：所经营的对象不限于市场所在国的货币，而是包括所有可以自由兑换的货币，这就为借款货币提供了方便条件。它的经营活动可以不受任何国家金融法规条例的制约。它打破了只限于市场所在国国内的资金供应者的传统界限，从而使外国贷款人与外国借款人都不受国籍的限制；它的借贷活动不受任何国家政府政策与法令的管辖。这个市场的形成不以所在国强大的经济实力和巨额的资金积累为基础，只要市场所处国家或地区政治稳定、地理方便、通信发达、服务周到、条件优越，并实行较为突出的优惠政策，就有可能发展为新型的国际金融市场。

8.1.3 国际金融市场的形成条件

国际金融市场的形成必须具备一定的条件，这些条件概括起来有如下几点：

1.有稳定的政局

这是最基础的条件，如果政局不稳定，不仅国际资金不会流向那里，就是国内资金也会寻求避难所而逃之夭夭。

2.完善的金融制度

这主要指金融管理制度及其法规完善，银行机构比较集中，信用发达，此外，还包括一支高素质的金融专业人才队伍提供高效率的金融服务。

3.具有现代化的国际通信设施

这是因为国际金融市场的业务活动离不开现代先进的电话、电报、电传、电脑等通信设施，不仅货币买卖、资本融通、票据结算及国际证券的发行、承购、转让等离不开现代先进的通信设施，而且全国金融信息的联结也离不开现代先进的通信设施。

4.实行自由外汇制度

自由外汇制度包括没有外汇管制或外汇管制较松和资金进出自由，外汇买卖自由，税率较低，非居民参加金融业务活动，给予与居民相同的待遇并无歧视等。

5.适中的地理位置

便利的交通条件、适宜的气候、有利的时差等地理环境条件也是发展金融市场必不可少的要素。

8.1.4 国际金融市场的发展阶段

国际金融市场从其产生发展到今天，总体上可划分为三个阶段：

1.伦敦国际金融市场的兴起与衰落

第一次世界大战以前，英国的自由资本主义迅速发展，工业生产走向集中并在海外不断殖民，掠夺了大量的财富，当时英国政治上稳定，英格兰银行的地位稳固，遍布英国国内和世界各国主要地区的银行代理关系逐渐完备，银行信贷、银行结算基本建立，英镑成为国际结算与国际储备货币，伦敦成为资本主义世界最大的国际金融市场。

2.纽约国际市场的形成

第二次世界大战后，英国经济受到严重破坏，英镑作为国际结算与国际储备货币的地位衰落，削弱了伦敦作为世界金融中心的地位。美国成为资本主义的经济霸主，美元成为储备货币和国际结算货币，美国成为世界最大的资金供应国，大量的国际借贷和资本筹措集中在纽约，使纽约成为世界上最大的国际金融市场。

3.欧洲货币市场的形成

欧洲货币市场产生于20世纪60年代，它是一种新型的国际金融市场，它允许交易者向非居民筹资、投资或贷款而不受法规和税收的限制，为后来的国际金融市场资金扩大和地域分散创造了有利的条件，使原来不重要的地区发展成为国际金融中心，在世界范围内，形成一个国际金融市场网络。近年来，亚洲的新加坡、中国香港等的金融市场有了较大的发展，拉丁美洲、非洲等发展中国家的金融市场发展也很快。

8.1.5 国际金融市场发展的新趋势

20世纪80年代以来，随着国际经济一体化日益加深，计算机互联网络在金融领域得到广泛应用，主要发达国家逐步放宽金融管制，使国际金融市场发生了进一步变化，出现了以下趋势：

1.全球金融一体化趋势

全球金融一体化趋势是指世界各国金融市场的国际化、金融管制的放松、电子信息技术的进步使国际金融市场在全球范围内形成一个有机整体。从地理分布上看，不再局限于少数发达国家，发展中国家和地区也出现了新兴金融市场。

2.金融运行自由化趋势

由于西方发达国家逐步放松了金融管制，使传统金融市场在业务运作上日益自由和灵活。

3.融资证券化趋势

融资证券化是指在国际金融市场上筹资方式的证券化和贷款债券证券化。发行证券的筹资方式逐步取代向商业银行借款的筹资方式，商业票据、债券和股票等有价证券的发行规模日益扩大，国际证券市场在整个国际金融市场中的地位升高。贷款债券证券化是指金融机构以贷款债券作担保的证券发行。

4.银行业务表外化趋势

跨国银行资产负债表之外的业务出现迅速增长的趋势，传统的银行业务地位下降，以现代信息处理技术为核心的服务领域成为银行新的盈利增长点。

5.市场主体机构化、交易批量化趋势

国际金融市场的投资主体中，机构投资者取代个人投资者成为投资的主导力量。由于每笔金融交易的规模越来越大，分散、弱小的个人投资者已经无法满足市场需求，逐步被资金实力雄厚的金融机构取代，使金融交易走向集中，形成批量。

6.融资创新化趋势

20世纪70年代以来，为避免日益加大的国际金融市场风险，逃避金融管制，增强市场竞争力，各种新型的金融衍生品以及新型的金融交易方式、交易机制和交易规则层出不穷。

7.交易电子化趋势

国际金融市场的交易更多通过高度发达的电子技术和计算机网络来处理，极大地提高了市场中介的服务效率和质量，降低了市场交易的成本和费用。

8.1.6 国际金融市场的作用

1.国际金融市场的积极作用

（1）调节国际收支

国际金融市场的产生与发展，为国际收支逆差国提供了一个调节国际收支的途径，逆差国可以在国际金融市场上举债或筹资，从而能更灵活地规划本国经济发展，也可以部分缓解国际收支逆差带来的失衡压力。

（2）促进了世界经济的发展，推动了世界经济全球化

国际金融市场可以把大量闲置资金集中起来，满足了国际经济贸易发展的需要，同时通过金融市场的职能作用使资金流动起来，提高了资金的使用效率，推动了生产与资本的国际化，使资本在世界范围内更趋于合理配置，促进了跨国公司的发展，推动了世界经济全球化的进程。

（3）为资本短缺国家利用外资扩大生产规模提供了便利

国际金融市场为国际闲散资金提供了投资获利的渠道，为资金短缺的国家提供了可以在国际范围内方便获得所需资金的机会。第二次世界大战后西欧的复兴，日德的经济发展，发展中国家的经济发展，都大量利用了国际金融市场的资金。

（4）推动银行国际化的发展

第二次世界大战后，银行业务的国际联系进一步加强，一些传统的内向型银行纷纷走出国门，发展成为跨国银行，这无疑是国际金融市场发展推动下的结果。

2.国际金融市场的消极作用

总体来说，国际金融市场对世界经济的发展起着积极的作用，但同时也要注意到，国际金融市场对世界经济的发展也有消极作用，主要为导致汇率波动，为投机活动提供了便利；大量资本在国际上流动不利于有关国家执行自己制定的货币政策，造

成外汇市场的不稳定；造成国际储备的自发增长，使得官方清偿能力的数量和构成更加难以控制；自由兑换货币大量流向金融市场，使发行国货币供应量增加，诱发该国通货膨胀，进而引发世界性通货膨胀；对于发展中国家来讲，金融市场在快速向国际化发展的同时，有时会对国内经济产生负面影响。

8.2　国际货币市场与国际资本市场

8.2.1　国际货币市场

1.国际货币市场的概念

国际货币市场的经营期限在一年以内（含一年）的借贷资本市场，也叫短期资金市场。由于资金融通期限短，因此其主要目的是以流动性为主，以营利性为辅。

国际货币市场的参与者主要有：商业银行、中央银行、保险银行、金融公司、证券经纪商、证券交易商、工商企业及个人，他们既是资金供给者，又是资金需求者。

一个理想的国际货币市场应具备三个条件：一是必须有一个完善的银行体系作为最终的贷款人；二是该市场上应该拥有种类较多的短期金融工具；三是有关货币市场交易的法律制度必须健全。

国际货币市场的特点：一是期限较短，最短的融资期限只有1天，最长的也不过1年；二是交易的目的是解决短期资金周转的需要；三是国际货币市场上交易的金融工具一般时间短、流动性强、变现性高；四是交易者要求信誉，融资数额大，借贷成本低，资金周转快、流量大、风险小。

国际货币市场的主要作用是为短期资金在国际上的转移和融通提供渠道。各国资金盈余者可以将其短期资金投放到国际货币市场上获取收益；各国的资金短缺者在遇到临时性或季节性资金周转困难时，利用国际货币来调节资金的需求。由于国际货币市场的跨越国界性，因此可在世界范围内进行短期资金的合理配置，从而增强了货币资金的效率。但是，由于该市场上的资金数额巨大且流动性强，因此，易对国际金融秩序造成猛烈的冲击，引发金融危机。

2.国际货币市场的构成

国际货币市场按照接待方式和主要业务不同可分为：

（1）银行短期信贷市场

银行短期信贷市场指的是银行与各国政府、工商企业、跨国公司等客户之间的短期资金存放市场。

银行一方面吸收客户的闲散资金，尤其是把工商企业在资本循环和周转中分离出来而暂时不用的资金聚集起来，另外同时对客户提供短期融资，主要满足工商企业在经营过程中临时性的、周转性的短期资金需求，这种业务手续简便，贷款利率一般在银行同业拆放利率（伦敦银行同业拆借利率）基础上提高一定幅度。比如，各国中央银行向商业银行筹措短期资金，用于弥补国际收支赤字；跨国公司向国际商业银行借入短期流动资金，维持企业正常的运营。

（2）银行同业拆放市场

银行同业拆放市场是银行相互间短期融通资金的市场。银行为调拨交易头寸和储备金头寸，经常需要与同业进行短期资金借贷。这种业务可通过货币经济商办理，也可在银行间直接进行交易。

一般而言，商业银行为弥补交易头寸的不足或准备金不足相互之间进行的这种借贷活动，主要凭借信用，无需缴纳担保品，不需签订合约，借款人的资信状况对信贷条件（如贷款金额、期限、利率等）有很大的影响。这种交易活动一般发生在无形市场，主要通过电讯手段成交。同业拆借市场的交易金额一般都较大，例如在伦敦同业拆借市场上，每笔交易的金额最低为25万英镑，一般情况下为100万～300万英镑。同业拆借市场的借贷期限很短，通常以1～2天为限，短至隔夜，多则1～2周，一般不超过1个月，最长不超过1年。

银行同业拆放市场的利率随市场利率的变化而变化，一般低于对国内大客户的优惠放宽利率。银行同业拆放市场的利率是货币市场的基础利率之一，在国际金融市场上最有影响的同业拆放利率是伦敦银行同业拆放利率（london interbank offered rate，LIBOR），这是在伦敦金融市场上银行间相互拆借英镑、欧洲美元及其他欧洲货币时的利率，由报价银行在每个营业日的上午11时对外报出，分为存款利率和贷款利率两种报价，二者一般相差0.25%~0.5%。

银行之间的短期放款利率都在LIBOR的基础上加一定的百分比，叫加息率，例如LIBOR+0.5%，LIBOR+1.5%等。在国际货币市场上，比较典型的同业拆借利率除伦敦银行同业拆借利率外，还有新加坡银行同业拆借利率和中国香港银行同业拆借利率，他们的生成和作用范围是两地的亚洲货币市场，其报价方法及拆借期限与伦敦银行同业拆借利率并无差别。

（3）贴现市场

贴现市场是以未到期票据通过贴现市场获得资金融通的市场。

所谓贴现就是指未到期的票据按照现贴现率扣除自贴现日到票据期日的利息，向贴现公司或银行换取现金。通过贴现，持票人取到未到期的票款，贴现公司为持票人提供了相当于票据金额的贷款。贴现是短期资金融通的一种重要形式。

贴现交易的信用票据都为一年以内的短期票据，主要有国库、银行承兑票据和部分商业票据。

贴现的实际利率一般高于银行同期贷款利率，世界上最大的贴现市场在英国，它历史悠久，在英国金融市场上占有特殊的重要地位。

贴现市场一方面有信用票据持有人向贴现公司或银行的贴现，另一方面还有贴现银行向中央银行办更换再贴现。中央银行可以运用再贴现来调节信用和控制市场货币资金，中央银行的再贴现率是商业银行贷款利率的下限。

（4）短期的证券市场

短期的证券市场是指进行短期证券的发行和买卖的场所，在这一市场上交易的是各种期限在一年以内的可转让融通的信用工具。各国货币市场的短期有价证券种类繁多，一般包括以下几种：

①国库券。国库券是西方国家财政部为筹集季节性需求资金或进行短期经济或金融调控而发放的短期债券。

短期国库券交易具有较明显的投资特征，这些特征对投资者购买国库券具有很大的影响。这些特征表现在：违约风险小，由于国库券是国家债务，因而它被认为是没有违约风险的，相反即使是信用等级最高的其他货币市场票据，如商业票据、可转让存单等都存在一定的风险，尤其在经济衰退时期；流动性强，国库券能在交易成本较低及价格风险较低的情况下迅速变现；面额小，相对于其他货币市场票据来说国库券的面额较小，对许多小投资者来说国库券通常是他们能直接从货币市场购买的唯一有价证券。由于这些特点，国库券已经成为货币市场上发行量最大、流通量最广的一种证券，广泛地被各金融机构和公众持有，是西方国家中最理想的短期投资目标。国库券的发行以贴现方式进行，到期时按照票面金额进行偿还，投资者的收益是证券购买价与证券面额之间的差额，政府对国库券的利息免征个人所得税，期限通常为3个月、一年，以3个月为最多。

②商业票据。商业票据是非银行金融机构或工商企业为筹措短期资金而发行的一种金融工具。商业票据不是以商品交易为基础的，而是专门为融通资金而签发的一种票据。商业票据是以贴现方式出售给投资者的一种短期无担保承诺凭证，票面金额不限，多数没有票面利率，按折价发行，发行者承诺到期时以全额偿还，投资者也可在到期前于市场上出售。商业票据可自由地在市场上买卖和流通，这种融资方式对于工商企业来讲比较灵活，而且成本也较低。商业票据的有效期限一般不超过270天，市场上未到期的商业票据平均期限在30天以内，大多数商业票据的期限在20～40天之间。由于商业票据没有担保，仅以信用作保证，因此能够发行商业票据的一般都是规模大、信誉好的大公司。

③银行承兑汇票是经银行背书承兑并保证到期付款的汇票。在商品交易活动中，售货人为了向购货人索取货款而签发的汇票，经付款人在票面上承诺到期付款并签章后就成为承兑汇票。经购货人承兑的汇票称为商业承兑汇票，经银行承兑的汇票即为银行承兑汇票。由于银行承兑汇票由银行承诺承担最后付款责任，这里银行是第一责任人。这种汇票期限一般为30~180天，以90天为最多，面值无限制，持有人可在到期之前到承兑银行贴现，或者是在二级市场转售，转售时的价格按面值打一定折扣，买价与面额为持票人的收益。银行承兑汇票的违约风险较小，但有利率风险。银行承兑汇票一般运用在进出口贸易中，是贸易融资的一种手段。

④可转让大额定期存款单（CDs）。它是商业银行和金融公司为吸收大额定期存款而发行的表明金额、期限、浮动或固定利率的存款凭证。这种存款单不记名并可在

市场上自由出售。因此，投资一张存款单，既可获得定期存款利息，又可随时转让变为现金，很受投资者欢迎。投资者一般是大企业、地方政府、外国中央银行、货币市场互助基金会以及一些个人投资者。银行也是存单市场的重要投资者，但是中央银行一般禁止发行银行买回他们自己的未到期存单。

大额可转让定期存款单是银行定期存款的一种，但和普通的定期存款又不尽相同，区别主要在于：定期存款记名、不可流通转让，而大额可转让定期存款单是不记名的，可以流通转让；定期存款金额不固定，可大可小，而大额可转让定期存款单金额较大，最少为10万美元，二级市场上的交易单位为100万美元；定期存款利率固定，而大额可转让定期存款单利率既有固定的也有浮动的，且一般来说比同期限的定期存款利率高；定期存款可以提前支取，而大额可转让定期存款单不能提前支取，但可在二级市场流通转让。大额可转让定期存款单的期限一般在一年以内，最常见的是3~6个月。大额可转让定期存款单起源于20世纪60年代的美国花旗银行，后来在英国等欧洲国家以及亚洲国家和地区迅速发展起来，目前已成为全球非常重要的短期证券市场。

⑤回购协议。其是指证券持有人在出售证券时与证券购买者达成协议承诺在未来某时间按照协定赎回证券。回购协议借款是银行推行负债储备管理的有力工具之一，尤其是大银行喜好用回购协议调整储备金头寸。回购协议所获借款无需提交储备金，这就降低了回购协议借款的实际成本。由于回购协议下有政府债券等金融资产作担保，资金需求银行所付的利息稍低于同业拆借利率。回购协议的期限弹性佳。回购协议的期限虽多为一个营业日，但也有长达几个月的，而且双方可签订连续合同。在协议不产生异议的情况下，协议可自动展期。因此，回购协议为商业银行提供了一种比其他可控制负债工具更容易确定期限的工具。

回购协议方式具有以下特点：将资金的收益与流动性融为一体，增大了投资者的兴趣；增强了长期债券的变现性，避免了证券持有者因出售长期资产以变现而可能带来的损失；具有较强的安全性；较长期的回购协议可以用来套利。[①]

8.2.2 国际资本市场

1.国际资本市场的概念

国际资本市场也称长期资金市场，一般是指经营期限在一年以上的借贷资本市场。

国际资本市场的资金供应者主要是各种金融机构、跨国公司、各国的货币当局、国际金融组织、私人投资者等，资金需求者多为各国政府和工商企业，市场交易工具主要包括银行中长期贷款、政府中长期债券、公司债券、公司股票、欧洲债券、外国债券等。国际资本市场主要分布在纽约、伦敦、苏黎世、法兰克福、巴黎、东京、新

① 佚名. 回购协议 [EB/OL]. [2015- 12- 22]. http://baike. baidu. com/link?url = 1jv08kjGzqcB7aen6_ous2rmXVyu6fEwcqCb79q6-NbA5OLCDoAWIrt8wIYgPRBaws3Y_UzhfnHliNRFNkUNda.

加坡和中国香港等国际金融中心。纽约、伦敦资本市场以及欧洲货币市场是最大的国际资本市场。

国际资本市场的特点：①通过市场机制吸收、组织国内外资金，对其进行中长期的分配和再分配。②交易注重安全性、营利性和流动性，借贷双方都很重视双方稳定的长期合作关系。③有政治风险、违约风险、利率风险、汇率风险、经营风险、价格风险等，使市场的不确定性因素更为复杂，需要采取多种避险措施。

国际资本市场的主要作用：①提供一种使资本在国际上得到优化配置的机制，为剩余资本所有者提供投资机会和为资本短缺者融资提供便利。②为已发行的证券提供具有充分流动性的二级市场，以保证一级市场的活力。③能够更广泛地吸引国外资本或国际资本。④能够以较低的成本吸收资本。⑤能够通过发行国际证券的形式或创造新的金融工具，逃避各国的金融、外汇管制及税收问题。

2.国际资本市场的构成

按照借贷方式不同，资本市场可分为银行中长期信贷市场、国际债券市场、国际股票市场。

(1) 银行中长期信贷市场

银行中长期信贷市场是一种国际银行提供中长期信贷资金的场所。一般1~5年的称为中期信贷，5年以上的称为长期信贷。资金利率由经济形势、资金供应量、通货膨胀和金融政策等多方面因素决定，一般是在伦敦同行业拆放利率基础上提高一定的幅度。银行中长期信贷的特点主要表现为：资金来源广泛，不限用途，有较强的选择性和灵活性，一般而言，银行中长期信贷在贷款资金的用途上可以不受贷款银行的任何制约，可由借款人根据自己的意愿安排使用；使用浮动利率，反映借贷市场的供求关系，由于随行就市所以利率较高；与发行证券相比，手续简便。银行中长期信贷市场根据其贷款数额和期限可分为双边贷款和多边贷款。

①双边贷款（又称独家银行贷款），是指银行对另一家银行、一国政府或工商企业提供的贷款。这是一种最简单的贷款形式，双边贷款通常只涉及一家贷款银行与另一国借款人之间的关系，从而减少一定的管理以及其他费用，降低信贷成本。双边贷款提供的贷款金额一般较小，最多不超过1亿美元。贷款期限多为中期，即5年以内。贷款手续比较简便，资金用途不受限制。贷款利率按照市场利率，成本适中。

②多边贷款（又称国际金融组织贷款），是指由几家或十几家外国银行或国际金融组织等共同参加的向一个公司或一个国家或某些大型工程项目发放的贷款。贷款方目前较多的是发展中国家，也包括发达国家等；提供多边贷款的组织复杂多样，主要是一些国际性银行和国际性的金融组织等，比如世界银行、国际农业发展基金组织、亚洲开发银行和地区性金融机构等。多边贷款是政府利用主权外债融资的一种方式，多边贷款条件比较优惠，主要表现在贷款利率低于市场利率，甚至利息为零；贷款期限及宽限期均比较长，一般为5～10年或10年以上，借款者主要承担贷款货币汇率变动的风险。多边贷款立项认真、严格，一般是与特定的工程项目相联系，要求贷款国

必须提供详尽的有关贷款项目资料，贷款必须如期归还，不可中途改变还款日期，批准项目的手续、流程十分严密，历时较长，一般从项目的提出到签约需1年半到2年。多边贷款的优点是可以增加投资机构资金供给能力，并减少单个金融机构所承担的风险。

（2）国际债券市场

国际债券市场是指专门从事国际债券发行和买卖交易的场所。国际债券是指一国政府、企业、国际金融等为筹措外币资金在国外发行的以外币记值的债券。债券的期限一般为1年以上，是中长期融资工具，其中1~5年（含5年）期限的为中期债券，5年以上的为长期债券。在国际债券市场上，发行交易的债券种类繁多，主要有外国债券、欧洲债券、全球债券等。

①外国债券。外国债券是发行者在国外债券市场上发行的以东道国货币为面值发行的债券。外国债券又称为传统的国际债券。外国债券必须先得到发行地所在国政府债券监督机构的批准，由市场所在国的证券机构发行和担保，受该国金融法令的制约，主要由市场所在国的居民购买。

②欧洲债券。欧洲债券是借款人在本国境外市场发行的，不以发行市场所在国货币为面值的国际债券。欧洲债券的发行人、发行地及面值货币分别属于3个不同的国家。欧洲债券基本不受任何一国金融法令和税收条例的限制：发行前不需要在市场所在国提前注册，也不必披露信息资料；发行手续简便，自由灵活；多数的欧洲债券不记名，具有充分的流动性；通常同时在几个国家的资本市场发行。欧洲债券的发行人、发行地点和记值货币分别属于不同国家，主要记值货币为美元、英镑、德国马克、瑞士法郎、日元等可自由兑换货币。

（3）国际股票市场

国际股票市场是指居民与非居民之间或非居民与非居民之间，对国际股票进行交易的行为以及伴随或制约着这种交易行为的居民或非居民所在国相关的法律规定。具体而言，从股票发行人的角度看，国际股票市场是由交易市场所在国的非居民（外国）公司发行股票所形成的市场。从股票投资人的角度看，国际股票市场还应包括大量非居民投资者参与投资与买卖的股票市场。[①]

国际股票市场的特点：①股票交易价格波动频繁，受政治、经济、金融及市场因素影响大，投资人完全承担着股价波动的风险。②股票市场的一体化程度大大加深。③股票市场发展了许多为降低风险而衍生出的派生证券市场，如股票期货市场、期权市场。④一级市场与二级市场之间联系越来越密切，两个市场的价格也越来越趋于一致。⑤二级市场的主要投资人有机构投资人和个人投资人，但国际股票市场的主要投资人是机构投资人，包括各种基金、金融机构和公司等。

在国际股票市场中，股票的发行和买卖交易是分别通过一级市场和二级市场实现

① 佚名. 国际股票市场［EB/OL］.［2015-12-22］. http://wiki mbalib. com/wiki/%E5%9B%BD%E9%99%85%E8%82%A1%E7%A5%A8%E5%B8%82%E5%9C%BA.

的。一级市场即股票发行市场，二级市场即对已发行的股票进行买卖的市场。另外，根据二级市场的结构，它又可以分为证券交易所市场和场外交易市场两部分。

国际股票市场的主要交易品种：股票现货；股票期货；股票指数期货，简称股指期货；股票期权；存托凭证。

8.3 欧洲货币市场

8.3.1 欧洲货币市场

欧洲货币市场是指在货币发行国境外进行该国货币交易的资金借贷市场。欧洲货币是指在货币发行国境外流通的货币。它并非指欧洲国家的货币，也不是指一种专门的欧洲货币，而是泛指在发行国之外进行借贷的货币，如在美国境外作为借贷对象的美元即为欧洲美元，在日本境外作为借贷对象的日元即为欧洲日元，还有欧洲英镑等都称为欧洲货币。欧洲货币并不是一个地域的概念，如在亚洲的东京和中国香港存贷的美元是欧洲货币，在纽约和伦敦存贷的日元和港币也是欧洲货币。

8.3.2 欧洲货币市场的形成

欧洲货币市场最早出现在20世纪50年代，其形成和发展的原因有：

1.东西方的冷战

20世纪50年代初朝鲜战争爆发后，美国政府冻结了中国存储在美国的全部资产。苏联及东欧的一些国家为防止其在美国的资产被冻结，而将美元存款转移到欧洲国家的一些银行，主要是伦敦的大银行，这就形成了最早的欧洲美元。

2.英国当局对英镑的限制

1957年英法联合入侵埃及，英国国际收支恶化，引发英镑危机，迫使英国政府加强外汇管制，禁止英国银行用英镑向非英镑区居民提供贷款，同时把利率提高到7%，并批准经营美元存放借贷业务，把伦敦金融市场向美元开放，即欧洲美元市场。

3.美国金融管制

20世纪50年代末和60年代初，美国国际收支逆差逐渐扩大，资金外流加剧，美国政府被迫采取一系列限制美国资本外流的管制措施。1960年美联储制定了美联储备法案“Q项条例”（Regulation Q，后于1970年停止执行），规定了商业银行储蓄及对30天以上的定期存款利率的最高限额，而对30天以下的活期存款不付利息。美国定期存款利率低于西欧各国美元存款利率，这促使美国国内的金融机构与大公司纷纷将大量资金转存欧洲各国，而促使了欧洲美元市场的发展。此外，美国货币政策《M项条例》规定商业银行要向联邦储备体系缴纳存款准备金。为逃避这项规定，跨国银行在国外吸收存款进行营运，也成为促使境外美元市场发展的重要因素。此外，美国政府为减缓国际收支危机，1963年7月对居民购买外国在美发行的有价证券要征收

“利息平衡税”，1965年为控制金融机构对外贷款规模颁布“自愿限制对外贷款指导方针”，1968年颁布“国外直接投资规则”以直接限制有关机构的对外投资规模。所有这些限制措施都迫使美国和外国的跨国公司转向欧洲货币市场进行借贷。

4.美国的国际收支逆差

美国国际收支从1950年以来，除个别年份外，一直出现逆差。据统计，从1958年以后，逆差急剧增加。美国国际收支大量的逆差，美元大量外流，增加了国外美元供应，为货币市场的美元交易创造了条件。20世纪60年代，美元危机爆发，抢购黄金和其他硬通货的风潮时有发生。这时一些西欧国家，如德国和瑞士等为了保护本币和金融市场的稳定，抑制国内通货膨胀，曾对非居民持有自己国家货币采取不付息或倒扣息等措施加以限制，面对非居民的外币存款同时给予鼓励。国际垄断组织及银行，为获取德国马克和瑞士法郎升值的利益，又逃避上述倒收利息的损失，将手中的德国马克和瑞士法郎存储于他国市场，使欧洲美元市场扩大而演变成欧洲货币市场。

5.美国政府的纵容态度

美元在境外的存储贷放减轻了1971年8月15日前外国央行拿美元向美国兑换黄金的压力，这对黄金储备日益减少的美国来说无疑是有益的，所以美国政府对“欧洲美元市场”的发展采取了支持、放纵的态度。

6.西欧国家放松外汇管制

1958年西欧一些国家放松外汇管制，实行了货币自由兑换，于是储存在各国市场的境外美元和境外欧洲货币在欧洲地区可以自由买卖，资金也可以自由流动，欧洲货币交易也开始频繁。

8.3.3 欧洲货币市场的特点

1.欧洲货币市场不受任何国有金融法规和税制的限制

传统的国际金融市场必须受所在国有的政策法令的约束，但欧洲货币市场是一个超国家或无国籍的资金市场，不受任何国家金融法规和税制的限制，所以它是一种超国家和无国籍的市场。

2.欧洲货币市场是个高度自由的市场

借款条件灵活，借款不限制用途；允许免交存款准备金；非居民可以自由进行外币资金交易、自由转移资金。

3.独特的利率体系

欧洲货币市场的利率一方面与各发行国国内利率有密切联系，但又不受法定准备金和存款利率最高额限制，它以伦敦市场的银行同业拆放利率为基础，存款利率略高于货币发行国国内的存款利率，贷款利率略低于货币发行国国内的贷款利率，存贷利率有时甚至低于0.125%。因此，欧洲货币市场对资金供给者和资金需求者都比较有吸引力。

4.欧洲货币市场是一个批发市场

欧洲货币市场的经营以银行间交易为主，银行同业间的资金拆放占很大的比重，市场上的存款人和借款人一般都是大客户，每笔交易少则数万美元，多则数亿美元甚至数十亿美元，具有整存整取的特点。

5.欧洲货币市场资金规模大、币种多

欧洲货币市场的资金来自世界各地，数额大，几乎包括所有的可兑换货币，人们可以任意选择投资和借款地点、币种和规模，满足不同用途和期限的需要。

8.3.4 欧洲货币市场的构成

1.欧洲货币短期信贷市场

欧洲货币短期信贷市场是期限在一年以内的经营欧洲货币存贷业务的市场。其特点是：

①期限短。存款期限最多不超过1年，一般为1天、7天、30天，90天期的最为普遍。

②额度大。最小的交易起点为25美元或50美元，一般以100万美元为交易单位，金额高的交易则可达1 000万美元，甚至1亿美元。由于借贷起点高，市场的参加者多为大银行和大企业。

③借贷条件灵活。借款期限、金额、币种、交易地点等方面都由交易双方协商确定，客户可根据需要灵活选择。

④存贷利差小。该市场的存款利率略高于国内金融市场利率，而贷款利率一般低于国内市场利率，存、贷利差一般为0.25%~0.50%。

⑤手续简便。短期借贷通常发生在“交往有素”的银行与企业或银行与银行之间，彼此了解，双方均明悉各种条件的内涵与法律责任，不需签订书面贷款协议，也无需提供担保。一般通过电话、电传联系成交，极为快捷。

⑥市场规模代表整个欧洲货币市场容量。欧洲货币市场80%以上的资产和负债不超过1年，因此欧洲货币市场的规模实际上是指欧洲货币短期借贷市场的规模。

欧洲货币市场的资金来源有：银行间存款、非银行存款、一些国家的中央银行的存款。

欧洲货币市场资金需求主要有：国际性商业银行、跨公司和其他工商企业、各国政府当局及其国有企业、外汇投机者。

2.欧洲货币中长期借贷市场

1~5年期限的贷款为中期贷款，5年以上为长期贷款，但现在人们已倾向于不作区分，把1年以上的贷款统称为中长期贷款。欧洲借贷市场提供的中、长期贷款主要形式有两种：一种是个别大银行提供的，称独家银行贷款；一种是由国际银团提供的，称为银团贷款或辛迪加贷款。

欧洲货币中长期借贷市场的特点：

①期限长。其期限一般为1~10年，最长可达10年以上。

②额度大。贷款额度多为1亿美元以上，多者可达2亿美元甚至更多。

③银团贷款居多。一般由十余家，甚至数十家银行联合起来提供贷款，这在满足巨额借贷需求的同时也分散了银行经营风险。

④利率浮动。由于贷款期限长，不确定性大，欧洲货币中长期借贷市场的利率普遍采用浮动利率，在贷款期限内，根据伦敦金融市场的利率变化，每3个月或6个月调整一次。

⑤需签订贷款协定。由于贷款时间长、额度大、风险也大，因此这种交易的每笔贷款都必须签订合同，确定主要贷款条件，并由借方政府机构出面担保。

中长期贷款的资金来源主要有：短期欧洲货币存款、发行欧洲票据筹集的短期资金、发行大额银行存款单、本系统内的资金调拨。

中长期借贷市场的资金流向有：外国政府、国际组织、跨国公司、中央银行、其他银行及非银行金融机构。

3.欧洲债券市场

欧洲债券市场是欧洲债券发行和交易的市场，它是在货币借贷市场的基础上发展起来的。

（1）欧洲债券市场的特点

①安全性高，收益率稳定。欧洲债券市场主要筹资者都是大型企业、政府和国际机构，违约风险低，其发行经过政府担保，而且其收益率也高于国内债券。此外，国际证券评级机构往往给予欧洲债券较高的评级，进一步加强了投资者的信心。

②债券种类和货币选择性强。在欧洲债券市场可以发行多种类型、期限不同的债券，因此投资者可以根据各种货币的汇率、利率和需要，选择发行合适的欧洲债券，投资者也可以根据各种债券的收益情况、风险程度来选择某一种或几种债券。

③流动性强。欧洲债券为不记名发行，加上风险低，因此其二级市场流动性较强，易于变现。

④享受税收优惠。欧洲债券的利息通常免除所得税或不予先扣除借款国的税款。另外，投资人持有的欧洲债券账户不设在国内，因此可以逃避国内征税。

（2）欧洲债券的发行程序

欧洲债券的发行程序一般是：债券发行人先同欧洲的一个国际性银行联系，研究债券的发行条件，选定牵头银行，然后委托一家银行或一个银行集团报销。债券发行以后，还要委托一家银行或金融机构担任管理工作和债券本息到期支付等工作。

（3）欧洲债券市场与中长期借贷市场的区别

欧洲债券市场与中长期借贷市场的区别是：债权人不同、债券持有人为债权人，中长期贷款的债权人为贷款银行；债券可以转让。中长期贷款一般不能转让；债券发行单位如因故延期还款，在债券没有到期前，可发行一种，更换续债。如持有人愿意更换，给予一定优惠，债券筹集到的资金使用方向与目的一般不受干涉和限制。

8.3.5　欧洲货币市场的积极作用和消极影响

1.欧洲货币市场的积极作用

①欧洲货币市场成为国际资本转移的重要渠道，进而最大限度地解决了国际资金供需矛盾，进一步促进了经济、生产、市场、金融的国际化。欧洲货币市场上的银行存短放长解决了资金来源与运用的期限矛盾；该市场通过使用国际上几种主要的自由兑换货币，解决了资金来源与运用的币种矛盾，使得来自各国的资金供给和需求得以间接地实现跨国转移。

②欧洲货币市场扩大了信用资金的来源，扩充了商业银行的贷放与外汇业务，存在着信用创造机制，使得它对国家及全球经济发挥重要影响。

③部分地解决了某些国家国际支付手段不足的困难，成为弥补其国际收支逆差的一个补充手段，并缓和了世界性的国际收支危机。由于经济发展的不平衡，一些国家的国际收支出现较大差额。欧洲货币市场的存在既为国际收支顺差的国家开辟了新的投资渠道，也为收支逆差国家借入资金弥补赤字提供了便利。

④促进了国际贸易的增长。欧洲货币市场的资金融通机制为各国进出口商提供了融资便利，极大地促进了国际贸易的发展。第二次世界大战后贸易的增长总是快于世界经济的增长，这在一定程度上受益于欧洲货币市场的发展。

⑤有利于发展中国家利用欧洲货币市场的资金从发达国家进口生产设备和技术，发展本国经济。

2.欧洲货币市场的消极影响

①欧洲货币市场的资金流动与借贷是国际金融市场经常动荡不安的主要诱发因素。欧洲货币市场由于管制较松，对国际政治、经济动态的反应异常灵敏，当主要储备货币国家的货币汇价发生升降变化时，国际资金持有者即将贬值货币调成欧洲货币储存，并经常调进或借入欧洲货币用以抢购即将升值的货币。巨额欧洲货币的到处流动加剧了各国货币汇价的不稳定性，甚至可以诱发货币金融危机。

②巨额欧洲美元流入一国，兑换成当地货币，或存入银行后以信用工具形式投入该国市场会加剧资金流入国的通货膨胀。欧洲美元的存在是世界性通货膨胀加剧的一个影响因素，也是美国转嫁通货膨胀的一种手段。

③不利于西方国家国内金融政策的推行。西方国家为了刺激生产，缓和经济危机，常常在国内交替地使用扩张与紧缩的金融政策，但欧洲货币市场资金的存在会干扰破坏一些国家金融政策的实施，使政府调控目标难以实现。

本章小结

广义的国际金融市场是指资金在国际上进行流动或金融产品在国际上进行买卖和交换的场所。狭义的国际金融市场是指在国际经营借贷资本，即进行国际借贷活动的市场，因此也叫国际资金市场。国际金融市场的形成需要一定的条件，其发展主要经历了三个阶段，目前国际金融市场的发展有了新的变化，具有新的趋势，国际金融市场有其积极的一面，也对世界经济发展有着消极影响。

国际货币市场的经营期限在一年以内的，也叫短期资金市场。由于资金融通期限短，因此其主要目的是以流动性为主、以营利性为辅。其参与者众多，主要包括商业银行、中央银行、保险银行、金融公司、证券经纪商、证券交易商、工商企业及个人。他们既是资金供给者，又是资金需求者。国际货币市场按照接待方式和主要业务不同可分为：银行短期信贷市场、银行同业拆放市场、贴现市场和短期的证券市场。

国际资本市场的经营期限在一年以上的，也称长期资金市场，资金供应者主要是各种金融机构、跨国公司、各国的货币当局、国际金融组织、私人投资者等。资金需求者多为各国政府和工商企业。国际资本市场的交易注重安全性、营利性和流动性，借贷双方都很重视双方稳定的长期合作关系，其风险组成较复杂，需要采取多种避险措施。国际资本市场使资本得到合理配置，增强了市场活力，但也为避税提供了便利条件。按照借贷方式不同，资本市场可分为银行中长期信贷市场、国际债券市场、国际股票市场。

欧洲货币市场是指在货币发行国境外进行该国货币交易的资金借贷市场。其形成和发展由众多原因造成。欧洲货币市场具有不受国家限制、市场高度自由、利率体系独特、资金规模大、币种多样的特点，其构成主要包括：欧洲货币短期信贷市场、欧洲货币中长期借贷市场、欧洲债券市场。

关键术语

国际金融市场　国际货币市场　国际资本市场　欧洲货币市场

基本训练

一、单项选择题

1.广义的国际金融市场包括货币市场、资本市场、外汇市场和（　　）。

A.贴现市场　　B.期货市场　　C.黄金市场　　D.证券市场

2.国际货币市场分为银行短期借贷市场、短期证券市场和（　　）。

A.股票市场　B.贴现市场　C.抵押市场　D.欧洲债券市场

3.我国在日本发行的美元债券属于（　　）。

A.欧洲债券　B.外国债券　C.武士债券　D.扬基债券

4.银行同行业拆放市场，绝大多数的期限是（　　）。

A.半年期　B.1年期　C.1年以上　D.3个月内

5.欧洲货币市场首先出现的是（　　）。

A.欧洲美元　B.欧洲英镑　C.欧洲德国马克　D.欧洲法国法郎

二、多项选择题

1.欧洲短期资金借贷市场存贷期限最长不超过1年，一般为（　　）。

A.1天　B.30天　C.90天

D.半日　E.7天

2.短期有价证券种类一般包括（　　）。

A.国库券　B.商业票据　C.银行承兑汇票

D.可转让大额定期存款单　E.回购协议

3.国际金融市场形成的条件有（　　）。

A.政局稳定　B.金融制度完善　C.现代化通信设施

D.自由外汇制度　E.地理位置良好

4.货币市场的重要参与者有（　　）。

A.商业银行　B.中央银行　C.保险银行

D.金融公司　E.证券经纪商及交易商

F.工商企业　G.个人

5.欧洲债券的特点有（　　）。

A.安全性高　B.收益稳定　C.货币选择性强

D.流动性强　E.手续复杂

三、简答题

1.简述国际金融市场的形成条件与基本作用。

2.什么是欧洲货币市场？

3.试分析国际货币市场及其组成部分。

4.承购应收账款业务的主要内容和作用有哪些？

5.简述国际资本市场的构成状况。

第9章
国际资本流动

学习目标

◆重点掌握国际资本流动的基本概念和基本原理；
◆掌握国际资本流动的主要理论；
◆了解国际债务危机的原因，以及我国利用外资和对外投资的基本情况。

9.1 国际资本流动概述

9.1.1 国际资本流动的概念及原因

1.国际资本流动的概念

国际资本流动（international capital flows）是指资本从一个国家（或地区）转移到另一个国家（或地区），也就是国际上为了一定的经济目的而进行各种形式的资本转移。它是资本突破国家界限的限制，在更广的范围内寻求增值场所的结果，是资本国际化的一种表现形式。

一国在一定时期内同其他国家（或地区）之间资本流动总的情况，主要反映在该国国际收支平衡表的资本金融账户中，包括国际资本流入和国际资本流出。在一定时期内，当一国输出的资本大于输入的资本时，该国即为资本净输出国；当一国输出的资本小于输入的资本时，该国即为资本净输入国。

资本从国外流入本国，即本国输入资本，称为资本流入（capital inflows）。这表示本国收入外汇，应记入本国国际收支平衡表中的贷方。它意味着：①本国对外国的负债增加，如本国获取外国银行的贷款；②本国在外国的资产减少，如本国从外国银行提取存款用于国内投资；③外国对本国的负债减少，如外国归还到期的本国贷款；④外国在本国的资产增加，如外国在本国投资办企业。

资本从本国流到国外，即本国输出资本，称为资本流出（capital outflows）。这表示本国支出外汇，应记入本国国际收支平衡表中的借方。它意味着：①本国对外国的负债减少，如本国归还到期的贷款；②本国在外国的资产增加，如本国在外国投资办企业；③外国对本国的负债增加，如外国从本国获取贷款；④外国在本国的资产减少，如外国从本国银行中提取存款转回国内。

国际资本流动除了反映在资本金融账户上，还反映在经常账户上的单方转移项目和平衡账户中的官方储备项目中。单方转移项目包括各项私人的与官方的、单方面的、无偿支付的资金移动。官方储备项目则表明有关国家政府之间为结算国际经济交易差额而发生的金融资产转移的金额。

2.国际资本流动的原因

（1）追求利润

国际资本一般从利润较低的国家和地区流向利润较高的国家和地区。利润率低的国家一般资本流出，利润率高的国家一般资本流入。获取高额投资利润的主要因素有：

①低廉的劳动力成本。投资者经常通过直接投资的方式在劳动力价格低的地区建立企业，雇佣当地廉价的劳动力，生产劳动密集型、低成本的产品。

②低廉的原材料成本。一些国家的资本流向原材料价格较低的国家，帮助该国采矿或利用当地的原材料建企业，生产出成本较低的产品投放到国际市场。

③低廉的运输成本。国际资本往往回流到某种产品的主要消费市场或附近的地区，在这些地区建立企业，通过减少运输路途、运输时间和运输费用来降低成本获取利润。

④规避高税率。当一国关税税率过高时，向该国输入商品的成本就会上升。这时国际资本就会流入该地区直接建立企业，生产满足当地市场需求的商品，以避免高关税对利润的侵蚀。

⑤规避高利率。国际短期资本的流动对利率变化最为敏感，资本持有者总是有意将资本从收益率低的国家转向收益率高的国家，以获得较高的收益。

（2）规避风险

风险因素包括政治风险和经济风险两类。政治风险是指由战争、罢工、暴动或由国家执政当局变更及政策的改变所引起的财产损失；经济风险是指由国家经济形势的恶化，国际收支巨额逆差、严重的通货膨胀、货币汇率发生剧烈变动等造成的财产损失，为规避风险，国际资本往往会流向政治、经济局势比较稳定的国家或地区，以追求资本的安全性。但是利润和风险是成正比的，一般利润越高，风险越大；利润越低，风险越小。从盈利的角度看，国际资本流向发展中国家可能会获得较高的利润。但是从风险的角度看，发展中国家往往政局不稳，政权更替频繁，法律程序多变，生产条件差，这些往往又会引起资本外逃。

9.1.2 国际资本流动的类型

1.长期资本流动

长期资本流动是指期限在一年以上或未定期限的资本的国际流动。长期资本流动形成的原因是多方面的，世界生产力的发展和国际分工的不断深化是其形成的根本原因，各国的相对优势以及利益、生产要素、市场、风险防范等的驱动也是长期资本流动形成的原因。长期资本流动的形式主要包括直接投资、证券投资和国际信贷。

（1）直接投资

直接投资（direct investment）是指一国（或地区）的投资者将资本直接用于其他国家（或地区）的生产或经营，并且拥有有效控制权的一种投资行为。国际上的直接投资主要有三种方式：①新建方式，也称为绿地投资（green field investment），投资者在东道国依照东道国的法律设立新企业，如设立子公司、附属机构，或与他国投资者在东道国创办合营企业或独资企业等。②并购方式（MILA），包括兼并和收购两种形式。收购东道国已经存在的企业，主要是控制东道国企业的股份达到了一定的比例以上，至于到底拥有多少股份才能控制目标企业，各国的规定不同，一般是在10%~25%。国际货币基金组织认为拥有25%或更多的股份，可以作为一个合理的标准。③以投资所得的利润对原有企业或其他企业进行再投资。国际直接投资不管以什么方式出现，都是以控制目标企业和参与管理来获取利润的手段，而且不构成东道国的债务。

就全球而言，总体上发达国家的投资环境要优于发展中国家，这体现在自然环境、政治环境、社会文化环境和法律环境等方面，因此在很长一段时间里发达国家比发展中国家吸收的国外直接投资多。但是1990年以后随着世界经济增长中心的转移，国际资本绝大部分流向了亚洲和拉丁美洲发展前景看好的发展中国家，甚至在近几年出现了发展中国家超越发达国家的现象。

2014年的《世界投资报告》数据资料显示，2012年全球外国直接投资总量为1.35万亿美元，比上年下降了18%。而发展中国家的FDI流入量只减少了4%，占全球FDI流量的52%，首次超过发达国家；发展中国家的对外直接投资达4 260亿美元，占世界总量的31%。2013年发达国家FDI流入量同比下降了32%，降至5 660亿美元，仅占全球流入量的39%，流向发展中经济体的流量达到了7 780亿美元，占总量的54%。其余的流向了转型期经济体。同时，发达国家的对外直接投资下降到接近2009年低谷的水平，而发展中国家的直接外资流出量达到了创纪录的水平。发展中经济体和转型期经济体共投资5 530亿美元，占全球直接外资流出量的37.6%。1995—2016年全球对外直接外资增长趋势见图9-1。2011—2013年按区域分列的直接外资流量见表9-1。[①]

① 本段引自2014年《世界投资报告》。

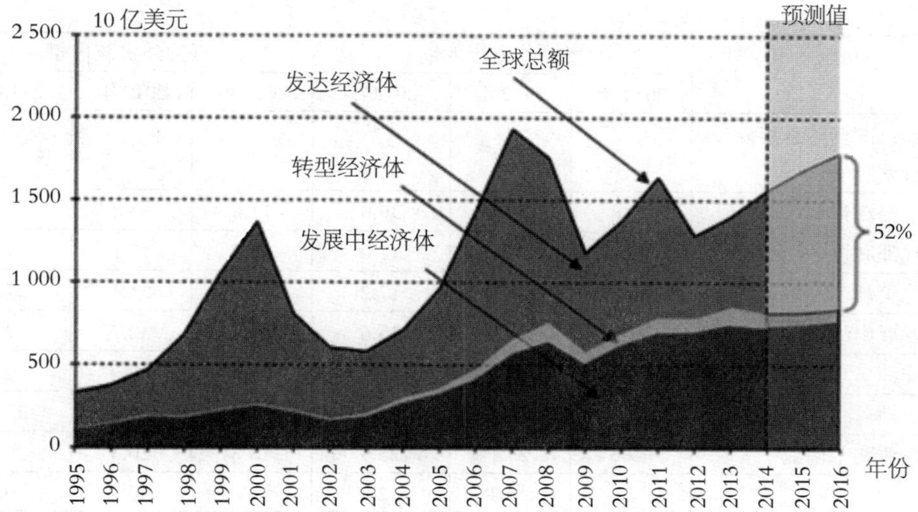

图9-1　1995—2016年全球对外直接投资增长趋势图

表9-1　　2011—2013年按区域分列的直接外资流量　　单位：10亿美元，%

区域	直接外资流入量			直接外资流出量		
	2011年	2012年	2013年	2011年	2012年	2013年
全球	1 700	1 330	1 452	1 712	1 347	1 471
发达经济体	880	517	566	1 210	853	857
欧洲联盟	490	216	246	585	238	250
北美洲	203	204	250	439	422	381
发展中经济体	725	729	778	423	440	454
非洲	48	55	57	7	12	12
亚洲	431	415	426	304	302	326
东亚和东南亚	333	334	347	270	274	293
南亚	44	32	36	13	9	2
西亚	53	48	44	22	19	31
拉丁美洲和加勒比	244	256	292	111	124	115
大洋洲	2	3	3	1	2	1
转型期经济体	95	84	108	73	54	99
结构脆弱、易受冲击的小经济体	58	58	57	12	10	9
最不发达国家	22	24	28	4	4	5
内陆发展中国家	36	34	30	6	3	4
小岛屿发展中国家	6	7	6	2	2	1

续表

区域	直接外资流入量			直接外资流出量		
	2011年	2012年	2013年	2011年	2012年	2013年
备忘录：占全球直接外资流量百分比						
发达经济体	51.8	38.8	39.0	71.0	63.3	60.8
欧洲联盟	28.8	16.2	17.0	34.2	17.7	17.8
北美洲	15.5	15.3	17.2	25.6	31.4	27.0
发展中经济体	42.6	54.8	53.6	24.7	32.7	32.2
非洲	2.8	4.1	3.9	0.4	0.9	0.9
亚洲	25.3	31.2	29.4	17.8	22.4	23.1
东亚和东南亚	19.6	25.1	23.9	15.8	20.3	20.7
南亚	2.6	2.4	2.4	0.8	0.7	0.2
西亚	3.1	3.6	3.0	1.3	1.4	2.2
拉丁美洲和加勒比	14.3	19.2	20.1	0.5	9.2	8.1
大洋洲	0.1	0.2	0.2	0.1	0.1	0.1
转型期经济体	5.6	0.3	7.4	4.3	4.0	7.0
结构脆弱、易受冲击的小经济体	3.4	4.4	3.9	0.7	0.7	0.7
最不发达国家	1.3	1.8	1.9	0.3	0.3	0.3
内陆发展中国家	2.1	2.5	2.0	0.4	0.2	0.3
小岛屿发展中国家	0.4	0.5	0.4	0.1	0.2	0.1

资料来源 2014年《世界投资报告》。

2015年的《世界投资报告》数据资料显示，2014年全球跨国投资为1.23万亿美元，下降了16%，但流入发展中经济体的外资达到了历史最高水平；其中，中国吸收外资1 290亿美元，增长约4%，超越美国成为全球最大的外资流入国；中国对外投资发展迅速，达到1 160亿美元，增速为15%，仅次于美国和中国香港，居全球第三位。①

（2）证券投资

证券投资也称为间接投资，是指通过在国际债券市场及国际股票市场上购买中长期债券或股票来实现跨国投资。它包括国际债券投资、国际股票投资、国际基金投资和欧洲票据融资。

证券投资与直接投资的主要区别在于：证券投资是一国的投资者通过购买外国发行的债券或股票所进行的投资，只能从中获得股息和红利，而不能获得外国公司或企业的实际管理控制权，因为投资者没有持有足以控制该外国公司或企业所需的股份比

① 本段引自2015年《世界投资报告》。

例。相反，直接投资的投资者拥有足以控制该外国公司或企业所需的股份比例，投资者不仅可以获得股息和红利，还参与该外国公司或企业的经营管理。

（3）国际信贷

国际信贷也称国际信用，它是发生在国际上的一种资金借贷关系，即由一国或数国的政府、银行或国际金融机构向第三国政府、银行及其他自然人或法人提供资金融通。国际信贷主要包括政府贷款、国际金融组织贷款、国际银行贷款和出口信贷四种形式。

①政府贷款是指一国政府利用预算资金向另一国政府提供的优惠性贷款，是具有双边经济援助性质的贷款，一般含有25%以上的赠予成分，利率比较低，大多为1%~3%，甚至可以是零利息。

②国际金融组织贷款是指国际金融组织向其成员方政府提供的贷款，具有国际援助性质，仅向该组织的成员方提供。其按业务活动范围的大小可以分为全球性国际金融机构和区域性国际金融机构。全球性的国际金融机构主要有国际货币基金组织和国际复兴开发银行（International Bank for Reconstruction and Development，IBRD，又称世界银行）及其下属的国际开发协会和国际金融公司。地区性的金融机构主要有亚洲开发银行、非洲开发银行、阿拉伯货币基金组织等。

小视窗 9-1

中国提议创建的四家国际金融新机构

中国希望创建一个以自我为中心的包括四家新机构在内的国际金融体系，与第二次世界大战后创建的由西方主导的金融体系抗衡。其中包括新开发银行(New Development Bank，其更为人所知的名字是“金砖国家开发银行”)，一个应急储备安排，它们被视为世界银行和国际货币基金组织的替代品，亚洲基础设施投资银行（Asian Infrastructure Investment Bank）以及拟议中的上合组织开发银行(Development Bank of the Shanghai Co-operation Organisation)。上合组织包括六个国家，是一个欧亚政治、经济和军事机构，由中国和俄罗斯主导。

金砖国家开发银行的概念在2012年已经被提出。金砖国家试图通过筹建自己的金融体系来替代长期受西方发达国家把控的国际金融体系的功能，以减少其对世界银行和国际货币基金组织的依赖，从而减少对美元和欧元的依赖。当年，英国《金融时报》对这一设想评价称：金砖国家开发银行将成为1991年欧洲复兴开发银行成立以来设立的第一个重要多边贷款机构。2014年7月15日，中国、巴西、俄罗斯、印度和南非在巴西福塔莱萨签署协议，成立金砖国家开发银行，建立金砖国家应急储备安排。金砖国家发表《福塔莱萨宣言》宣布，金砖国家新开发银行初始资本为1 000亿美元，由5个创始成员平均出资，总部设在中国上海。金砖国家开发银行主要向金砖国家的基础设施建设项目放贷，也包括向金砖以外的国家项目提供贷款。亚洲基础设施投资银行（简称亚投行）是一个政府间的亚洲区域多边开发机构，重点支持基础设施建设，总部设在北京。亚投行法定资本1 000亿美元。2014年10月24日，包括中国、印度、新加坡等在内的21个首批意向创始成员方的财长和授权代表在北京签约，共同决定成立亚洲基础设施投资银行。2015年3月12日，英国正式申请加入亚投行，成为首个申请加入亚投行的主要西方国家。截至2015年4月15日，法国、德国、意大利、韩国、俄罗斯、澳大利亚、挪威、南非、波兰等国先后已同意加入亚洲基础设施投资银行，已有57个国家正式成为亚投行意向创始成员方，涵盖了除美国之外的主要西方国家以及除日本之外的主要东方国家。

资料来源　佚名.亚洲基础设施投资银行［EB/OL］.［2015-03-13］.http://www.ftchinese.com/story/001061048.

③国际银行贷款是由国际商业银行向一国政府或企业提供的中长期贷款。根据借贷期限的不同，可以分为中长期贷款和短期贷款，既可以由独家银行提供，也可以由银团提供。这种贷款以营利为目的，贷款利率由国际金融市场决定，一般利率水平较高。

④出口信贷是商业银行对本国出口商或者外国进口商及其银行提供的贷款，其目的是为了解决本国出口商资金周转困难问题，或者满足外国进口商支付货款的需求。出口信贷一般利率较低，但是仅能用于购买贷款国的出口商品，资金用途受到严格限制。

2.短期资本流动

短期资本流动是指一年或一年以下的货币资本、财务资本和信贷资本在国际上的流动。短期资本流动的主要原因有正常贸易融资的需要以及利息率差异和风险防范的驱动。此外，投机性交易、资本逃避因素等也促使了短期资本流动的形成。短期资本流动主要包括贸易融资、短期投放、经营性资本流动、保值性资本流动和投机性资本流动五种形式。

（1）贸易融资

贸易融资是最传统的短期国际资本流动方式，与大多数国际贸易相关，在短期资本流动中占有重要地位。经常是出口商允许进口商在一定时期内延期支付，再由其开户银行向进口商提供短期信贷，形成国际的短期的资本流动，如出口信贷。如果由进口商签发远期票据，经大银行担保卖给出口商所在地的银行，扣除利息后出口商得到现金，票据债权转给买入行，这也是短期贸易融资的一种。

（2）短期投放

跨国公司、政府机构和国际组织在国外的备用资金、周转资金、闲置资金等，通常以活期或定期形式存入银行，用于购买国库券、短期政府债券或银行大额可转让存单（CDs）。它的特点是利息少，但数量大小不限，可以随时提出或者兑现，存放也灵活方便，而且安全可靠。另外，各国货币之间的利息率的差别也是使这种资本流动的原因之一。

（3）经营性资本流动

经营性资本流动是指公司商业票据的签发或转让，银行承兑汇票、国库券交易、票据的贴现以及为轧平的银行间同业拆借所引起的国际的资本流动。

（4）保值性资本流动

金融资产的持有者为了资金的安全，或者保持其价值不受损失而进行跨国的资金调拨转移；一国或地区政局不稳，可能引起其国内资本或者国内的外国资本外逃；一国经济衰退，国际收支恶化，那么其货币趋于贬值，容易引起国内资金向币值稳定的国家流动，这些都属于保值性资本流动。

（5）投资性资本流动

投资者利用汇率、金融资产或者商品价格的波动，会伺机买卖谋求高利而引起短期资本流动。它的盈利或者亏损取决于其预期是否准确。对于一国汇率、金融资产以及一些重要的商品价格的稳定来说，投资性的资本流动往往是不利的，这也是其流动容易受到限制的原因。

9.1.3 国际资本流动的经济影响

国际资本流动对经济运行既有积极的作用，又有消极的影响。不论是长期资本流动还是短期资本流动，对资本输出国、资本输入国和整个世界经济都会产生多方面的深刻影响。

1. 长期资本流动对经济的影响

（1）长期资本流动对资本输出国的积极影响

①能够提高资本的边际效益。在资本相对过剩的国家，由于资本的“报酬递减规律”的作用，新增投资的预期利润率比较低。如果把过剩的、闲散的资本转移到资本短缺或投资机会较多的国家和地区，就能提高资本使用的边际效益，为输出国带来更多的收益。

②可以带动商品和劳务的出口。长期资本流动包括货币资本、技术设备和经营管理经验的总体转移，在这些转移中，直接伴随着购买输出国的成套设备、大宗产品等，这就必然会带动和扩大资本输出国的出口规模，提高出口水平。

③有助于提高资本输出国的国际地位。一个国家的国际地位主要取决于该国的经济实力和经济影响力。向国外输出长期资本，一方面可以增强其经济实力，另一方面又可以直接影响资本输入国的经济、政治，甚至整个社会生活，从而有利于提高输出国的国际地位。例如，日本今天之所以成为世界上最重要的国家之一，这与它庞大的资本输出是不无关系的。

(2) 长期资本流动对资本输出国的消极影响

①可能妨碍国内经济的发展。任何一国的资本都是有限的，过多的资本输出则会削弱国内的资金供给能力，并有可能降低本国就业水平，引起经济发展在某种程度上的停滞。例如，第二次世界大战后美国大量输出资本，结果它在技术革命和经济增长速度方面落后于联邦德国和日本。

②容易培养潜在的竞争对手。大量的资金、先进技术设备以及科学管理经验输入到东道国将提高东道国的产品国际竞争力，必然对资本输出国产品和行业的国际地位产生威胁。韩国、日本等其他新兴工业化国家20世纪60年代、70年代积极引起外资，现已成为欧美发达国家的主要竞争对手，并在汽车、造船、家用电器等产业取得竞争优势。

(3) 长期资本流动对资本输入国的积极影响

①缓解资本输入国资金的短缺。外资流入在一定程度上可帮助发展中国家缓解经济发展所遇到的资金缺乏的矛盾，解决进口大于出口所造成的国际收支逆差问题，如韩国、新加坡等国在经济腾飞前都吸收了相当数量的外国投资，这是值得学习的。

②提高资本输入国工业化水平。国际直接投资往往可以给资本输入国带来先进的技术、工艺及机器设备，资本输入国可以从中获得国内生产急需的某些特殊商品、劳务、技术及新生产方法，这能够改善输入国的产业结构和技术装备状况。

③增加资本输入国就业机会。资本输出国通过直接投资，建立外资企业，在获取高额利润的同时也向资本输入国提供了广泛的就业机会。例如，墨西哥利用外资建成出口加工区仅1986年就增加了30万个工作岗位。

(4) 长期资本流动对资本输入国的消极影响

①影响经济发展的自主性。大量的资本输入容易造成输入国对输出国资本的依赖性。当大量外国资本渗透到国民经济的重要部门，控制众多的公司企业，并支配着国内资本和外汇市场的供求，都会增加输入国对输出国的依赖性，甚至一些资本输出国还利用其强大的经济实力操纵或影响输出国的政治活动。另外，一些国际金融机构在提供国际贷款时，往往还带有苛求的条件，试图左右资本输入国经济发展的方向等。

②有可能造成沉重的债务负担。资本输入国如果过多地借入国际贷款，或发行国际证券，每年将不得不拿出相当部分的储蓄用于支付外债，这必然会减少其国内的储蓄水平及相应的投资能力，阻碍经济的发展。另外，倘若资本输入国不能有效地管理和使用筹集到的外资，很可能会出现还本付息的困难，甚至导致债务危机。1994年的墨西哥金融危机，1997年的东南亚金融危机均证明了这一点。

③资源可能被资本输出国掠夺。外国投资建立起来的经济实体一方面对当地自然资源进行掠夺性的开采，同时还大举挤占当地的销售市场，使得输入国企业生存和发展的空间变得狭小，影响输入国经济的长期稳定持续发展。在20世纪70年代，一些拉美的发展中国家就有这样的教训。

2. 短期资本流动对经济的影响

短期资本流动大多表现为国际的短期资金融通和信用活动。由于流动期限短，变化速度快，它对经济产生的影响是多方面的，而且是比较复杂的，主要有以下几个方面：

（1）对国际贸易的影响

国际的短期资本流动，如预付货款、延期付款、票据贴现和短期信贷等，有利于贸易双方获得必要的资金和进行债权债务的结算，促进国际贸易发展。但是，资本在短期内大量的转移，很可能使利率和汇率出现频繁变动，从而增加了国际贸易的风险。

（2）对国际金融市场的影响

20世纪90年代以来，国际金融市场充斥着数万亿美元的游离资本，其中大量是投机性资本。它们受预期因素支配，一有风吹草动就到处流动，或为保值，或为获取高额利润，给外汇市场带来动荡。同时，这些巨额资金还对各国的资金市场、证券市场以及黄金市场形成强烈的冲击。

（3）对国际收支的影响

当一国国际收支出现暂时性逆差时，该国货币汇率下跌，这时投机者会感到这种下跌是暂时的，他们就会买入该货币，等待货币上升伺机卖出。这样，就有助于减少该国收支逆差。反之，收支暂时性顺差时，正好相反，则有利于减少该国的收支顺差。

（4）对货币政策的影响

短期资本的流动性强，对货币政策的变化十分敏感。当一国政府提高利率，实行紧缩性货币政策时，大量的短期资本因利率相对高而流入，从而减弱紧缩政策的力度。同样，当一国政府企图实行扩张性货币政策时，大量的短期资本流出就会削弱货币扩张的政策效果。所以一般来说，短期资本的频繁流动增加了各国实现货币政策目标的难度。

9.1.4　中国的资本流动

1. 中国利用外资的发展状况

中国实际上早在中华人民共和国成立初期就开始利用外资了。1950年2月，中国政府同苏联政府达成协议，向中国提供74亿旧卢布（当时折合19亿美元）的长期贷款，帮助中国的经济建设，这笔贷款主要用于156项重点建设工程，这项贷款于60年代初还清。在50年代中期，中国同苏联和其他东欧国家进行了一些合作。60年代后到改革开放这10多年间，由于历史原因我国与世界金融市场几乎是处于完全隔绝的状态，所以吸收利用外资量很少。直到十一届三中全会的改革开放，才加快利用外资的步伐。至今，中国利用外资大体经历了五个发展阶段：

第一阶段（1979—1986年），这一阶段也被称为“起步阶段”。这一阶段由于立法尚不完善，投资方式单一，审批权集中在中央，限制了地方的积极性。吸收利用的外资数量很少，全国实际利用外资金额288.7亿美元，其中对外借款222.8亿美元，占全部实际利用外资金额的77.1%，外商直接投资66.1亿美元，占全部实际利用外资金额的22.9%。外资主要来自港澳地区，以劳动密集型的加工项目为主，主要集中在广东、福建两省以及其他沿海省市。

第二阶段（1987—1991年），这是“持续发展阶段”。在一系列扩大开放和利用外资的实施办法及新举措公布后，外商投资环境得到了改善，外商直接投资比重有一定的上升。这一阶段，中国实际利用外资金额505.9亿美元，其中对外借款320亿美元，外商直接投资185.9亿美元，分别占全国实际利用外资金额的63.3%和36.7%。

第三阶段（1992—1995年），这一阶段也被称为“高速增长阶段”。在这一阶段，国内政局稳定，经济持续高速发展，立法也更加完善，外资利用率越来越高，实际利用外资金额1 600多亿美元，其中外商直接投资成为中国利用外资的主要形式，占全部实际利用外资金额的70.9%。这一时期，外资来源多样化，主要发达国家对华投资有一定的增长，港澳台的投资也大幅增加。

第四阶段，即“九五”阶段，1997年9月，十五大提出了努力提高对外开放水平的方针，积极合理有效利用外资。“九五”期间，中国利用外资的质量明显提高，欧美大型跨国公司来华投资明显增多，投资产业结构优化，单个项目投资额明显增大，投资于高新技术产业出现了积极的势头。1996年吸收外商投资突破400亿美元，1998年达到454.63亿美元，1999年为403.98亿美元。

第五阶段，这一阶段是第四阶段的继续。自亚洲金融危机以来，中国在利用外资方面出现了一些新情况：外资在整个投资中的比重下降，中国对外资在绝对数量上的需求已趋于饱和；外资在中国市场的竞争力和地位下降明显，而中国企业的竞争力相对提高很快；投资需求与环境发生变化；利用外资结构面临大的调整；利用外资的主体状况和市场状况都发生了根本性转变，外资数量对企业已经不重要，证券化资金筹集比直接利用外资更重要；利用外资政策的、主观的愿望将让位于市场的、客观的事实；利用外资进入区分资金与人才、技术、管理和制度的新阶段。在改革开放的30多年里，中国已成为世界上吸收利用外资最多的发展中国家。2011—2014年我国国际投资头寸情况见表9-2。

2.中国利用外资的主要形式

（1）向国际金融机构贷款

国际金融机构贷款是指国际货币基金组织、世界银行等国际金融机构所提供的贷款。这类贷款有“软贷款”与“硬贷款”之分。软贷款是低息或无息的长期贷款；硬贷款是利息相对较高，期限较短的贷款。我国的国际金融机构贷款主要是来自国际货币基金组织和世界银行的贷款。

表9-2　　**中国国际投资头寸表（年度表）**　　单位：亿美元

项目	2011年末	2012年末	2013年末	2014年末
净资产	16 884	18 665	19 960	17 764
A.资产	47 345	52 132	59 861	64 087
1.我国对外直接投资	4 248	5 319	6 605	7 443
2.证券投资	2 044	2 406	2 585	2 625
2.1股本证券	864	1 298	1 530	1 613
2.2债务证券	1 180	1 108	1 055	1 012
3.其他投资	8 495	10 527	11 867	15 026
3.1贸易信贷	2 769	3 387	3 990	4 677
3.2贷款	2 232	2 778	3 089	3 747
3.3货币和存款	2 942	3 906	3 751	5 541
3.4其他资产	552	457	1 038	1 061
4.储备资产	32 558	33 879	38 804	38 993
4.1货币黄金	530	567	408	401
4.2特别提款权	119	114	112	105
4.3在基金组织中的储备头寸	98	82	71	57
4.4外汇	31 811	33 116	38 213	38 430
B.负债	30 461	33 467	39 901	46 323
1.外国来华直接投资	19 069	20 680	23 312	26 779
2.证券投资	2 485	3 361	3 865	5 143
2.1股本证券	2 114	2 619	2 977	3 693
2.2债务证券	371	742	889	1 449
3.其他投资	8 907	9 426	12 724	14 402
3.1贸易信贷	2 492	2 915	3 365	3 344
3.2贷款	3 724	3 680	5 642	5 720
3.3货币和存款	2 477	2 446	3 466	5 030
3.4其他负债	214	384	252	308

资料来源　国家外汇管理局。

（2）向外国政府贷款

政府贷款是指一国政府向另一国政府提供的具有双边经济援助性质的贷款，并具有一定的优惠性。我国利用外国政府贷款开发了一大批能源、交通、原材料和通信等建设项目，对加强基础工业薄弱环节的建设，提高我国整体经济实力起到了积极作用。1998年，我国向外国政府借款，共计51个项目，实际使用金额29亿美元，1999年，向外国政府借款共104个项目，实际使用金额33.16亿美元。

（3）国际商业贷款

国际商业贷款包括国际商业银行贷款、出口信贷、国际金融租赁。国际商业银行贷款是指一国的借款人在国际金融市场上向外国银行借入货币资金。出口信贷是商品出口国的银行在政府的支持下，向本国的出口商或外国的进口商（或进口国银行）提供的贷款。金融租赁是指当企业需要筹资购买新设备时，租赁公司根据该企业的需要，购入设备，并以租赁的方式将设备出租给企业，并按约定收取租金的一种融资方式。

（4）国际证券融资

我国通过国际证券市场融资来吸收外资主要有：发行国际债券、发行国际股票融资、基金融资等。发行国际债券是指一国政府、企业、银行等机构通过在国际债券市场上以外币发行债券来筹集资金的一种方式。发行国际股票融资是股份公司在国际股票市场上发行股票来达到融资的方式，主要是发行B股、H股或间接上市的方式。基金融资是指汇集众多投资者的资金，并交由专门的投资机构进行投资，投资者可以从中获取投资收益，但要承担投资风险的一种投资。

（5）外商直接投资

中国利用外商直接投资的形式主要有中外合资经营企业、中外合作经营企业、外商独资企业、合作开发、BOT投资等投资方式。中外合资经营企业又称股权式合营企业，是由双方共同投资、共同经营、共担风险、共负盈亏的企业。中外合作经营企业也称契约式合营企业，是由双方通过合作经营约定各自的权利和义务的企业。外商独资企业是由外国投资者单独投资在我国建立的企业。合作开发是海上和陆上石油合作勘探开发的简称，主要应用于国际自然资源领域的矿产开采。BOT是“build-operate-transfer”的英文缩写，意思是建设-经营-转让。

3.国际直接投资对中国经济发展的影响

改革开放30多年的经济发展证明，中国经济的高速发展离不开外资，外商投资在促进国民经济发展，保持国际收支平衡，增加就业等方面所起到的作用是明显的。

（1）通过利用国际直接投资提高综合国力

中国通过利用国际直接投资使国民经济综合国力大大提高。

①国际直接投资弥补了国内建设资金不足，促进经济快速发展。随着外资的大规模进入，有效地缓解了中国建设资金紧张的矛盾，外资已成为中国经济建设特别是沿海地区经济快速发展的重要资金来源，中国实际使用外商直接投资占全社会固定资产总投资的比重逐年增长，外商投资企业年工业生产值增长速度已超过全国平均增长速度。

②外商投资企业上缴税收逐年增长，已成为我国国民经济的重要组成部分和国民经济新的经济增长点，是我国经济快速发展的主要牵动力之一。

③外商投资企业创造了大量的就业机会。目前，在中国已开业运营的外商投资企业成为中国解决就业问题的重要渠道之一。如果再加上为外商投资企业投资配套和从

事服务业的就业人员，则创造就业机会的贡献就更大了。

（2）通过利用国际直接投资提高企业竞争能力

①利用国际直接投资引进先进、适用的技术和管理经验，促进了经济结构调整、产业结构优化和企业改造、产业升级高位起步。中国的电子、机械、化工、建材、轻工、纺织、医药、食品等许多行业在技术水平、产品档次和生产规模上都有了长足进步，并且通过协作配套、引入竞争机制等，带动了同行业的发展。此外，通过创办外商投资企业，还引进了国外一系列先进的管理经验，使企业管理水平和劳动生产率大幅度提高，造就了一批新型的管理人员和技术人员。

②促进对外贸易的发展。中国是吸收国际直接投资的第二大国，也是世界贸易增长最快的国家之一，特别是出口的高速增长与国际直接投资的高速流入有着不可分的关系。自20世纪80年代中期以来，外商投资企业进出口呈直线上升趋势，在全国进出口增加额中所占比重已超过40%，成为促进中国对外贸易迅速发展的重要原因，对中国经济保持较高的增长速度发挥了积极作用，推动了中国开放型经济的发展。

（3）通过利用国际直接投资推动国内经济改革

①推动微观层次上的经济改革——企业效应与市场效应。随着数以万计的外商投资企业的建立，一方面给我国国内市场带来了新的竞争机制，不断对改革提出了新的要求，促进改革的不断发展；另一方面，外商直接投资企业带来了新的企业经营标准、经营机制和管理方法，为中国企业创造了明显的示范效应，为国有企业的改革提供了现实的参照体。通过国际直接投资，推动了微观层次上的经济改革，为探索国有企业和集体企业改革提供了许多可借鉴的新途径。

②促进宏观经济发生变化——制度效应。中国改革开放的30多年，外商投资企业不断增加，极大地冲击了我国传统所有制结构，推进了企业产权的流动和重组，国有、集体、外资混合所有制形式的出现，形成了新的财产所有制结构，外商投资采用国际通行的企业组织形式，客观上促进了我国国有企业制度的改革。以市场为导向的外商投资企业通过其本身的经营活动，一方面引入了国际竞争，包括商品和服务在价格、质量、技术等方面的竞争；另一方面也促进了国内银行、金融、会计和其他企业服务质量的改进，同时还培育了生产资料、劳动力、房地产、技术信息市场的发育。外资的进入促进我国宏观经济政策的调整，产生了制度效应。

③有助于社会主义市场经济体制的建立和完善。国际直接投资的迅速增加进一步促进了中国企业组织结构的重组和制度创新，推动了企业产权制度改革和优化组合，对形成以国有经济为主导、多种经济成分共同发展的格局起到了积极作用。外商投资企业采取国际通行的企业组织形式和先进的内部管理机制，对于中国传统企业制度改革、现代企业制度的建立提供了借鉴。外商投资带来了市场机制和竞争机制，促进了金融、生产资料、劳动力、房地产、技术和信息市场的发育和加速形成，推动了中国宏观管理体制的改革和政府职能的转变，建立和完善了中国社会主义市场经济体制。

9.2 国际资本流动理论

9.2.1 国际资本流动的一般模型

国际资本流动的一般模型又称为麦克杜格尔模型，是由西方经济学家麦克杜格尔（G. D. Macdougall）首先提出来的，主要描述在完全竞争条件下资本国际流动的机制。

该理论研究资本这一生产要素在国际上的移动，认为国际资本流动的原因是各国利率和预期利润之间存在差异。在各国市场处于完全竞争的条件下，资本可以自由地从收益率低的国家流向收益率高的国家，使各国的资本边际产出率趋于一致，从而可以提高世界的总产量和各国的福利。

麦克杜格尔模型在一定程度上揭示了国际资本流动的一般规律，但是，这一模型假定各国市场处于完全竞争状态，资本在国际上可以自由流动，这与现实情况不相符合。

9.2.2 国际证券投资理论

1.证券投资组合理论

证券投资组合理论亦称资产选择理论，是由西方经济学家马克维茨等人通过数学模型而建立的，研究如何在金融市场上对各种金融资产进行合理配置。该理论认为，人们在任何投资的预期收益上，都希望证券组合的风险是最小的，而在任何既定的投资风险上，都要追求投资预期收益的最大化，即投资者的目的是追求风险和收益的最佳组合。

证券投资组合理论通过计算各项金融资产加权收益获得投资组合的平均收益，通过计算各项金融资产自身的风险（方差）及这些金融风险彼此之间的相关性（协方差），获得投资组合的风险。投资者可以根据计算结果将全部资本集中投向某一风险较小、预期收益高的证券，也可以把资本分成几个部分，分别投向几种证券，甚至可以把资本按每一证券市值占全部证券市价总值的比例进行分割，投向全部上市证券。证券投资组合扩大了投资者的选择范围，增加了投资者的投资机会。在某些情况下，证券投资组合的风险比组合中任何一种证券的风险都低，甚至可能为零。国际资本双向流动即投资者为分散风险追求高收益的结果。

2.“两缺口”理论

“两缺口”理论通常称为“两缺口”模型或外汇瓶颈论，是由美国经济学家钱纳利和斯特劳特首先提出来的。该理论旨在解释发展中国家利用外国资金来弥补国内资金短缺的必要性。

根据凯恩斯宏观经济理论，要使国民收入达到均衡，总需求必须等于总供给，即

C+I+X=C+S+M

将上式整理，得：

I−S=M−X

等式左边（I−S）为投资与储蓄之差额，即储蓄缺口；等式右边（M−X）为进口与出口之差，即外汇缺口。如上式成立，则表明国内储蓄缺口等于外汇缺口，这就是两缺口理论的核心。事实上，影响储蓄缺口和外汇缺口的各个变量之间存在一个依存关系。科学的选择应当是从缺口外部开辟资金来源，即引进国外资金。引进外资同时可以对两个缺口产生作用，如一国利用外资引进国外设备，可以产生双重效应：一方面表现为进口增加，而这种进口的增加并不需要用增加出口换取的外汇来支付；另一方面又同时表现为投资，而这种投资又不需要增加国内储蓄来支付。

9.2.3 国际直接投资理论

1.国际生产折中论

国际生产折中论是英国经济学家J. H. 邓宁于1976年提出来的。1981年，邓宁出版了名为《国际生产与跨国企业》的论文集，对其折中理论进行了系统的整理和阐述。

该理论的核心内容是，企业从事海外直接投资是由该企业本身所拥有的所有权优势（ownership advantage）、内部化优势（internalization advantage）和区位优势（location advantage）等三大基本因素共同决定的。这就是跨国公司海外直接投资的所谓OIL模式。所有权优势主要是指企业拥有或能够得到的，别国企业没有或难以得到的无形资产和规模经济优势。内部化优势是指企业为避免市场的非完善性而将企业所有权优势保持在企业内部所获得的优势。区位优势是指国内外生产区位的相对禀赋对跨国公司海外直接投资的吸引与推动力量。在现实经济生活中，区位优势是由东道国和母国的多种因素综合决定的。

该理论对各家学说兼收并蓄，是迄今最完备的、被人们广为接受的综合性国际生产模式，被誉为国际直接投资领域中的“通论”。但该理论忽视了各因素之间的分立关系、矛盾关系对直接投资的作用；而且在基本论点方面仍有所侧重，主要依据的是内部化理论。

2.垄断优势论

垄断优势论是由美国经济学家海默在1960年对1914—1956年美国跨国公司对外直接投资的特征和方式进行总结后提出的一种理论。

该理论认为市场不完全是跨国公司进行对外直接投资的根本原因。市场不完全体现在四个方面：产品、要素市场的不完全；由规模经济导致的市场不完全；由政府干预经济导致的市场不完全；由关税引起的市场不完全。而跨国公司之所以能对外投资，就是因为他有相对于不完全市场的自身的垄断优势。

垄断优势论可以较好地解释知识密集型产业对外直接投资的行为，也可以解释技术先进国家之间的“相互投资”现象。但是对于拥有垄断优势，特别是拥有技术优势的企业为什么不通过产品出口或技术转让方式，而是以对外直接投资方式去获取最大利润；没有垄断优势的中小企业如何进行对外直接投资这两个问题并没有给出合理的解释。

3.市场内部化理论

市场内部化理论的思想渊源可追溯到“科斯定理”。早在1937年，科斯（R. H. Coase）就在一篇题为《企业的性质》的论文中提出了内部化理论的雏形。科斯认为，由于外部市场的不完全，提高了产品的交易成本，迫使企业进行内部交易。20世纪70年代中期，英国经济学家巴克莱和卡森等人在对科斯定理的观点进行补充和发展的基础上，系统地提出了市场内部化理论。

内部化理论认为：追求利润最大化是厂商的经营目标；在市场不完全的竞争条件下，当中间产品市场不完全时，促使厂商对外直接投资建立内部市场，以替代外部市场，其目的是降低交易成本（所谓中间产品，主要指知识产品）；当企业内部化行为跨越国界时，就形成跨国直接投资。

内部化理论动态地分析了企业把既有优势跨国界内部化转移的特定能力，清楚地阐明了企业如何用直接投资取代出口等国际经济活动方式，更好地解释了较大范围的跨国公司的对外直接投资行为，但是内部化理论并未能解释对外直接投资的地理方向和跨国经营的布局。

4.产品生命周期理论

产品生命周期理论是由美国经济学家维农在1966年首先提出来的，并在之后作了很大的发展和完善。

维农认为，拥有知识资产优势、具有新产品创新能力的企业，总是力图维持这种优势。但是，新技术不可能被长期垄断，有些产品制造技术在相当短的时间内就会被掌握。产品生命周期一般可分为创新期、成长期、标准期。在创新阶段，由于国内市场上需求价格弹性小，尚未出现竞争对手，企业可以利用其产品的技术垄断优势在本国组织生产，占领国内市场，适当组织出口，获取高额利润。在产品成长阶段，由于产品需求增大，生产厂家增多，国内竞争日益激烈。同时国外也出现类似产品和生产厂家，威胁到企业原有的出口市场。为此，企业在扩大出口的同时，开始在进口国投资建厂，就近向外国市场提供产品，以降低生产和销售成本，扩大当地市场份额。在产品标准化阶段，产品标准化使得国内外企业都能加入同类产品的生产和销售，价格竞争已成为市场竞争的主要方式。为取得竞争优势，企业加快对外直接投资步伐，到生产成本低的国家和地区建立子公司或其他分支机构，在当地生产价廉物美的产品，一方面有效地占领外国市场，另一方面也把一部分产品返销到本国市场。

生命周期理论可以解释清楚对外直接投资主要集中在少数几个国家的公司手中的现象，特别是集中在美国的大公司手中，而且它能够较为清楚地解释发展中国家对外直接投资行为。但是该理论不能很好地解释美国以外其他国家的对外直接投资行为，对于解释已经成为国际生产与销售体系的跨国公司的投资行为也是无能为力的。

9.3　国际债务

9.3.1　国际债务的概念

国际货币基金组织、世界银行、国际清算银行、经济合作与发展组织等国际组织认为，一个国家的国际债务即外债是指“向非本国居民用本国货币或外国货币承担的具有契约性偿还义务的全部债务”。该定义包括四个方面的内容：①外债是发生在居民与非居民之间的债务债权关系；②外债必须是具有契约性偿还义务的债务，如果是由口头协议或意向性协议所形成的债务则不是外债；③外债必须是到某一时点的余额；④外债不仅包含了用外币表示的债务，而且还包括用本币表示的债务。

我国对外债的定义是：我国境内的机关、团体、企业、事业单位、金融机构或者其他机构对我国境外的国际金融组织、外国政府、金融机构或者其他机构用外国货币承担的具有契约性偿还义务的全部债务。还规定借款单位向在我国境内注册的外资银行和中外合资银行向外借入的外汇资金不视为外债。从我国对外债的定义可以看出，在我国外债只限于对外借入的外币债务，不包括我国的本币，因为人民币不是国际储备货币。另外，对于在我国境内注册的外资银行和中外合资银行，虽然是我国居民，但我国规定，其对外债务不列入我国外债，而我国借款单位向其借入的外汇资金则视为外债。

从上述规定我们可以看出，国际债务与国际资本是有区别的，两者是两个互相联系但又完全不同的概念，国际资本比国际债务包括的范围广。国际资本包括需要偿还的借贷资本和一般不采取偿还方式的直接投资；而国际债务只是那些需要还本付息的资本流动。同理，一个国家利用的外资和外债也是两个互相联系但又完全不同的概念，外资比外债的范围广。外资包括直接投资，而外债是外资当中需要还本付息的一部分。

9.3.2　国际债务的衡量指标

国际上衡量一国的外债规模是否得当，采用的指标很多，常用的主要有负债率、债务率、偿还率和到期应还债务与国民生产总值（GNP）的比率。

1.负债率

负债率是一国年末外债余额与当年国民生产总值的比率，即

负债率=当年年末外债余额÷当年国民生产总值×100%

这个比率用于衡量一个国家对外资的依赖程度，或一国总体的绝对值债务风险。尽管一些国家外债余额的绝对值很大，但与其国民生产总值相比，却相对小得多，由此可认为这些国家的债务负担并不重，反之则相反。国际上一般认为负债率应控制在8%左右，一般不得高于20%。

2. 债务率

债务率是一国外债余额与当年商品和劳务出口收入的比率，即

债务率=当年年末外债余额÷当年商品和劳务出口收入×100%

债务率表示该国今后还有多大的举债能力。国际上公认的债务率参考数值为100%，如果超过100%，就意味着该国的债务负担过重，不应该再扩大外债的规模。

3. 偿债率

偿债率是一国当年外债还本付息额与当年商品和劳务出口收入的比率，即

偿债率=（当年偿还债务本金+当年应付债务利息）÷当年商品和劳务出口收入×100%

偿债率是衡量一国还款能力的主要参考数据，偿债率越低，债务国的偿债能力越强；偿债率过高，则说明该国外债负担过重。国际上往往把20%的偿债率作为警戒线，低于20%的国家信誉良好，高于20%的国家则可能面临偿债困难。

4. 到期应还债务与国民生产总值的比率

这个比率可用来显示一国的年度国民生产总值中有多少资源被用于偿还外债的本金和利息。这个比率越高，该国当年国民生产总值就越多地被用于偿还债务，其可用于国内生产与消费的部分则相对越少。国际上一般认为这个比率控制在5%以下是安全的。

一国的外债系数如果高于上述指标，就意味着该国的外债负担已超出其承受能力，无力按期还本付息。一国如出现这种情况，就表明该国发生了债务危机。

9.3.3 引发债务危机的原因

任何一个国家的经济发展所需要的大量资金都可以有以下三方面来源：①国内私人储蓄；②向外国政府和国际金融组织（如世界银行）借款；③向国际商业银行借款。当一国国内私人储蓄不足以维持国内投资时，就须求助于国际金融市场。许多发展中国家恰恰处于这种状况，并且绝大多数资金来源于国际商业银行。利用国际金融市场筹资以发展国内经济，并不一定导致债务危机。造成国家债务危机主要有外部和内部两方面的因素：

1. 外部因素

（1）世界经济周期的变化

20世纪80年代初发达国家进行了经济结构的调整，以美国为首的经济大国为转嫁危机实施了严厉的贸易保护政策，利用关税和非关税贸易壁垒，减少从发展中国家的进口，从而使发展中国家的出口收入大大减少，非产油发展中国家的出口收入大幅

下降，偿债能力随之大幅度降低，从而引起世界经济的衰退，这是诱发国际债务危机的主要因素之一。

（2）国际市场商业利润的冲击

发达国家的基准利率上升将导致债务国的还本付息负担加重。如果美国提高货币和资本市场利率，将吸引大量国际资金流向美国，从而诱使美元汇率大幅提高。由于发展中国家的债务是以美元浮动利率计息，那么美元计价的债务额将会因此而攀升。

（3）国际商业银行贷款政策的变化

国际商业银行为追求利润对发展中国家放松监管，大量放贷，将导致发展中国家贷款迅速增加，如果由于种种原因该贷款发生坏账，无法收回，国际商业银行就会大幅度减少对发展中国家的贷款总额。这样一来债务国的资金周转将会面临巨大的困难，甚至引发债务危机。

2.内部因素

（1）债务规模过大

部分发展中国家片面追求发展速度，外债积累速度膨胀，还本付息负担不断加重，一旦外部环境出现恶化或国内经济发展速度下滑，则很容易引发债务危机。

（2）外债结构不合理

外债结构不合理主要表现在：①商业贷款比重过大；②外债币种过于单一；③短期外债比重过大。

（3）外债投向不合理

许多债务国在大量举债后，没有根据投资额、偿债期限、宏观经济发展速度和目标等因素综合考虑，盲目从事大型工程建设。这类项目耗资大、工期长，短期内很难形成生产能力创汇，因而造成债务积累加速。甚至还有相当一部分外债根本没有流入到生产领域或用在资本货物的进口方面，而是盲目过量地进口耐用消费品和奢侈品，这必然导致偿债能力的减弱。

（4）缺乏有效的外债管理

有些国家对外债管理混乱，多头举债，无节制地引进外资，债务规模处于失控状态，甚至有些国家外债统计监督制度不健全，政府不能对债务状况进行及时调整，一旦发现问题，债务危机就已经形成了。

9.3.4 国际债务危机的影响

1.对债务国国内政治、经济的影响

债务危机的爆发使债务国的国际资信大大降低，进入国际资本市场筹资的渠道受阻，获得借款的难度加大，无法及时复苏经济。由于经济速度的下滑，企业生产能力降低，生产规模压缩，市场上的商品会出现短缺，商品价格会随之提高，引发通货膨胀。

为了还本付息，债务国则必须大幅度压缩进口以获得相当数量的外贸盈余，为经济发展和结构调整所需的材料、技术和设备等进口必然受到严重抑制，从而进一步加剧生产企业投资的萎缩。为了还本付息，债务国还会将出口置于国内需求之上，使得国内市场的货物供应量下降，甚至采取贬值货币的手段来刺激出口，加剧通货膨胀。

危机爆发后国内的资金持有者对国内经济前景悲观，就会纷纷减少投资，甚至引发资金外逃。为了制止资金外流，控制国内通货膨胀，政府会大幅度提高利率，这将进一步提高企业生产成本，减少国内投资。

随着经济衰退的发生，大批工厂、企业倒闭或停工停产，致使失业人口剧增。失业率的上升和实际工资收入的下降使得债务国人民生活水平及福利待遇下降，不满情绪日增，极有可能通过游行示威甚至暴力的方式来表达对现状的不满，从而导致政局不稳和社会动乱。

2.对国际金融环境的影响

国际债务危机的发生将使债务国国内局势急剧动荡，经济发展速度迅速下滑，如果债权人不能及时向债务国提供援助，将会引起国际金融环境的进一步恶化，从而影响债权人国际贸易、国际投资的规模，甚至影响世界经济的发展。对于那些将贷款集中在少数债务国身上的债权银行来说，一旦债务国出现问题，必然遭受严重损失，甚至破产。

9.3.5 解决国际债务的措施

20世纪80年代，发展中国家的债务国经济发展缓慢，甚至有些国家是负增长。1990年大部分发展中国家的人均国民生产总值并没有达到20世纪70年代末的水平，债务危机使负债国的经济复苏需要更长的时间。除亚洲发展中国家的人均国民生产总值有增长外，其他地区基本上经历了下降时期，如撒哈拉沙漠南部非洲的人均国民生产总值从1981年年底的570美元下降到1990年的340美元。同期，北非和中东地区国家的国民生产总值从2 170美元下降到1 820美元，拉丁美洲和加勒比海地区则仍然维持在2 140美元。因此，整个80年代是这些发展中国家“失去的十年”。

发展中国家经济的低增长和负增长率必然影响外债的偿还能力，因此，国际社会必须寻求解决国际债务问题的新方案。

1.债务重新安排

1982年，国际商业银行同意与债务国谈判，来重新安排债务偿还，就是债务本金可以延期支付，但是尚未偿还本金的利息仍然要支付。实际上，债务重新安排是将短期债务转变成长期债务，并没有减少负债国的债务。

由于发展中国家的债务数额巨大，各家国际商业银行都希望先得到偿还，因而产生了各种矛盾。为此，国际商业银行组成专家委员会与主要债务国协商安排债务偿还。如果没有新资金流向债务国，要使债务国偿还债务是非常困难的，而商业银行又不愿意提供新的贷款，只能通过官方渠道来解决国际债务问题，这就形成了巴黎俱乐部。巴黎俱乐部的债务重新安排，同国际货币基金组织对债务国的谈判联系在一起。当贷款国不再进一步发放贷款，使得一国在濒临拖欠现存债务的危险时，债务国可与法国政府联系，要求与债权国的正式贷款人会晤。在举行会议前，债务国必须申请国际货币基金组织的备用信贷安排。巴黎俱乐部会议包括债务国和贷款国政府之间的协商，以便根据时间和成本对债务偿付重新做出安排。

2. 贝克计划

贝克计划也被称为彩蛋计划。1985年10月在国际货币基金组织和世界银行的第40届年会上，美国财政部长詹姆士·贝克提出新的方案，主要建议是：①商业银行和债务国政府举行直接谈判和重新安排债务；②世界银行和国际货币基金组织增加对债务国的贷款；③促进市场趋向的改革，如对公共企业进行私有化，以减少政府的负担。

贝克计划体现了债权国的利益，提供新贷款必须以债务国调整经济为条件。这个计划虽然得到了债权国和国际金融机构的支持，但不能从根本上解决债务问题，因为：①该计划未涉及发达国家取消贸易保护主义和降低利率这两个加重发展中国家债务负担的重要因素；②该计划提出银行向债务国增加新的贷款，其作用微不足道。

在实际执行中，贝克计划采用了一些重要的金融创新手段。

（1）债权-股权互换（债务资本化）

它是一种思路简单效果显著的方案，指债权银行按官方汇率将现有债务折合成债务国货币，并在债务国购买等值的股票取得当地企业的股权。1985年，智利首先采用债权-股权互换计划来减少债务，此后，墨西哥、阿根廷、巴西、尼日利亚等国相继采用。

（2）债权-资源互换

债权-资源互换是指在债务国采取积极行动改善国内经济、社会环境的前提下，减免债务，是债务国用国内资金来保护和改善国内自然资源环境，互换项目的投资地区多是具有丰富生物资源和生态保护的地区。

（3）债权交换

债权交换是指债权人按一定的折扣将所持债务交换为附有担保品的其他债券，后者必须具有流动性、可交易性，而且有更大的偿还可能性。

（4）债务回购

债务回购是在二级市场上以低于票面价值的方式购回债务，目的是通过二级市场的价格贴水来消除债务。其实质是指债务国以一定的折扣用现金购回所欠的债务。

（5）二级市场债务交易

债权银行可以同其他银行、非银行金融机构及投机性投资者在二级市场上交易欠发达国家债务。对前者而言，交易的目的是重组银行的资产结构以减少风险或带来某些税收上的好处。交易价格通常是债务面值的一个比例，受供求状况、预期的债务未来履行状况等的影响。例如，1美元贷款的债务在二级市场上仅售40美分，那么银行出售100万美元的贷款仅获得40万美元的现金。

3.布雷迪计划

1986年石油价格的下跌使得严重依赖于石油出口收入的债务国的经济受到严重打击，对外债的偿付又出现困难。在金融市场上，许多银行已准备接受债务不可能全部得到清偿的现实。1989年，美国财务部长布雷迪以债务减免为核心，制定了以市场为导向的债务对策。布雷迪计划承认国际债务问题是债务国偿付能力的危机，并非暂时的资金周转失灵，因而提出减免债务，主张把削减债务及利息放在首位。其主要内容包括：①债务国应继续实行以长期经济增长为导向的经济方针，并采取措施来鼓励外逃资本回调。②多方减免债务国的债务负担。国际货币基金组织、世界银行、债权国政府应为削减债务本金、利息提供资金支持。③债务国政府和国际商业银行应继续对各自的债权进行重新安排，并继续为实施全面调整的债务提供新贷款。

到1992年，国际债务危机基本结束，银行资产恢复，并建立了贷款损失储备，对9家大的美国银行、15个大债务国所欠债务由1982年占资产194%下降到1992年仅占63%。债务国的负债指数改善，经济增长恢复，通货膨胀率下降。

9.3.6 中国的外债情况

1.中国的外债现状

根据国家外汇管理局公布的数据显示，我国外债余额呈逐年上升趋势，绝对规模较高，根据世界银行的统计，截至2011年年末流入中国的净外债占了所有发展中国家总和的27%。近十年我国外债总体情况见表9-3。

表9-3 **我国外债总体情况（2005—2014年年末）** 单位：10亿美元

年份	外债余额	贸易信贷	登记外债余额	短期外债余额	短期外债占比
2005	296.54	106.3	190.25	171.64	57.88%
2006	338.59	119.6	218.99	199.23	58.84%
2007	389.22	148.7	240.52	235.68	60.55%
2008	390.16	129.6	260.56	226.28	58.00%
2009	428.65	161.7	266.95	259.26	60.48%
2010	548.94	211.2	337.74	375.70	68.48%
2011	695.00	249.2	445.80	500.90	72.07%
2012	736.99	291.5	445.49	540.93	73.40%
2013	863.17	336.5	526.67	676.63	78.39%
2014	895.46	334.4	561.06	683.36	76.31%

资料来源 国家外汇管理局。

（1）外债期限结构

从表9-3可以看出，我国短期债务占绝对支配地位，所占比重明显高于国际警戒线25%，这不利于我国长期经济建设资金的稳定，外债风险较高，但是由于我国国际储备规模巨大，偿债能力较强，在国际短期借贷利率较低的背景下，持有短期外债比例高有利于减少利息支出，减少偿债本息规模。

（2）外债类型结构

从债务类型看，我国外债主要有外国政府贷款、国际金融组织贷款、国外银行及其他金融机构贷款、向国外出口商及国外企业或私人借款、贸易融资及企业间贸易信贷等类型，2013年年末我国对外债务简表见表9-4。国际商业贷款占比较高在一定程度上增加了我国的还本付息压力。

表9-4 **2013年年末中国对外债务简表** 单位：千美元

债务人/债务类型	国务院部委	中资金融机构	外资金融机构	外商投资企业	中资企业	企业间贸易信贷	合计
外国政府贷款		26 515 127					26 515 127
国际金融组织贷款	32 837 421			442 145	50		33 279 616
国外银行及其他金融机构贷款		46 218 827	4 663 381	38 865 635	1 824 349		133 542 641
买方信贷		2 575 216		177 821	837		2 753 874
向国外出口商、国外企业或私人借款		148 260	521 889	109 744 057	1 170 129		111 584 335
对外发行债务	1 488 727	4 823 815			1 610 891		7 923 433
贸易融资		139 952 790	4 909 688				144 862 478
非居民存款		43 168 063	12 177 535				55 345 598
国际金融租赁			3 225	9 368 889	363 395		9 735 509
补偿贸易中用现汇偿还的借款				294	1 123 753		1 124 047
企业间贸易信贷						336 500 000	336 500 000
合计	34 326 148	263 402 098	64 246 149	158 598 859	6 093 404	336 500 000	863 166 658

资料来源 国家外汇管理局。

（3）外债币种结构

我国外债主要由美元、日元、欧元、港币和英镑等10多种货币构成，其中美元债务占比60%以上，为主要债务货币。美元汇率的变化可能造成债务风险，增加我国的债务负担。

2.我国外债的管理

（1）我国外债规模管理

规模管理是指在一定时期内，确定举借外债的数量界限，即适当的外债规模。从理论上讲，合理的外债规模应当是外债边际收益超过预期相对应的边际成本时的外债数量。所谓外债边际收益是指每增加一个单位外债所增加的国民收入。外债边际成本是每增加一个单位外债所增加的外债价格。具体来说一国的外债水平主要取决于经济发展对外汇资金的需求、对外债的消化吸收承受能力以及国际资本市场的资金供求状况。

（2）我国外债结构管理

外债结构管理是在外债规模基本确定的前提下，根据经济建设对外资的实际需要和具体要求，国际资本市场行情及其发展趋势等，对外债结构各个要素的构成比例进行合理配置、优化组合，以达到降低成本、减少风险、保证偿还的目的。

我国的外债结构管理主要是确定合理的利率结构、期限结构、类型结构以及币种结构。利率结构是指当国际金融市场利率普遍较低时，选择固定利率借款或增加固定利率债务在国家总体债务中的比重；在市场利率水平较高时，选择浮动利率或增加浮动利率债务在总体债务中的比重。期限结构是指尽量控制短期债务，保持债务偿还期限的均衡分布。类型结构是指尽可能地吸收双边和多变优惠贷款，并依据引进设备和技术的特点采用不同的融资方式以降低筹资成本。币种结构是指选择币值稳定、费用较低的外币，并通过分散化降低汇率波动的风险。

本章小结

国际资本流动是指资本从一个国家（或地区）转移到另一个国家（或地区），也就是国际上为了一定的经济目的而进行各种形式的资本转移。国际资本流动的原因是追求利润和规避风险。

国际资本流动的类型包括长期资本流动和短期资本流动。长期资本流动又可以分为直接投资、证券投资和国际信贷。短期资本流动又可以分为贸易融资、短期投放、经营性资本流动、保值性资本流动、投资性资本流动。

国际货币基金组织、世界银行、国际清算银行、经济合作与发展组织等国际组织认为，一个国家的国际债务，即外债是指“向非本国居民用本国货币或外国货币承担的具有契约性偿还义务的全部债务”。我国对外债的定义是：我国境内的机关、团体、企业、事业单位、金融机构或者其他机构对我国境外的国际金融组织、外国政府、金融机构或者其他机构用外国货币承担的具有契约性偿还义务的全部债务。

国际上衡量一国的外债规模是否得当采用的指标很多，常用的主要有负债率、债务率、偿还率和到期应还债务与GNP的比率。

引发债务危机的原因包括外部因素：世界经济周期的变化、国际市场商业利润的冲击、国际商业银行贷款政策的变化；内部因素：债务规模过大、外债结构不合理、外债投向不合理、缺乏有效的外债管理。

解决国际债务的措施主要有债务重新安排、贝克计划、布雷迪计划。

关键术语

国际资本流动　直接投资　国际债务　债务危机

基本训练

一、单项选择题

1.一国投资者收购东道国企业的股份达到（　　）即划为直接投资。

A.10%　　B.30%　　C.50%　　D.60%

2.国际上采用的债务率参照系数是（　　）。

A.10%　　B.20%　　C.50%　　D.100%

3.国际上采用的偿债率参照系数为（　　）。

A.100%　　B.50%　　C.80%　　D.20%

4.债务国按一定折扣率以现金购回其债务是（　　）。

A.债务–股权转换　　B.债务转移　　C.债务回购　　D.债务重组

5.贝克计划亦称（　　）。

A.汉城计划　　B.彩蛋计划　　C.东京计划　　D.日本计划

二、多项选择题

1.国际长期资本流动包括（　　）。

A.直接投资　　B.证券投资

C.国际中长期贷款　　D.贸易性资本流动

E.投机性资本流动

2.国际上的直接投资形式有（　　）。

A.在东道国开设企业　　B.再投资　　C.证券投资　　D.债券投资

E.收购东道国企业的股份达到一定比例以上

3.下列属于我国利用外资的方式有（　　）。

A.吸引外商直接投资　　B.吸引外商间接投资

C.外国政府贷款　　D.出口信贷

E.国际金融组织贷款

4.衡量一国在一个时点的外债负担，国际上通常采用的指标有（　　）。

A.外债余额　　B.负债率　　C.国民生产总值

D.债务率　　E.偿债率

5.1958年以后，面对发展中国家债务问题的新形势，出现的解决债务危机的办法有（　　）。

A.贝克计划　　B.密特朗方案

C.日本政府的计划　　D.布雷迪计划

E.马斯赫特条约

三、简答题

1.国际资本流动发展迅速的原因主要是什么?

2.国际资本流动对经济有哪些影响?

3.引发债务危机的原因有哪些?

4.国际债务危机对债务国及世界经济有哪些影响?

5.我国的对外负债情况怎样？如何对我国的外债进行管理?

第10章
国际货币体系

学习目标

◆了解国际货币的概念、形成、划分和金本位制度的特点及内容。
◆掌握布雷顿森林体系的特点及内容。
◆重点掌握牙买加体系的特点及内容以及欧洲货币体系的建立和内容。

10.1 国际货币体系概述

10.1.1 国际货币体系的概念

国际货币体系亦称国际货币制度，是关于调节各国货币关系的一系列国际性规则、协调、惯例、安排和组织机构的统称。

其主要内容包括：

①国际储备资产的确定，即使用什么货币作为国际上的支付货币，一国政府应持有何种国际储备资产用以维持国际支付原则和满足调节国际收支的需要。

②汇率制度的确定，即一国货币与其他货币之间的汇率应如何决定和维持，能否自由兑换成支付货币，是采取固定汇率制度还是采取浮动汇率制度。

③国际收支的调节方式。当出现国际收支不平衡时，各国政府应采取什么方法进行调节，各国之间的政策措施又如何进行协调。

④国际支付与国际结算原则的确定，即在国际支付方面是完全限制，还是部分、全部限制。国际上的结算采取什么方式，是自由的多边结算，还是有条件的双边结算。

10.1.2 国际货币体系的类型

国际货币体系可以从货币本位和汇率体系两个角度进行划分。

货币本位是国际货币制度的基础，根据货本位划分，有金本位制度、金汇兑本位制度和信用本位制度。金本位制度只以黄金作为国际储备资产或国际本位货币；金汇兑本位制度同时以黄金和可直接自由兑换的货币作为国际储备资产。信用本位制度只以外汇（如美元或英镑等）作为国际储备资产，而与黄金无任何联系。

汇率制度是国际货币制度的核心，以汇率制度分类可以有固定汇率制度、浮动汇率制度、可调整的管理浮动汇率制。然而，有时也可以同时以国际储备货币和汇率制度来作为国际货币制度分类的标准。例如金本位条件下的固定汇率制度，以不兑现的纸币为本位的固定汇率制度，以黄金和外汇作为储备的可调整的固定汇率制度或管理浮动汇率制度，以及完全不需要保有国际储备资产的纯粹自由浮动汇率制度。

从历史演变的角度划分，国际货币体系可分为国际金本位制、布雷顿森林体系和牙买加体系三个阶段。

10.1.3 国际货币制度的作用

理想的国际货币制度应能够促进国际贸易和国际资本流动的发展，它主要体现在提供足够的国际清偿能力并保持对国际储备资产的信心，以及保证国际收支的失衡能够得到有效而稳定的调节。

国际清偿能力应保持与世界经济和贸易发展相当的增长速度，过快的增长会加剧世界性的通货膨胀，而过慢的增长会导致世界经济和贸易的萎缩。

保持清偿能力的适度增长也是维持储备货币信心的关键。所谓信心是指各国政府和私人都愿意持有国际储备资产，而不发生大规模的抛售国际储备货币的危机。

此外，理想的国际货币制度还需有良好的国际收支调节机制，它使各国公平合理地承担国际收支失衡调节的责任，并使调节付出的代价最小。

10.2 国际金本位制

10.2.1 国际金本位制概述

1.金本位制的概念及形成

金本位制（gold specie standard）是指以一定成色和重量的黄金为本位货币，并建立起流通中各种货币与黄金间固定兑换关系的货币制度，它是研究国际货币体系的一个重要开端。

国际金本位制的形成可以追溯到西方国家普遍采用金本位制的时期。1816年，英国制定《金本位制度法案》，成为世界上第一个采用金本位制的国家。此后，19世纪70年代欧洲和美洲的一些主要资本主义国家都先后在国内实行了金本位制度，于是才形成国际金本位制。所以说，它开始于1880年，到1914年第一次世界大战爆发时结束，正常运行了35年。

2.金本位制的特点

黄金充当了国际货币，是国际货币制度的基础；成为各国间最后清偿的手段；外汇汇率由各国货币含金量确定，汇率波动受黄金输送点限制；各国国际收支通过“物价与现金流动机制”自动调节，所以在金本位制下，黄金输出及输入与恢复国际收支平衡自动联系起来，金融当局无需进行干预。

由于金本位制具有自由铸造、自由兑换和自由输出、输入三个特征，所以它具有稳定物价和自由调节的作用。具体说来，金币的自由铸造，可使金币价值与其所含的黄金的价值保持一致；金币的自由兑换，可使各种价值符号（金属辅币和银行券）能稳定代表一定数量的黄金进行流通，从而使币值保持稳定；黄金在各国之间自由输出、输入，可以保证外汇行市的相对稳定及各国货币之间有系统的联系，所以金本位制是一种比较稳定的货币制度，人们甚至认为它是国际经济发展的“黄金时代”。

10.2.2　国际金本位制的类型

1.金币本位制

第一次世界大战以前，各国普遍实行的金本位制是金币本位制。金币本位制是典型的金本位制。在金币本位制下，市场上流通的货币是金铸币，同时也流通可以随时向银行兑换金币的银行券。

金币本位制的特点是各国以黄金表示其货币价值，规定每一单位金铸币所含黄金点的重量和成色，并铸造金币在社会上流通；各国的黄金可以自由铸造、输出输入、买卖和储藏，且不受任何限制；各国中央银行根据黄金储备的数量控制货币发行量，各国根据金币的含金量确定黄金官价，政府按官价可无限制地买卖黄金；金币有无限法偿权，可以用以清偿一切债务。两国货币之间的比价可用它们各自的含金量来折算。两个实行金币本位制的国家的单位货币含金量之比称为铸币平价。铸币平价是决定两国货币汇率的基础。

在金币本位制下，两国货币之间的实际汇率受外汇市场上供求关系的影响而上下波动，但这种波动是围绕铸币平价的波动，而且最高不超过黄金的输出点，即铸币平价加运送费用等；最低不低于黄金输入点，即铸币平价减运送费用等。金币本位制度下，由于金币可以按既定重量和成色自由铸造或熔化，所以金币的国内价值相当稳定。同时，由于黄金可以在国际上自由流动，货币汇率取决于铸币平价，且变动只限于在黄金输送点界限以内，因而汇率也比较稳定。

2.金块本位制度（gold bullion standard）

国家不再铸造金币，也不允许私人自由铸造金币；国内不再流通金币，而是由中央银行发行以金块为准备的银行券在市场上流通；银行券在一定数额内可以按含金量兑换金块，黄金仍可自由输入或输出。例如，美国在1925年规定银行券兑现只能兑换净重400盎司的金块，法国在1928年规定至少需要215 000法郎才能兑换黄金。

3.金汇兑本位制度（gold exchange standard）

国内不流通金币，只流通银行券；银行券不能兑换黄金，但可以兑换实行金币或金块本位制国家的货币，然后用这些外币在国外兑换黄金；本国货币与另一实行金币或金块本位制国家的货币保持固定汇率，通过买卖外汇来稳定外汇行市。第一次世界大战前，菲律宾、马来西亚、印度及一些拉美国家都曾采用过此制度。

如果实行金汇兑本位制的国家大量提取外汇，兑换黄金，英美两国的货币也势必受到威胁。这种脆弱的国际金汇兑本位制经过1929—1933年世界经济危机的袭击，面临全部瓦解。金本位制最终崩溃的标志是由法国、比利时、荷兰、意大利、波兰和瑞士等六国所组成的"黄金集团"于1936年瓦解。

金本位制崩溃后，世界各国实行了不兑换纸币制度，任何国家都不允许用纸币在国内兑换黄金。

10.2.3 对国际金本位制的评价

在国际金本位制下，黄金充分发挥了世界货币的职能，对国际经济的稳定发展起了重要作用。其具体表现在：

①在国际金本位制下，各国货币之间的汇率非常稳定，这就消除了国际经济合同中一个重要的不确定性因素，大大促进了国际贸易的发展和国际资本的流动。

②国际金本位制对供求失衡的调节主要依靠市场的力量，从而使政府的干预减少到最低程度，避免了人为的政策失误。

③由于国际金本位制具有内在的自动调节机制，各国政府就没有必要再为国际收支失衡而实行贸易管制和外汇管制，这无疑有利于商品和资本在国际上的自由流动，使世界范围内的生产要素配置组合更具有效率。

④在国际金本位制下，"物价与现金流动机制"对国际收支不平衡的调节是渐进的。它避免了政府为对付外来冲击而采取本国货币贬值或货币管制等突然性措施，这会给一国内部经济造成消极的影响。

⑤国际金本位制通过国际收支不平衡所产生的压力，对那些偏好于膨胀国内经济的政府施加了外部约束。

但是，金本位制也存在着严重的缺陷，主要表现在：

①国际金本位制最致命的缺陷是其赖以生存的基础不稳定，即世界黄金存量的增长跟不上生产和流通范围的不断扩大（工业用金和货币用金因此而增大）以及社会财富快速增加（贮藏用金因此而增大）的步伐。

②金本位制的自动调节要求各国严格遵守所谓的"游戏规则"，即黄金可以自由流入与流出，各国政府应按照官价无限地买卖黄金或外汇，各国发行纸币应受黄金储备数量的限制。但由于没有一个国际机构监督执行，顺差国可以将顺差冻结，以便获得更多的顺差，于是调节负担全部落在逆差国身上，所以金本位制带有紧缩倾向。一国如发生紧缩情形，往往会加速其他国家经济的衰退，从而破坏国际货币体系的稳定性。

③为了投放货币，需要花费大量的人力和资源将黄金挖掘出来，再窖藏在严密看

守的国库中，这是不必要的资源浪费。

10.3　布雷顿森林体系

10.3.1　布雷顿森林体系的建立

第二次世界大战后，西方主要国家之间的实力对比发生巨大变化，战争使英国经济实力受到严重削弱。与此同时，美国在工业生产、出口贸易、国外投资和黄金储备等方面都有迅速的增长，已成为西方世界最大债权国，为建立美元的霸权地位打下了基础。

1943年，英美两国政府都从本国利益出发，为建立战后新的国际货币秩序分别提出了各自的方案，即美国的怀特计划和英国的凯恩斯计划。

怀特计划是美国财政部官员怀特提出的《国际稳定基金方案》，这个方案采取了存款原则。根据怀特计划：

①建议建立一个国际货币稳定基金，资金总额50亿美元，由各会员国以黄金、本国货币或政府债券认缴，份额取决于各国的黄金外汇储备、国民收入和国际收支状况等因素，根据各国的份额确定各国在基金内的投票权。

②基金组织发行一种国际货币名叫大尼它（Unita）作为计算单位，其含金量为137/7格令，相当于10美元。“大尼它”可以兑换黄金，也可以在成员方之间转移。

③各国货币要与大尼它按一定比价建立固定汇率，非经基金组织同意不得任意变动。

④基金组织的任务主要是稳定汇率，并对会员国提供短期信贷以协助解决国际收支不平衡问题。显然，由于美国经济实力最强，根据怀特方案，美国可以控制基金组织，从而取得国际金融领域的统治权。

凯恩斯计划是英国财政部顾问凯恩斯制定的，他从英国的立场出发，主张采取透支原则，设立一个世界性的中央银行，叫作“国际清算联盟”。按照这一计划：

①由国际清算同盟发行以一定量黄金表示的国际货币班柯（Bancor）作为清算单位。班柯等同于黄金，各国可以用黄金换取班柯，但不得以班柯换取黄金。

②各国货币按一定的比价与班柯建立固定汇率，这个汇率是可以调整的，但不能单方面进行竞争性的货币贬值，改变汇率必须经过一定的程序。

③各国中央银行在国际清算同盟中开立账户，彼此间用班柯进行清算，发生盈余时将盈余存入账户，发生赤字时则按规定的份额申请透支或提存。如清算后一国的借贷余额超过份额的一定比例，无论是盈余国还是赤字国都需对国际收支的不平衡采取调节措施。凯恩斯计划强调透支原则和双方共负国际收支失衡调节责任，是从国际收支经常发生赤字的英国利益出发的。

10.3.2 布雷顿森林体系的内容

在1943—1944年间，英美两国的政府代表团曾就国际货币计划展开激烈的争论，鉴于美国在政治和经济上的实力，英国最后接受了美国的方案，美国也作了一些让步，最后双方达成了协议。1944年7月在美国布雷顿森林召开的同盟国家国际货币金融会议上通过了以美国怀特方案为基础的《国际货币基金协定》和《国际复兴开发银行协定》，总称布雷顿森林协定，从此建立起布雷顿森林体系。这个体系的主要内容有：

①建立一个永久性的国际金融机构，即国际货币基金，旨在促进国际货币合作。

②规定了以美元作为最主要的国际储备货币，实行美元-黄金本位制。

③实行固定汇率制度。各国货币与美元的汇率一般只能在平价上下1%的幅度内波动。超过这个界限，其中央银行就有义务在外汇市场上进行干预，以维持汇率的稳定。

④IMF向国际收支赤字国提供短期资金融通，以协助其解决国际收支困难。

⑤废除外汇管制。

⑥协定规定了“稀缺货币条款”，成员方有权对“稀缺货币”采取临时性的兑换限制。

由此可见，在布雷顿森林体系中，美元可以兑换黄金以及各国实行固定汇率制，这一货币体系实质上是以“黄金-美元”为基础的国际金汇兑本位制。基金组织则是这一货币体系正常运转的中心机构，它具有管理、信贷和协调三方面的职能。它的建立标志着国际协商与国际合作在国际金融领域的进一步发展。

10.3.3 布雷顿森林体系的崩溃

以“黄金-美元”为中心的布雷顿森林体系实际上是一部美元兴衰史，是一个从美元荒到美元泛滥，最终爆发危机的过程。布雷顿森林体系的崩溃与美元危机密切相关。

1.美元荒、美元泛滥

在布雷顿森林体系建立后的最初一段时间里，即美元本位制建立初期，美元保持相对稳定并处于优势地位，但随着美国经济实力相对削弱，国际收支不断恶化，美元霸主地位开始动摇。1947—1958年世界经济经历了“美元荒”（Dollar Shortage）的冲击。当时欧洲各主要国家因受战争的严重破坏生产停滞，物资和资金短缺，必要的生活用品也需从他国进口。美国的情况则正好相反，生产蒸蒸日上，经济实力日益增强，各国所需要的各种物品都得从美国购买，但各国又都缺乏美元来支付。这种缺乏美元的现象，人们把它叫作“美元荒”。

从20世纪50年代中期起，“美元荒”的局面逐渐有所改变。西欧逐渐从战争破坏中恢复过来，世界经济的格局发生了很大的变化。一方面，西欧各国由于得到“马歇尔计划”（Marshall Plan）的支援，经济实力迅速增长，国际收支状况逐渐好转，国际储备不断增加；另一方面，美国由于发动侵朝战争，军费开支猛增，加上美国国内资金的大量外流，使得美国的国际收支逐渐从顺差变为逆差，1958—1969年形成了所谓的美元灾（Dollar Glut）。

2.美元的三次危机

（1）第一次美元危机及其拯救措施

第一次大规模的美元危机爆发于1960年。1960年美元对外短期债务首次超过了它的黄金储备，人们纷纷抛售美元，抢购黄金和其他经济处于上升势头的国家的货币。为了维持外汇市场和金价的稳定，保持美元的可兑换性和固定汇率制，美国要求其他西方国家在国际货币基金组织的框架内与其合作，稳定国际金融市场。到1962年为止，美国分别与若干主要工业国家签订了《巴塞尔协定》、《货币互换协议》，在国际货币基金组织的框架内建立了“借款总安排”和“黄金总库”。

“黄金总库”是美国、英国、法国、联邦德国、意大利、荷兰、比利时和瑞士八国中央银行于1961年10月达成的共同出资以维持金价稳定和布雷顿森林体系正常的一项协议。“黄金总库”就是为了用其他国家的黄金来补充美国的黄金，维持美元-黄金本位制。

用“借款总安排”和《互惠信贷协议》使其他货币补充美元来维持布雷顿森林体系的固定汇率也是日后出现多种储备货币体系的萌芽。

（2）第二次美元危机及其拯救

第二次较大规模的美元危机是1968年爆发的。20世纪60年代中期，因越南战争的扩大，美国的财政金融状况明显恶化，国内通货膨胀加剧，美元对内不断贬值，美元与黄金的比价又一次受到严重怀疑。受1967年英镑危机的影响，外汇市场上的投机浪潮于1968年年初转向美元，爆发了第二次美元危机。于是，1968年3月，美国不得不实行“黄金双价制”。

所谓“黄金双价制”就是指两种黄金市场实行两种不同价格的制度。在官方之间的黄金市场上，仍然实行35美元等于1盎司的黄金比价；而在私人黄金市场上，美国不再按35美元等于1盎司黄金这一价格供应黄金，金价由供求关系决定。“黄金双价制”意味着布雷顿森林体系的局部崩溃。

第二次世界危机后，为扩大国际货币基金组织的贷款能力，国际货币基金组织于1969年创设了特别提款权。特别提款权旨在节约黄金和美元，补充黄金和美元，使黄金-美元本位向黄金-美元/特别提款权本位转变。

（3）第三次美元危机及其拯救

第三次美元危机于1971年爆发，这是战后最严重的美元危机。美元对黄金贬值7.89%，黄金官价从每盎司35美元提高到38美元。1971年8月，美国政府宣布实行“新经济政策”，停止美元黄金的兑换，限制美国的进口，对进口商品增收10%的临时附加税，并强迫联邦德国和日本等国货币升值，以图改善美国的国际收支。

1971年12月18日在华盛顿的史密森研究所签订了一项妥协方案，即《史密森协议》(Smithson Agreement)。《史密森协议》是为挽救固定汇率制度的最后一次尝试。

3. 固定汇率制度的崩溃

《史密森协议》签订以后，金融市场对美元的信心并未真正恢复。美国的国际收支赤字和美元储备资产不断外流，使国际金融市场充满不稳定性。1972年6月，英国被迫放弃中心汇率，英镑开始自由浮动。1973年1月瑞士法郎自由浮动。

1973年2月美元再次爆发危机，美国政府被迫将美元再贬值10%（黄金官价从每盎司38美元提高到42.22美元）。此后不久，各主要西方国家（加拿大、日本、意大利、联邦德国、瑞士等）货币纷纷与美元脱钩，不再承担维持美元汇率的义务，并改为浮动汇率制。至此，布雷顿森林体系终于彻底崩溃。

10.3.4 对布雷顿森林体系的评价

在第二次世界大战后最初的15年里，布雷顿森林体系在许多方面的运行良好。它对第二次世界大战后国际经济的恢复和发展，以及对国际贸易的大幅度增长都曾产生过重大影响。

①这一体系以黄金为基础，把美元作为最主要的国际储备货币，它等同于黄金。在第二次世界大战后黄金生产增长停滞的情形下，美元的供应可以弥补国际储备的不足，这在一定程度上解决了国际清偿能力短缺问题。

②这一体系通过建立货币平价，使各国中央银行承担维护外汇市场稳定的义务，为国际收支逆差国家提供辅助性的国际储备融通，建立汇率变更的严格程序等措施，确实使各国货币汇率在一个相当长的时期呈现出较大的稳定性，从而避免了类似于30年代的竞争性货币贬值。而汇率风险的下降对国际贸易、国际投资与信贷活动的发展无疑是有促进作用的。此外，由于汇率可以调整，因而在调节机制方面多出一个汇率政策机制。

③基金组织对成员方提供各种类型的短期和中期贷款，使有临时性逆差的国家仍有可能对外继续进行商品交换，而不必借助贸易管制，这有助于国际经济的稳定和增长。

④融通资金以及在国际收支不平衡时可以变更汇率保证了各成员方经济政策的独立自主。

⑤作为国际金融机构，基金组织提供了国际磋商与货币合作的讲坛，因而在建立多边支付体系、稳定国际金融局势方面也发挥了积极作用。

⑥在金本位制下，各国注意外部平衡，因而使国内经济往往带有紧缩倾向。而在布雷顿森林体系下，各国一般偏重内部平衡，因此国内经济情况比较稳定，与第二次世界大战前相比，危机和失业状况有所缓和。

总之，布雷顿森林体系是第二次世界大战后国际合作的一个较为成功的事例，它为稳定国际金融和扩大国际贸易提供了有利条件，从而增加了世界福利。

虽然布雷顿森林体系曾对当时的国际经济发展起到了积极作用，但这个体系也存在着一些重大缺陷：

1.美元的双重身份和双挂钩制度是布雷顿森林体系的根本缺陷

这一体系是建立在“黄金–美元”基础之上的，美元既是一国的货币，又是世界的货币。美元作为一国货币，其发行必须受制于美国的货币政策和黄金储备；美元作为世界的货币，其供应又必须适应国际经济和国际贸易增长的需要。由于规定了美元与黄金挂钩及其他货币与美元挂钩的双挂钩的制度，黄金产量和美国黄金储备的增长跟不上国际经济和国际贸易的发展导致了美元出现进退两难的状况。一方面，为满足国际经济和国际贸易的发展，美元的供应必须不断地增长；另一方面，美元供应的不断增长，使美元同黄金的兑换性日益难以维持。美元的这种两难被称为“特里芬两难”，它是美国耶鲁大学罗伯特·特里芬于20世纪50年代首先提出的。特里芬两难指出了布雷顿森林体系的内在不稳定及危机发生的必然性和性质。这个性质就是美元无法按固定比价维持同黄金的兑换性，即美元的可兑换性危机。随着流出美国的美元日益增加，美元按固定价格同黄金的可兑换性必定日益引起人们的怀疑，美元的可兑换性信誉必然被日益严重削弱。因此，布雷顿森林体系危机是美元的可兑换性危机或人们对美元可兑换性信心的危机。

2.国际收支调节机制的效率不高

所谓调节政策，是指调节成本要比较低，调节成本的分配比较均匀，调节要有利于经济的稳定与发展。在布雷顿森林体系的固定汇率制度下，虽然汇率是可以调整的，但是由于固定汇率的多边性而增加了调整平价的困难，而且汇率只允许在平价上下的1%内波动，从而使汇率体系过于僵化。这个体系就是当成员方在国际收支困难时受到双重保护：①暂时性不平衡由国际货币基金组织融通资金。②根本性不平衡则靠调整汇率来纠正。

但实践证明，这个调节机制不是很成功，因为它实际上着重国内政策调节方面，从调节政策来看，一个国家很难靠一套政策的配合来恢复国际收支平衡，而不牺牲国内经济稳定与对外贸易利益。

3.调节机制不对称，逆差国家负担过重

在名义上，国际货币基金组织规定顺差国家与逆差国家对国际收支的失衡都负有调节责任，但在实际上，布雷顿森林体系将更多的调节压力放在逆差国家紧缩经济之上，而不是迫使顺差国家膨胀经济。

就其调节形式来看，逆差国家承受的货币贬值的压力远比顺差国家承受的货币升值的压力要大，逆差国家加紧实施管制措施的现象与顺差国家放松外汇管制、拆除贸易壁垒相比更为多见。这便是布雷顿森林体系所特有的调节机制不对称问题。

4.储备货币的供应缺乏有效的调节机制

从国际经济和国际贸易发展的角度来看，储备货币的供应不能太少，太少将限制国际经济和国际贸易的发展；从物价和货币稳定的角度看，储备货币的供应不能太多，太多会引起世界性通货膨胀和货币混乱。

在布雷顿森林体系的汇率制度下，世界其他各国为减少调节成本而不断积累美元，而美国可以不断地输出美元。对美元供应的唯一限制是用美元兑换美国的黄金储备，于是，当美元供应相对不足时，各国拼命积累美元，引起美元的不断输出，当美元供应相对过多时，又抛售美元，换取美元的黄金储备，从而直接威胁到体系的生存。

10.4 牙买加体系

布雷顿森林体系崩溃以后，国际货币领域出现了新的格局：美元的国际地位不断下降，国际储备出现多元化现象，各国的汇率实行自由浮动制度。这一新的格局被1976年的牙买加会议予以确认，因此，有人把这一新的格局或者这一新的“国际货币体系”称作牙买加体系。

10.4.1 牙买加体系

1.牙买加体系的建立

早在1971年10月1日，布雷顿森林体系开始瓦解时，IMF的理事会便委托各位执行董事着手研究改革国际货币制度的措施。1972年7月26日，IMF在其理事会下设立了“国际货币制度改革及有关问题委员会”，专门负责研究国际货币改革问题。这个委员会由二十个国家组成，所以又称“二十国委员会”（Committee of Twenty）。该委员会于1972年9月开始工作，讨论了国际货币改革的各个方面，但由于各国利害关系不同，对许多问题分歧很大，因此一直未能取得成效。直到1973年9月1日该委员会才提出“第一个改革提纲草案”，并于1974年6月在华盛顿会议上形成一份正式的“改革纲要”，并建议“二十国委员会”结束后，另设立一个临时委员会，继续研讨国际货币制度改革问题。

1974年9月，基金组织举行年会，决定成立一个专门研究国际货币制度问题的“临时委员会”（即国际货币制度临时委员会），接替“二十国委员会”的工作。临时委员会成立后，就考虑修订《国际货币基金协定》的条款。1976年1月8日，各成员方在牙买加首都金斯敦召开会议，就汇率制度、黄金问题、储备资产等问题达成了一些协议，这就是《牙买加协定》。同年4月，基金组织理事会通过《国际货币基金协定第二次修正案》，送交各成员方政府完成立法批准手续。到1978年4月1日，修正案已获得法定的3/5的成员方和4/5的投票权的同意。由此，《牙买加协定》开始生效。

2. 牙买加体系的内容

牙买加体系的主要内容如下：

（1）浮动汇率合法化

①成员方可以自由选择决定汇率制度，基金组织承认固定汇率制度和浮动汇率制度并存。

②各成员方的汇率政策应受基金组织的监督，并与基金组织协商。

③实行浮动汇率制度的成员方根据经济条件，应逐步恢复固定汇率制，并防止采取损人利己的货币贬值政策。

④经总投票权的85%多数票通过，可以恢复稳定的但可调整的汇率制度。

（2）黄金非货币化

①废除基金官价。

②各成员方的中央银行要按市价从事黄金交易。

③各成员方相互间以及基金组织与各成员方之间取消以黄金清算债权债务的义务。

④对基金组织所持有的黄金应逐步加以处理。其中1/6（2 500万盎司）按市价出售，以其超过官价（每盎司42.22美元）部分作为援助发展中国家的资金；另外1/6按官价由原缴纳的成员方买回，其余的4/6（1亿盎司）则经总投票权85%的多数票通过，向市场出售或由成员方买回。

（3）以SDR为主要储备资产

用SDR逐步取代黄金和美元而成为国际货币制度的主要储备资产。

（4）扩大对发展中国家的资金融通

①设立信托基金，用出售黄金所得收益设立信托基金，以较优惠条件向较穷的发展中国家提供贷款，帮助它们解决国际收支困难。

②扩大基金组织的信贷部分的贷款额度，即由各成员份额的100%提高到145%。

③修订基金份额。各成员方对基金组织所缴纳的基金份额，由原来的292亿SDR增加到390亿SDR，增加33.6%。

各成员方应缴份额所占的比重有所改变，主要是石油输出国的比重提高一倍（由5%提高到10%），其他发展中国家维持不变，主要西方国家除联邦德国和日本略增外，其余国家都降低了。

3. 牙买加体系的评价

自1973年国际货币制度进入以美元为中心的多元化储备和浮动汇率阶段以后，至今已20多年了，而且目前还看不出这个体系在近期内有什么重大的变革。在评价这个体系时，首先应该肯定其对维持国际经济运转和推动世界经济发展的积极作用。

①多元化的储备体系基本上摆脱了布雷顿森林体系时期基准货币国家与依附国家相互牵连的弊端，并在一定程度上解决了“特里芬难题”。

②以主要货币汇率浮动为主的多种汇率安排体系能够比较灵活地适应世界经济形

势多变的状况。主要储备货币的浮动汇率可以根据市场供求状况自动及时调整，从而灵敏地反映瞬息万变的经济状况，这有利于国际贸易和国际金融交易。

③在目前的国际货币制度中，多种国际收支调节机制并行，各种调节机制相互补充，而不是单纯依靠哪一种调节手段。这也比较适应当今世界经济发展不平衡，各国经济发展水平相差悬殊，以及各国发展模式、政策目标和客观经济环境都不相同的特点，从而缓和了布雷顿森林体系条件下国际收支调节机制失灵的困难，对世界经济的正常运转和发展起到了一定的促进作用。

总而言之，当今的国际货币制度是世界经济动荡、多变和发展不平衡的产物，而它的运行也恰恰能够大体上适应世界经济的这种状况，因而对世界经济的发展有一定推动作用，但是也必须看到，以美元为中心的多元储备和浮动汇率制的弊端也是相当明显的，它只是在一定程度上适应性较强，但是不可能解决资本主义货币信用危机的基本矛盾，而且还使这一矛盾日益明显地暴露出来：

①在国际储备多元化的条件下，各储备货币的发行国，尤其是美国仍然享受着向其他国家征收"铸币税"的特权。

②1973年以来的实际情况表明，主要储备货币之间的汇率不仅在短期内经常波动，而且长期看也是大起大落，变动不定。

③目前各主要国家仍然对市场汇率进行干预，即所谓的"肮脏浮动"，因而这种浮动汇率制并没有隔绝外部经济的冲击。有些主张浮动汇率制的学者认为浮动汇率可以使各国实行独立的经济政策，而不必为了外部平衡而牺牲国内目标，但实践证明并非如此。

④目前的国际收支调节机制仍不健全。如前所述，各种国际收支调节机制都有局限性，而IMF的贷款能力又有限，同时也无力指导和监督盈余和赤字国双方对称地调节国际收支，所以自1973年以来，国际收支失衡的局面一直没有改善，而且还日趋严重。

综上所述，当前的国际货币制度虽然在各方面都有较强的适应性，但是它在储备货币、汇率机制、国际收支调节等方面的缺陷也很突出。这些缺陷阻碍着世界经济和国际贸易的发展，加剧着资本主义世界货币金融领域中的矛盾，所以国际上关于改革现行国际货币制度的讨论一直在进行。

10.4.2 国际货币体系的改革

1.国际货币体系的现状

现行国际货币体系是在牙买加体系的基础上形成的，主要有以下特征：

（1）黄金非货币化

黄金不再是各国货币平价基础，也不能用于官方之间的国际清算。

（2）汇率制度的多样化

自1973年布雷顿森林体系崩溃以后，国际货币体系进入了有管理的汇率制度时代，发达国家普遍实行浮动汇率制，发展中国家大多数采用钉住汇率制，将本国货币与美元、英镑、欧元、特别提款权或一揽子货币挂钩。

（3）储备资产的多样化

布雷顿森林体系崩溃以后，美元的国际货币地位受到了动摇，虽然后来《牙买加协定》规定未来的国际货币体系以特别提款权为主要储备资产，但特别提款权难以发挥主要储备资产的作用，其在国际储备中的比重不但没有增加，反而有下降趋势。1999年欧元问世后，成为继美元之后的另一种重要的国际储备资产，由此，储备资产由原来美元一枝独秀发展为美元、欧元和日元三种货币占90%以上的国际储备资产，形成三元鼎立的局面。

（4）国际收支调节方式的多样化

布雷顿森林体系实际上是属于金汇兑本位制的一种固定汇率制度安排，国际收支调节渠道有限，调节机制失灵。在牙买加体系下，国际收支的调节方式更加多样化，除了传统的汇率机制和基金组织的贷款外，还可以运用利率机制、国际金融机构的调节和国际储备资产的变动等方式来弥补国际收支不平衡。

2.国际货币体系的改革

（1）恢复金本位制

以法国经济学家雅克·吕埃夫为代表的学者认为只有金本位制度才能解决这些危机。他们提出方案的主要内容是：通过大幅度提高黄金价格，刺激黄金产量；恢复纸币兑换黄金；各国国际收支用黄金清算，从而促进经济增长的目的。对于这一提案曾遭到各界的反对，金本位制对通货膨胀和估计收支调节确实曾起到过显著作用，但当时的社会背景与发展条件都已不复存在，尤其是如今世界经济增长的速度远远超过了黄金的开采量。金本位制的“黄金时代”已经一去不复返了，最终此提案被否决。

（2）改进的金汇兑本位制方案

这种方案认为，美国应消除国际收支赤字，改善以美元为中心的国际金汇兑本位制。但是，美国消除国际收支赤字将导致国际清偿力不足。鉴于此，英国经济学家哈罗德主张提高金价，美国经济学家伯恩斯坦主张建立新的储备单位，该储备单位不能兑换黄金，但具有黄金的世界货币职能，可用于国际清算。伯恩斯坦的主张后来发展成为特别提款权。

（3）重建美元本位制方案

这是由美国经济学家金德伯格、麦金农和德斯普雷斯等提出的方案。他们主张：美元不兑换黄金；国际市场力量决定各国官方与私人所需要的美元数量；为保持美元币值稳定，美国必须在国内执行稳定增长货币量的政策，同时关注到国际收支逆差问题。自布雷顿森林体系崩溃以来，美元地位不断下降，但是美国有强大的经济实力作为后盾，美元仍然是世界各国的主要储备货币，恢复美元本位制有一定的道理。但是，这一观点仍然克服不了特里芬难题，其基础是不稳固的。

（4）建立“汇率目标区”的方案

该方案是由美国经济学家威廉姆森在1986年提出的，主要构想是建立汇率的目标区域。在该体系下，主要工业化国家估算出平均汇率水平，并就允许浮动的范围达成协议。该方案建议将汇率浮动的目标区域定为均衡汇率上下各10%。在该范围内，汇率由供求决定，官方对外汇市场的干预是阻止其变动超出目标区域之外。后他又和米勒进一步完善其计划，要求工业化国家加强货币政策等方面的合作，在减少对外汇市场干预的同时仍能将汇率维持在目标区域内。

（5）建立世界中央银行方案

这是由美国经济学家特里芬提出的。该方案主张彻底改革IMF，把它变为世界中央银行。在这种体制下，用一种“国际货币”来代替美国境外流通的美元；各国货币的汇率平价将与国际货币挂钩；各国将把自己相当一部分外汇储备存入IMF；IMF为各国的中央银行之间的清算办理往来转账，就如美联储的功能一样。

10.5 欧洲货币体系

10.5.1 欧洲货币体系的建立

1957年3月，法国、联邦德国、意大利、荷兰、比利时和卢森堡六国在罗马签订了《罗马条约》，决定建立欧洲经济共同体。欧共体建立后，经济一体化得到了很大发展。为巩固和发展经济一体化，摆脱对美元的严重依赖和美元危机的不利影响，欧共体国家首脑1969年12月在海牙举行会议决定筹建欧洲经济与货币同盟（European Economic and Monetary Union）。按照以卢森堡首相魏尔纳为首的欧共体委员会向欧共体委员会和欧共体理事会提出的报告（即《魏尔纳报告》），到1980年止，共分3个阶段实施包括下述内容的计划：协调成员方的经济与金融政策；缩小成员方货币间的波动范围；建立共同储备基金，协助成员方解决国际收支，商品、劳动力、资本和劳务的自由流动实现固定汇率制，发行统一的货币，创建欧共体的联合中央银行。由于后来受到接连不断发生的货币危机与1973—1974年经济危机的冲击，经济与货币同盟的计划未能完全实施。

1978年12月，由于20世纪70年代以来欧共体内外经济与货币形势的变化，以及完全实施经济与货币同盟计划的复杂性与艰巨性，也基于欧共体国家实行的联合浮动汇率制、欧洲货币合作基金（European Monetary Cooperation Fund，EMCF）和欧洲记账单位（European unit of account，EUA）对付美元危机冲击的经验，欧共体决定首先稳定成员方货币汇率，为实施经济一体化奠定坚实基础，因而决定建立欧洲货币体系，并于1979年3月13日正式生效。

10.5.2　欧洲货币体系的内容

1. 创建“欧洲货币单位”

欧洲货币单位（European currency unit，ECU）是由欧共体12个成员方货币按不同权重混合构成的。各种货币的权重是根据成员方国民生产总值和在欧共体内部贸易额的大小确定的，并用加权平均法逐日计算欧洲货币单位的币值。成员方在欧洲货币单位所占的权数每五年调整一次，必要时也可随时调整。

欧洲货币单位的创建比原共同体创立的、只起计价作用的“欧洲记账单位”大大迈进了一步，欧洲货币单位最终已发展成为欧共体的统一货币欧元。

2. 确定稳定汇率的机制

欧洲货币体系通过两种机制来稳定成员方间的货币汇价：一种是平价网体系。参加国都规定本国货币同欧洲货币单位的中心汇率，并以此确立各国间货币的中心汇率，各国汇率只允许在中心汇率上下2.25%的幅度内波动。如果波幅超过了规定的上下限，各成员方货币当局有义务干预市场，直到汇率趋于基本稳定。另一种是货币篮体系，各成员方货币要和欧洲货币单位确定一个中心汇率，并针对各国货币在欧洲货币单位中的不同占比确定各自的波动幅度，波动的上下界限为：0.75×2.25%（或6%）×（1-该国货币在欧洲货币单位中所占比重）。如果成员方货币的波动幅度接近、达到或超过这一界限，该国货币管理当局必须立即采取干预措施，防止更大程度的偏离。自1993年以后，这一界限扩展到+15%。不过，1996年以后加入的货币都相对稳定，波动幅度未超过7%~8%。

以上述两个中心汇率为核心的、对内实行固定汇率制、对外实行联合浮动的汇率制度，即为欧洲货币体系的汇率机制。

3. 建立欧洲货币基金

根据欧洲货币体系的规定，各成员方要将其黄金外汇储备的20%（其中一半为黄金）缴出作为共同体的共同储备，用以向成员方提供贷款，干预市场，稳定汇率，平衡国际收支。

在欧洲货币体系成立初期，欧洲货币资金总额拥有约250亿欧洲货币单位，其中的140亿ECU作为短期贷款，其余170亿ECU作为中期金融援助。每个成员方都有一定贷款定额，尤其对弱币国家的贷款更严格控制在定额之内。对不超过45天的短期贷款，则不加任何限制，并可享受3%的利息贴补。与国际货币基金贷款办法相似，成员方取得贷款时，应以等值的本国货币存入基金。按共同体原定计划，欧洲货币基金应于1981年正式建立，但由于对EMF组织形式和发展方向各国的意见不统一，所以EMF未能如期建立。作为权宜之计，共同体先将欧洲货币合作基金的贷款能力扩大为250亿ECU，这远远大于欧洲货币合作基金的规模（28亿欧洲记账单位），大大增强了欧洲货币合作基金干预市场、提供信贷和平衡国际收支的能力，在稳定成员方货币汇率上发挥了重要作用。

10.5.3 欧元

1992年欧盟首脑会议在荷兰马斯特里赫特签署了《欧洲联盟条例》（亦称《马斯特里赫特条约》，简称《马约》），决定在1999年1月1日开始实行单一货币欧元和在实行欧元的国家实施统一货币政策，从2002年1月1日起，欧元纸币和硬币正式流通。欧元（EURO）是欧元区内各国使用的统一货币。由于英国①、瑞典和丹麦决定暂不加入，目前，使用欧元的国家为德国、法国、意大利、荷兰、比利时、卢森堡、爱尔兰、希腊、西班牙、葡萄牙、奥地利、芬兰12国，也称为欧元区。从1999年1月1日开始，欧元逐步代替欧元区内各国的货币。欧元的国际标准代码为EUR。

1.欧元的实行将经过4个阶段

第一阶段：从1991年通过《马约》进入了欧元的准备阶段。欧盟国家以全民公决确定本国是否加入欧元区，各国为达到欧元区的标准实行相关的财政、金融政策，并于1998年5月初由欧盟财长理事会投票决定哪些国家符合欧盟统一货币的标准，达到国家的货币可以统一使用欧元，同时选出欧洲中央银行的行长、副行长、董事，确定欧元区内各国货币的双边汇率。

第二阶段：自1999年1月1日至2001年12月31日。此阶段为欧元区内各国货币向欧元转换的过渡期，欧元汇率于1999年1月1日固定下来，并且不可撤销。欧元以支票、信用卡、电子货币、股票和债券形式流通。1欧元等于1欧元货币单位，欧元对各成员方货币的比价按照1998年12月31日欧洲货币单位与各国货币的汇率固定下来。欧元正式启动标志着欧洲货币一体化质的飞跃。金融批发市场的业务将以欧元进行，企业、个人可以在银行开立欧元账户，欧元的收付可以在账户之间进行，但欧元的纸币和硬币未投入流通。

第三阶段：2002年1月1日至2002年6月30日。此阶段欧元的纸币和硬币投入流通，欧元在欧元区内与各国原货币的纸币和硬币同时流通。

第四阶段：2002年7月1日以后。此时欧元区内各国的原货币完全退出流通，欧元将成为欧元区内11个国家唯一的合法通货，欧元区统一货币正式形成。

2.欧洲货币一体化的影响

欧洲货币一体化，特别是欧元的启动，对欧洲经济乃至世界经济的各个领域已经或将产生广泛而深远的影响。

①欧洲货币一体化稳定了有关国家汇率，促进了欧洲国家之间的贸易和金融活动。汇率的相对稳定减少了彼此经济交往的汇率风险。

②欧元的启动显著地节约了外汇兑换的交易成本。

③欧洲货币一体化推动了欧洲统一大市场的建立，有助于促进竞争，提高企业规

---

① 2016年6月23日，英国就退出欧盟举行公投，多数选票赞成退出欧盟。

模经济效应，优化资源配置以及提高效率。

④有关国家货币协调合作和欧洲中央银行体系的建立，避免了各成员方采取损人利己的经济政策，在抑制通货膨胀方面取得了显著的成效。

⑤从长期看，欧洲货币一体化有利于有关国家的经济增长。

⑥欧元对美元的霸权地位提出挑战，欧元区的经济实力与美国相当，对外贸易和国际储备显著超过美国，因此欧元将在国际储备中扮演重要角色。

本章小结

本章主要介绍了国际金本位体系、布雷顿森林体系、牙买加货币体系与欧洲货币体系，分别阐述了各体系产生的背景、特点、对世界经济的作用以及体系本身存在的缺陷等。

国际货币体系是规范国家间货币行为的准则，是在世界范围内寻找各国共同遵守的货币制度。

在世界范围内，先后经历了国际金本位体系、以美元为中心的布雷顿森林体系和牙买加体系。国际金本位体系均由黄金充当国际货币，汇率实行严格的固定汇率制，国际收支自动调节。布雷顿森林体系（1944—1973年）建立了一个永久性的国际金融机构（IMF），创建了以美元为中心的固定汇率制，多渠道调节国际收支。牙买加体系解决了特里芬难题，扩大了调节国际收支的方式和手段。

IMF的建立为缓解会员国短期资金短缺、调整国际收支状况、促进世界经济发展起了重要作用。

欧洲货币一体化经历了《魏尔纳报告》、欧洲货币、《马约》与欧洲经济货币联盟等阶段，最后于1999年1月1日正式启动。到2002年7月1日，各会员国货币退出，欧元成为欧盟发行的唯一法定货币。欧元的启动对欧元区各国的经济发展、世界经济、国际货币体系都发挥了重要作用。

关键术语

国际货币制度　金本位制　布雷顿森林体系　《牙买加协定》　欧洲货币体系

基本训练

一、单项选择题

1.布雷顿森林体系确定的时间是（　　）。

A.1944年4月　　B.1944年7月　　C.1943年4月

D.1943年4月　　E.1945年7月

2.以美元为中心的固定汇率制规定汇率波动范围不得超出货币平价的（　　）。

A.±1.25%　　B.±2.25%　　C.±1.5%

D.±1%　　E.±2%

3.最先实行金本位制的国家是（　　）。

A.德国　　B.英国　　C.美国　　D.法国

4.牙买加体系是一种（　　）国际货币体系。

A.历史的　　B.固定汇率制的　　C.自发的　　D.现行的

5.欧洲货币体系建立于（　　）。

A.1958年1月　　B.1971年2月　　C.1974年6月　　D.1979年3月

6.牙买加体系中，规定（　　）将逐渐成为各国的主要储备资产。

A.黄金　　B.美元　　C.特别提款权　　D.各国本币

7.布雷顿森林体系垮台于（　　）。

A.1969年　　B.1971年　　C.1973年　　D.1975年

二、多项选择题

1.国际金本位制经历了（　　）发展阶段。

A.金铸币本位制　　B.金银复本位制

C.金块本位制　　D.英镑本位制

E.金汇兑本位制

2.金块本位制的基本内容或特点为（　　）。

A.金币在国内流通　　B.金币为本位货币

C.金币可以自由铸造　　D.银行券具有法定含金量

E.银行券可兑换金块

3.属于牙买加货币体系的内容有（　　）。

A.稳定固定汇率制　　B.实行浮动汇率制

C.黄金非货币化　　D.增加基金组织份额

4.国际货币体系一般包括（　　）。

A.各国货币比价规定　　B.一国货币能否自由兑换

C.结算方式　　D.国际储备资产

E.黄金、外汇流动与转移是否自由

5.属于维持布雷顿森林体系运转采取的措施的是（　　）。

A.《巴塞尔协定》　　B.黄金总库　　C.《史密森学会协议》

D.《货币互换协定》　　E.《华盛顿协议》

三、简答题

1.简述国际货币制度的概念及分类。
2.金本位制度的特点及内容是什么?
3.布雷顿森林体系的作用如何?
4.牙买加协议的特点是什么?
5.国际货币体系的发展趋势如何?

四、论述题

试述欧洲货币一体化的影响。

第11章
开放经济下的宏观经济政策

学习目标

◆了解开放经济的政策目标和开放经济下的政策工具与政策搭配；掌握固定汇率制下宏观经济政策以及浮动固定汇率制下宏观经济政策。

◆掌握国际宏观经济政策协调的内容。

◆了解国际宏观经济政策协调的方案。

11.1 开放经济下的政策目标与政策手段

11.1.1 开放经济下的政策目标

在封闭经济下，政府的宏观调控目标可概括为：经济增长、充分就业和物价稳定。其中经济增长是一个长期动态的过程，短期内政府更多考虑的是如何实现充分就业和保持物价稳定这两个目标。但是对于一个开放经济而言，这仅仅是实现了内部经济的均衡，外部经济是否均衡还要考察国际收支是否平衡。简言之，宏观开放经济的政策目标可分为两大类：内部均衡（internal balance）和外部均衡（external balance）。

1.内部均衡

（1）经济增长

经济增长是指在一定时期内国内生产总值的增长率。通常采用一国或地区的国内生产总值（GDP）的年增长率作为衡量的指标。在实际中，经济增长并非人们追逐的唯一目标，由于经济增长是与就业以及通货膨胀相关联的，经济增长的现实含义是指经济达到一个适度的增长率，既能满足基本的社会发展需要，同时又是人口增长和技术进步所能达到的，总之，就是达到一个适应国情的适度增长率。

（2）充分就业

所谓充分就业是指一国的生产性资源被充分利用的状态，通常用失业率来衡量，一般认为，3%的失业率就是充分就业，也有人认为，失业率长期维持在4%～5%左右就算充分就业了。因为在一个动态经济中，由于经济结构调整，市场信息不完全和劳动力转移的成本，不可避免地会存在着一定比例的结构性、摩擦性失业和自愿失业，这就是弗里德曼所称的自然失业率。

（3）价格稳定

价格稳定是一个宏观概念，指价格总水平的稳定。由于在经济生活中各种商品价格变化的情况复杂造成统计上的困难，通常用价格指数来表达一般价格水平的变化。价格指数是表示若干种商品的指数。宏观经济学中常涉及的价格指数主要有GDP折算指数、消费价格指数（CPI）和生产者价格指数（PPI）。价格稳定之所以成为内部平衡目标，是因为价格总水平的不稳定无论是在通货膨胀还是在通货紧缩下都对经济具有破坏作用。

经济学家对内部均衡的界定和理解经历了一个演变的过程。最早提出内部均衡的米德认为，在开放经济条件下，如果一国经济划分为生产贸易品的贸易部门与生产非贸易品的非贸易部门，内部均衡是指对国内商品和劳务的需求足以保证非通货膨胀下的充分就业，即非贸易品市场处于供求均衡状态。简言之，内部均衡是指国内经济处于无通货膨胀的充分就业状态。20世纪50年代末，内部均衡概念解释为菲利普斯曲线上的某一个最优点，即失业率与通货膨胀率的最优组合点。20世纪60年代以后，埃德蒙·菲尔普斯与米尔顿·弗里德曼的自然失业率假说在一定程度上否定了菲利普斯曲线。

2.外部均衡

外部均衡的内涵随着汇率体制的演变也经历了一个阶段的发展。在布雷顿森林体系下，由于资金流动受到管制且汇率不可变动，外部均衡被视为经常账户的平衡。20世纪70年代以来，随着浮动汇率体制的实施和国际资金流动数量的大量增加，人们逐渐认识到简单要求经常账户平衡常常是不必要的。由开放经济下S＝CA＋I的恒等式可知，当一国的国内储蓄不足以支持投资增长时，可通过保持一定的经常账户赤字，以现期产品净进口的方法来满足国内投资的需要，对于一个追求就业和产出增长的失业经济来说，这是有益的。待投资获利后，再以远期产品净出口来归还外债，从而获得跨时贸易的收益。相反，当储蓄大于投资需求时，可通过现期产品的净出口带来资本流动而增加国外净资产，这就会形成经常账户的一定盈余。此外，还可利用经常账户的暂时赤字来避免一国由于临时性的产出水平下降（如农业歉收）而造成的国内市场商品价格的大幅度波动，这将有利于经济的长期稳定。由此可见，内部经济和外部经济是紧密联系的。据此，可将外部均衡定义为与一国国内经济运行相适应的适当水平的经常账户余额。

11.1.2 宏观开放经济的政策手段

为了实现内外经济的同时均衡，一国政府可采用财政、货币、汇率和管制等多种调控手段。根据这些政策手段作用机制不同，可分为支出增减政策、支出转换政策、其他政策。

1. 支出增减政策

支出增减政策主要包括财政政策和货币政策。财政政策是指通过调整政府支出或税收，或者两者同时改变来影响经济运行的政策手段。政府通过增加支出和/或减少税收，采用扩张性的财政政策可以增加国内的产出和收入（通过乘数效应），调节内部经济，同时，收入的增长又会通过边际进口倾向导致进口增加，减少国际收支顺差，但这种效应会由于扩张财政造成的利率上升引起资本流入而被抵消一部分。相反地，紧缩性的财政政策可通过压低总需求的方式，减少产出和收入并导致进口减少，同样其对外部经济的影响会由于利率下降引起资本外流而被抵消一部分。

货币政策是货币当局通过变动货币供给量与利率水平来调节内外经济运行的政策手段。扩张性的货币政策通过增加货币供给，降低利率，带来投资和收入水平的上升并导致进口增加。同时，利率下降引起的资本外流会进一步加强货币政策对外部经济的作用效果。反之，紧缩的货币政策会阻碍投资、收入以及进口的增长，并且引起资本流入。

由此可见，财政和货币政策都可以通过直接影响社会总需求或总支出来调节内部均衡，同时，总需求或总支出水平的变动又会通过边际进口倾向和利率机制来影响外部经济运行。这是两种政策手段在开放经济下调节内外均衡效力的差异。

2. 支出转换政策

支出转换政策是指旨在改变总需求的方向，调节总支出中国内外商品和劳务的消费比例的政策手段。它主要包括汇率政策。具体而言，这一政策是通过选择汇率制度和调整汇率水平来影响内外经济运行的。在固定汇率制（如布雷顿森林体系）下，当国际收支发生“根本性失衡”时，政府可通过调整平价变动汇率，货币贬值把消费从国外转向国内，由此带来的净出口增加一方面可以用于调节国际收支逆差，另一方面可通过作用于社会总需求，带来国内产出的增长。而在浮动汇率制下，由于汇率是根据外汇市场的供求而自发变动的，所以政府汇率政策的实施主要是通过干预外汇市场来主动调节汇率水平，从而达到转换支出方向，调节内外经济运行的目的。

直接管制政策是指政府对经济行为进行直接行政控制。直接管制涉及经济领域的各个方面，如价格管制、金融管制、贸易管制等。直接管制具有立竿见影、灵活、易实行的特点，但同时也会带来市场扭曲、资源配置的低效率、黑市等问题。

3. 其他政策

开放经济下的政策工具除调节社会总需求的工具外，还有调节社会总供给的工具和提供融资的工具等，它们的作用机制有所不同。

调节社会总供给的工具，一般又称为结构政策，包括产业政策和科技政策等，旨在改善一国的经济结构和产业机构，提高商品质量，降低生产成本，增强社会产品的供给能力。供给政策的特点是长期性，在短期内难以有显著效果。但它可以从根本上提高一国的经济实力与科技水平，从而为实现内外均衡创造条件。

提供融资的工具即融资政策，是指在短期内利用资金融通的方式弥补国际收支出现的超额赤字以实现经济稳定的一种政策。融资政策包括官方储备的使用和国际信贷的使用，从一国宏观角度看，它主要表现为国际储备政策。对外部均衡调控的首要问题就是“融资还是调整”，因为如果国际收支偏离外部均衡标准是临时性、短期的冲击引起的，那么可以用融资的方式弥补以避免调整的痛苦。可见，融资政策与调节社会总需求的支出政策之间是有一定的互补性与替代性的。如前所述，这使得一国政府在面对内外不均衡时具有更大的政策选择性。

11.2　开放经济下的政策工具与政策搭配

11.2.1　丁伯根法则

荷兰经济学家，首届（1969年）诺贝尔经济学奖获得者丁伯根（J. Tinbergen）所提出的“经济政策理论”。他认为，实现一个经济目标，至少需要一种有效的政策工具。由此推论，要实现n种独立的政策目标，至少需要n种相互独立的有效政策工具。这一理论又被称为“丁伯根法则”。

根据这一原则，绝大多数西方学者认为，在一国可以灵活调整汇率水平的情况下，可以采用支出变动政策来达到内部目标，而利用支出转换政策（主要是汇率政策）来达到外部目标，这样，实现内外均衡是不成问题的。

11.2.2　米德冲突

第二次世界大战争之后至1973年，根据布雷顿森林体系的安排，各国实行的是可调整的钉住汇率制。英国经济学家米德于1915年最早提出了固定汇率制下的内外均衡冲突问题，被称为“米德冲突”。在米德的分析中，内外均衡的冲突一般是指在固定汇率下，在失业增加、经常账户逆差或通货膨胀、经常账户盈余这两种特定的内外经济状况组合下，用一种政策工具同时解决两个目标，会使决策者面临两难处境，“米德冲突”所描述的正是这一矛盾。如图11-1所示，在该图的Ⅱ区，国际收支逆差与失业衰退同时发生，可采取紧缩性的政策来调节内外经济。在Ⅳ区国际收支顺差与失业衰退同时发生，可采取扩张性的货币政策来调节内外经济。但是在Ⅰ区和Ⅲ区，支出增减政策将陷入左右为难的困境：扩张政策缓解顺差压力的同时加剧了通货膨胀，紧缩政策在缓解逆差的同时加剧了失业。

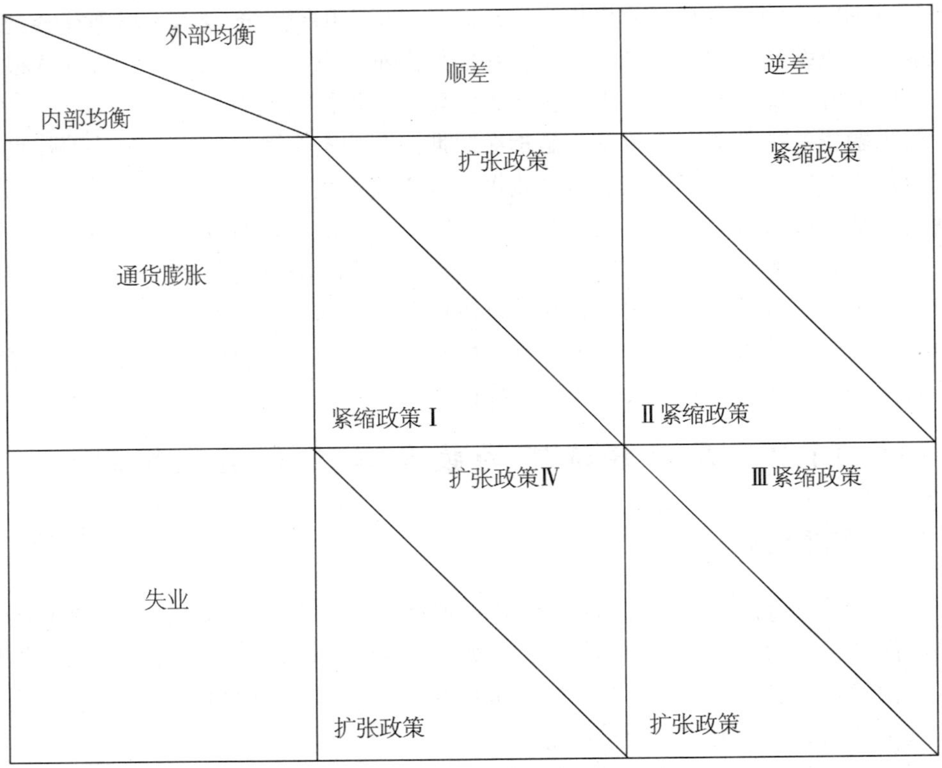

图11-1 米德冲突

11.2.3 政策搭配

1.财政政策与货币政策的搭配

在米德冲突的分析中，一个显著特点是把财政政策和货币政策看成是一种政策工具，所以仅仅通过调节支出总量是难以同时实现内外均衡的，这一理论在20世纪50年代被广为接受，但是60年代，罗伯特·蒙代尔（Robert Mundell）提出的有效市场分类原则（principle of effective market classification）打破了这一看法。在蒙代尔看来，财政政策和货币政策对内外经济的影响效果是不同的，所以即使在固定汇率制下，一国也可以利用财政政策和货币政策这两种独立的政策工具来实现内外经济的均衡。

进一步分析，财政政策和货币政策对国民收入和经常账户的影响基本相同，但对利率和资本与金融账户的作用却存在差异。紧缩性财政政策会降低利率，引起资本外流，恶化资本与金融账户；而紧缩性货币政策则会提高利率，引起资本流入，改善资本与金融账户。这样看来，这两种政策对外部经济的影响效果是不同的。按照有效市场分类原则，应将每种政策工具实施在其最具影响力的目标上。

那么具体如何在内外目标之间分派这两种政策工具呢？通过图11-2来进行说

明。图11-2中横轴为以政府支出为代表的财政政策，从原点沿横轴向右移动意味着扩张的财政政策；纵轴为以利率为代表的货币政策，从原点沿纵轴向上移动意味着紧缩的货币政策。

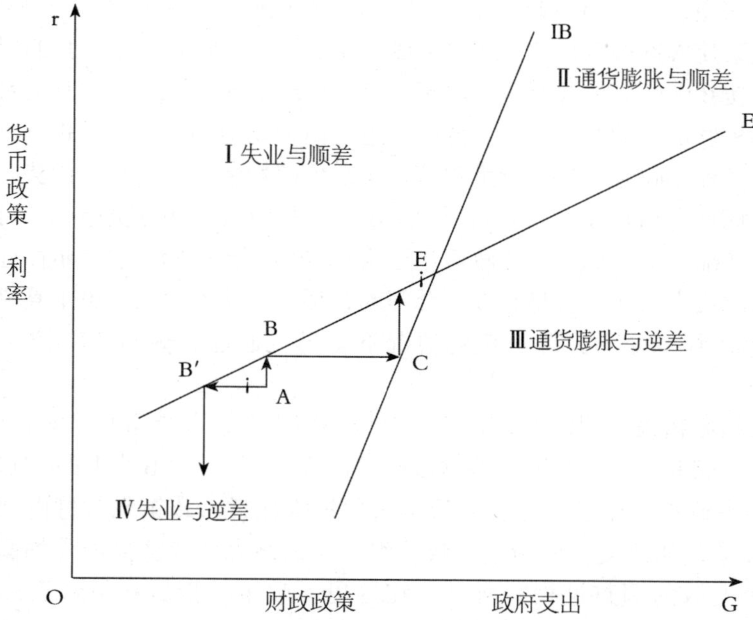

图11-2 有效市场分类原则下的政策组合

图中IB线称为内部均衡线，线上每一点都代表了使国内均衡得以实现的财政和货币政策的组合。IB线向上倾斜是因为扩张的财政政策会导致国内需求的增加，为了保持国内总供求的平衡，必须同时采取一个足够力度的紧缩性货币政策，通过利率提高来消除过度的总需求。在IB线左上方的点意味着国内存在失业，右下方的点则表示出现了通货膨胀。EB线显示了使外部均衡得以实现的财政和货币政策的各种组合。

EB线的斜率为正，因为扩张性的财政政策促进国民收入增长的同时会导致经常账户恶化，这必须相应地实行紧缩性的货币政策，通过提高利率吸引足够多的资本流入来弥补经常账户的赤字，从而保持外部均衡。EB线左上方代表国际收支顺差，右下方代表国际收支逆差。

EB线比IB线更平坦，这是因为财政政策的变化只能对经常账户产生影响，而货币政策不仅可以影响经常账户，而且借助利率的变动还可以对资本与金融账户产生影响，所以货币政策对外部经济的影响力度要大于财政决策。这样，当政府采取扩张的财政政策时，能够同时影响两个变量的货币政策只需进行少量的微调，就可使外部经济保持均衡。

只有在IB线和EB线的交点E处，一国才可能同时实现内外部均衡。另外，根据这两条线所划分的四个区域，每个区域表示内部和外部失衡的情况。政府可以通过财政政策和货币政策的不同组合实现内外同时均衡。

例如，假定一国处于A点，即面临失业与逆差并存的失衡状态，如果采用以货币政策来解决外部逆差，以财政政策来对付内部失业的政策组合，则这一调整过程为：紧缩的货币政策使A点移至B点，这时实现了外部均衡，同时，用扩张的财政政策解决失业问题，使B点移至C点，内部均衡了但又出现了外部逆差。如此交替使用紧缩的货币政策和扩张的财政政策，A点会逐步逼近内外均衡的E点。由此可见，这是一个收敛的调整过程，同时也说明货币政策在实现外部均衡上具有相对优势，而财政政策则对内部目标具有相对较大的影响力。所以，根据有效市场分类原则，可以将货币政策用于实现外部均衡目标，财政政策用于实现内部均衡目标。蒙代尔由此进一步得出结论：如果政策指派和组合是有效、合理的，那么即使不同的政策工具掌握在不同的决策者手中，经济处于分散决策的情况下，仍可通过有规则地调控来接近均衡目标。

但是如果指派错误，即以财政政策来对付外部失衡，以货币政策对付内部失衡。这时看到的结果将是：A点在紧缩性财政政策的作用下移至EB线上的B′点，外部达到均衡但内部失业却加剧了，这就必须再采用扩张性货币政策来对付内部失衡，使B′点向IB线移动，如此交替使用这种政策组合，最终会使经济离内外均衡点越来越远，这是一个发散的调整过程。所以，在这里，政策的指派和组合正确与否至关重要。

2.斯旺模型

蒙代尔的有效市场分类原则通过财政政策与货币政策的有效组合解决了固定汇率制下存在的米德冲突问题。而斯旺图形描述的则是在汇率政策可实施的前提下，如何通过支出变动与支出转换政策的组合来实现内外均衡的目标。在斯旺的理论中没有考虑资本的国际流动，所以外部均衡等同于经常账户的平衡。这可以用图11-3来描述这一新的政策组合。

图11-3中，横轴表示国内支出或吸收（A），扩张性的支出变动政策会拉动国内支出沿横轴右移；纵轴表示本币的实际汇率ep^{*}/p，实际汇率上升意味着本币贬值；反之，则表示本币升值。

EE线显示了实际汇率和国内支出的各种组合下所实现的外部均衡。EE线斜率为正，因为实际汇率上升（即本币贬值）会导致出口增加，进口减少，为了使外部均衡，即经常账户平衡，必须相应地增加国内支出，同时进口增加，这就需要配合以扩张性政策。YY线显示的是内部均衡状态下实际汇率与国内支出的各种组合。

YY线向右下方倾斜，因为实际汇率下降（即本币升值）会导致出口减少，进口增加，为了维持内部均衡必须增加国内支出。在图11-3中，看到只有在A点，即EE与YY曲线的交点，政府可以同时实现内外均衡。

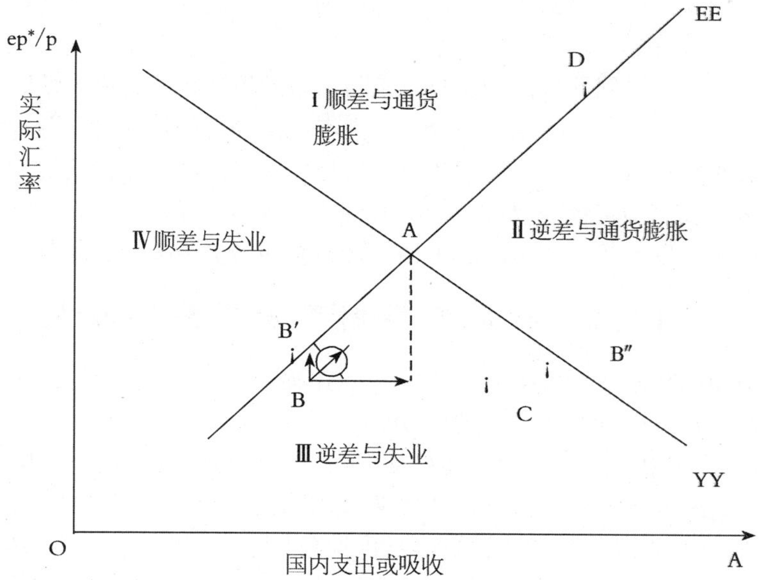

图11-3　斯旺图形的政策组合

EE线以上各点代表外部顺差，以下各点代表了外部逆差；相应地，YY线以上各点表示内部出现通货膨胀，以下各点表示内部存在失业。因此EE曲线和YY曲线将坐标平面分成四个区域，每个区域代表内部和外部不均衡的不同组合。政府可以通过支出调整政策和支出转换政策的不同组合来实现内外同时均衡。

下面，再来看两种政策搭配的调整过程。假如现在一国处于区域Ⅲ（逆差与失业）中的B点，要想使B点接近内外均衡的A点，必须同时采用支出变动和支出转换政策。一方面通过扩大国内支出解决失业问题，使B点向右方YY线移动；另一方面，利用汇率贬值对付外部逆差，产生一个拉动B点向上方EE线移动的力量，这样在两个合力的作用下，B点会沿着向上倾斜的路径逐步逼近A点。如果单纯依赖一种政策工具（贬值或扩大支出），B点将移至B′点或B″点，这样只能解决一种失衡情况，政府仍将被内部失业或外部逆差所困扰。

此外，政策搭配的使用还要视具体情况而定。以图中的C点为例，C点虽然与B点同处于外部逆差和内部失业的失衡区域，但是由于两者所面临的内外部失衡的严重程度不同，所以采用的政策组合也不同。在B点，内部失衡问题较为严重，而在C点，外部失衡问题则较为严重，而且C点国内支出的规模已相当大，为了防止货币贬值可能引发的国内通货膨胀，必须采用贬值与缩减国内支出相结合的政策搭配。

即使政府已处于内部均衡状态，仅面临着外部逆差，如图中YY线上的B″点，为了在实现外部均衡的同时，保持内部均衡，政府仍需采用适当的政策搭配。因为如果只实行贬值政策，可以使B″点移至EE线上的D点，这时虽然外部经济均衡了，但内部又出现了通货膨胀，所以为了防止贬值的实施可能对内部均衡造成的干扰，同时还要采取一个紧缩国内支出的政策来确保内部均衡。由此可见，合理地搭配支出变动政策和支出转换政策是实现内外均衡的关键。

有效市场分类原则所提出的财政政策与货币政策的搭配，以及斯旺图形所阐释的支出变动政策和支出转换政策的组合，大大丰富了经济政策理论，并成为开放经济下政府制定宏观经济政策的主要理论依据。但是现实经济中出现的情况远比理论所论述的复杂得多，政府制定经济政策时，不但要考虑本国的经济现状，还要顾及外国可能做出的反应，所以开放经济下的政策调节要比封闭经济更复杂，难度更大。

11.3 固定汇率制下宏观经济政策

现在将BP曲线引入IS-LM模型中，即在描述产品市场与货币市场同时均衡的IS-LM模型中加入国际收支均衡曲线BP。

当IS曲线、LM曲线和BP曲线恰好交于E点时，便会有唯一的一组利率i_0、实际国民收入Y_0使得产品市场均衡。货币市场均衡以及国际收支均衡这三种均衡同时实现。

而Y-i平面的其他任何点都是非三重均衡点。如BP′所示，由于表示i_0与Y_0组合的点E位于BP′右边，根据上面对BP曲线的讨论，我们知道在产品市场与货币市场共同达到均衡时存在着国际产品收支逆差；如果BP曲线低于E，如BP″所示，则意味着产品市场与货币市场同时达到均衡时存在国际收支顺差。

图11-4利用IS-LM-BP模型为基本框架分析固定汇率制下财政政策与货币政策的作用效果。

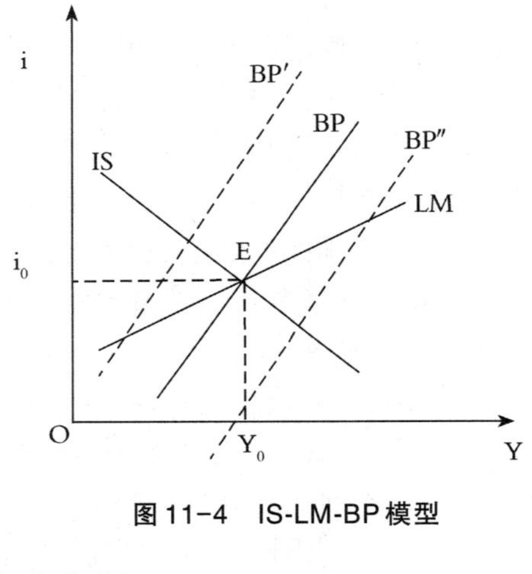

图11-4 IS-LM-BP模型

11.3.1 货币政策的效应分析

1.无资本流动时的货币政策

在没有资本流动的情况下，国际收支平衡即为经常账户的平衡。由于利率变动对经常账户没有直接影响，所以BP线是一条垂直于横轴的直线，如图11-5所示。

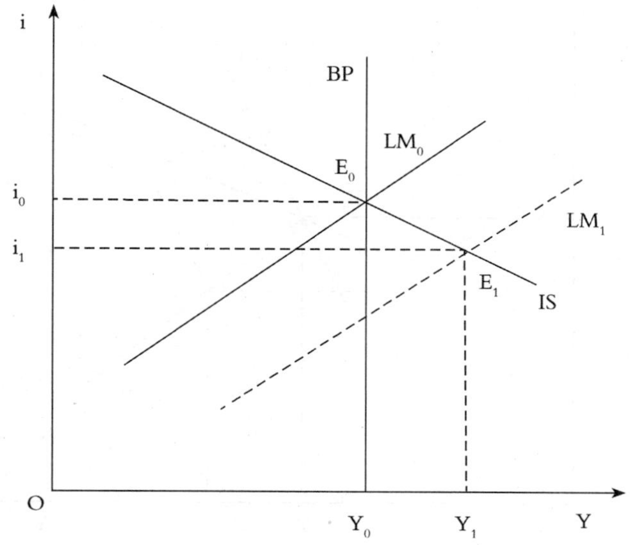

图11-5 固定汇率制下，无资本流动时的货币政策

下面分析扩张性的货币政策所产生的政策效应。假设初始的均衡点为E_0，它所决定的利率水平为i_0，收入水平为Y_0。如中央银行决定采取扩张性的货币政策来增加收入，反映在图中即为LM_0线右移至LM_1，货币供给增加导致利率下降，这会刺激投资需求上升，进而通过乘数效应带来国民收入的增长，即E_1点所对应的收入水平Y_1。短期内虽然达到了提高收入的目的，但是央行的这一举措却破坏了外部均衡，造成了国际收支逆差（E_1点位于BP线右侧），这是因为国民收入增加会通过边际进口倾向使进口增加，在其他条件不变的情况下，经常账户会恶化。在固定汇率制下，国际收支逆差会导致逆差国外汇储备减少，进而带来其国内货币供给的减少，这一调整过程直至国际收支恢复均衡为止，这意味着LM_1将移回至初始位置。所以，在固定汇率制下，当无资本流动时，扩张性的货币政策仅能在短期内提高一国的收入水平，长期内并不能对实际经济变量产生任何影响，货币政策是失效的。

2.资本有限流动时的货币政策

在资本有限流动的情况下的货币政策效应，如图11-6所示。如采取扩张性的货币政策，将导致LM_0曲线右移至LM_1，并与IS曲线交于E_1点，该点对应着较低的利率水平和较高的收入水平。但此时国际收支却处于逆差状态，这是因为一方面收入提高引起进口增加，另一方面利率降低导致资本流出，从而使国际收支趋于恶化。长期内，国际收支逆差必然会导致外汇储备外流，货币供给减少，LM_1左移。当LM_1移回至初始位置时，逆差消除，调整随之结束。此时，除了由于储备外流导致基础货币内部构成发生变化外，其他变量均恢复至初始状态。所以在固定汇率制下，在资本有限流动的情况下，扩张性的货币政策能在短期内提高一国的收入水平，长期内并不能对实际经济变量产生任何影响。货币政策在长期内无效。

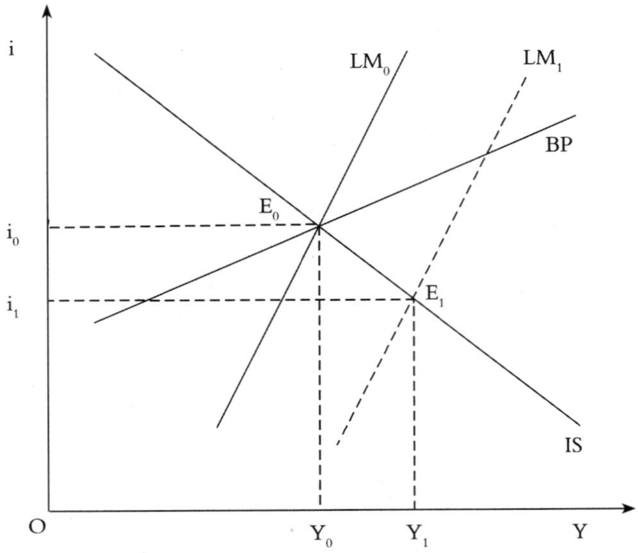

图 11-6 固定汇率制下，资本有限流动时的货币政策

3. 资本完全流动时的货币政策

资本完全流动意味着一国可以随时以世界利率借入或贷出任何数量的资金。这时本国利率必须与世界利率相等，否则任何微小的差异都会导致大量的资金外流。由于资本流动对利率变动具有完全弹性，所以此时BP线为一条水平线，如图11-7所示。

在资本完全流动的情况下，假设经济的初始状态位于曲线IS_0，LM_0和BP的交点E_0。点E_0对应的利率水平为i_0和Y_0。如实行扩张性的货币政策提高国民收入，则LM_0右移到LM_1，并与曲线IS_0交于点E_1，会引起利率下降，但此时利率任何微小的下降都会导致资本的迅速外流，从而抵消扩张性货币政策的影响。货币政策完全失效。

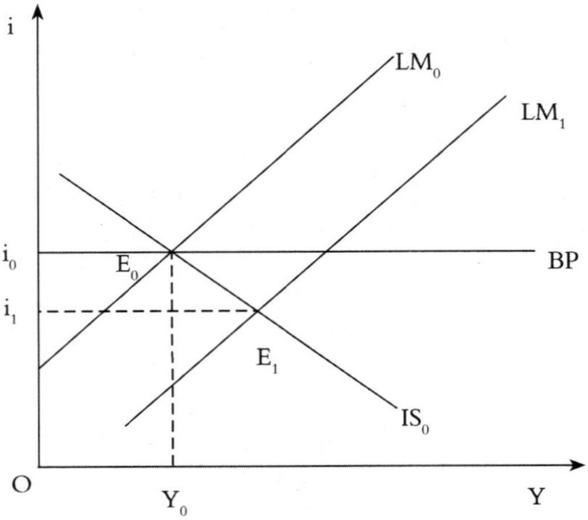

图 11-7 固定汇率制下，资本完全流动时的货币政策

11.3.2 财政政策的效应分析

1.无资本流动时的财政政策

图11-8分析无资本流动时的扩张性财政政策效应。假设经济的初始位于曲线IS_0，LM_0和BP的交点E_0。点E_0对应的利率水平为i_0，国民收入为Y_0。如政府实行扩张性的财政政策，增加政府支出或减少税收，导致总需求上升，图中IS_0曲线右移至IS_1，并与LM_0曲线交于E_1点，该点对应的收入和利率水平均有所提高。但是由于收入增长导致进口增长，在E_1点国际收支出现逆差。固定汇率制下，逆差会导致货币供给减少，使LM_0曲线左移，直至LM_1与IS_1相交于BP线上的E^*点，国际收支逆差完全消除为止，此时国民收入水平也恢复至初始状态，而利率水平却进一步提高了。在政府支出增加的情况下，社会总产出（即国民收入）却没有变化，这意味着政府支出增加所导致的利率上升对私人投资产生了完全的挤出效应。所以，固定汇率制下，当没有资本流动时，扩张性的财政政策在短期内会带来收入的增长、利率的提高以及国际收支的逆差，但是长期内，财政政策对国民收入的影响也是无效的，只会进一步提高利率，改变总支出和基础货币的内部结构。

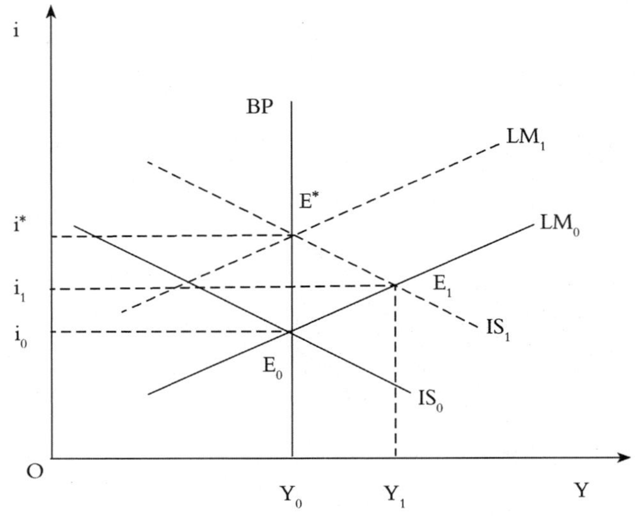

图11-8 固定汇率制下，无资本流动时的财政政策

2.资本有限流动时的财政政策

下面分析资本有限流动时的扩张财政政策效应如图11-9所示。BP线向右上方倾斜，其倾斜程度与资本的流动性有关。如政府实行扩张性财政政策，会使IS_0曲线右移，与LM_0曲线交于E_1，在该点，国民收入增加的同时利率上升。收入和利率的变动对外部经济造成的影响是双重的，一方面国民收入增加会导致进口增加，恶化经常账户，另一方面利率上升。固定汇率制下，资本有限流动的财政政策效应吸引外部资本

流入，会改善资本与金融账户。国际收支状况的最终变化则取决于这两种效应相抵后的净效应。图11-9显示的E_1位于BP线的上方，表明此时国际收支为顺差，这意味着利率升高吸引的资本流入对资本与金融账户的改善效应大于收入提高导致进口增长而对经常账户的恶化效应。这一结果与BP线的斜率有关，如图所示，BP线的斜率小于LM线的斜率，表明资本在国际的流动性较高。然而E_1点只是一个短期均衡点，因为此时国际收支失衡。在长期内，国际收支顺差会导致外汇储备增加，进而带来国内货币供给增加，LM_0曲线会向右移动，这一调整直至三条曲线交于图中的E_2点为止。从图中看到的长期均衡结果是：随着国际收支恢复均衡，国民收入进一步提高，而利率水平却有所下降，但仍高于初始状态。

当然，也不能忽略由于BP线斜率的变化而可能产生的其他调整结果。当BP线的斜率等于LM线的斜率时，即两条曲线重合，收入和利率上升对国际收支造成的正反两方面的影响效应恰好抵消，国际收支仍处于平衡状态，经济不会继续调整，所以财政扩张政策的长、短期影响结果一样。而当BP线的斜率大于LM线的斜率时，这意味着资本的流动性较低，则利率上升对国际收支的改善效应要小于收入上升对国际收支造成的恶化效应，这样，财政扩张政策在短期内将导致国际收支出现逆差。这会引起LM_0线左移，长期调整的结果将是：利率进一步提高，而收入水平有所下降但仍高于初始状态。所以，在固定汇率制下，当资本有限流动时，扩张性的财政政策在短期、长期都是有效的。

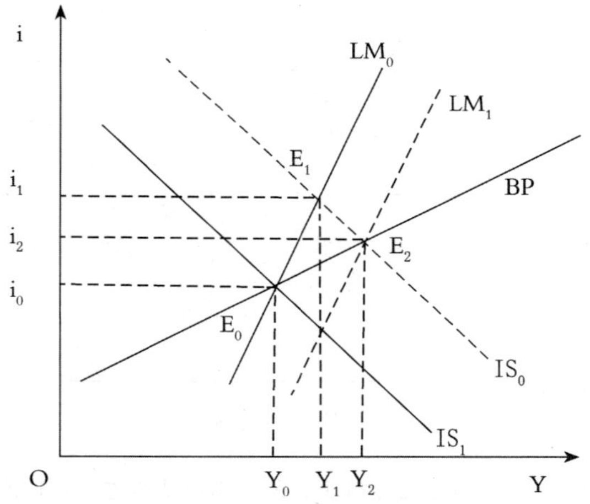

图11-9 固定汇率制下，资本有限流动时的财政政策

3.资本完全流动时的财政政策

下面分析资本完全流动情况下，如政府实行扩张性财政政策（如图11-10所示），推动IS_0曲线右移，这会引起收入和利率的同时上升。但是在资本完全流动的情况下，利率的微小上升都会立即吸引大量的资本流入，导致国内的货币供给增加，即LM_0曲线也将同时右移，以维持本国利率水平与世界市场利率水平相一致。

货币供给伴随着财政扩张而扩张，不但保持了利率水平不变，而且推动收入水平进一步提高，即图11-10中E_1点对应的Y_1。所以，在固定汇率制下，当资本完全流动时，财政扩张政策会带来收入的大幅度提高，故此时财政政策非常有效。以上根据资本流动性的差异，对固定汇率制下的货币、财政政策的政策效应进行了深入分析。

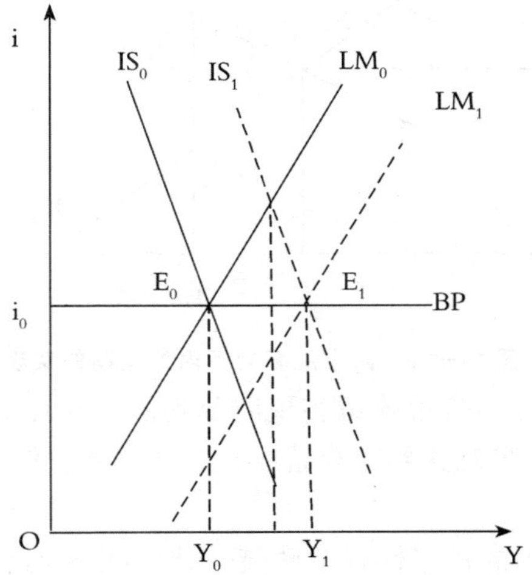

图11-10 固定汇率制下，资本完全流动时的财政政策

固定汇率制下，货币政策在长期内都是失效的，货币当局无法有效地控制国内的货币供应，这主要是在汇率不可变动的情况下，外汇储备完全受国际收支影响所造成的，而财政政策除无资本流动的情况外一般都较为有效。

11.3.3 固定汇率制下内外均衡的实现

用图11-11来分析按照蒙代尔的有效市场分类原则如何在固定汇率制下搭配货币政策和财政政策以同时实现内部均衡和外部均衡。在图11-11中，假设经济的初始状态位于曲线IS_0和LM_0的交点E_0。点E_0对应的利率水平和国民收入分别为i_0和Y_0，由于国民收入Y_0小于充分就业的国民收入Y_f，所以内部失业。由于点E_0位于BP曲线的下方，所以外部存在逆差。也就是说，分析固定汇率制下如何搭配货币政策和财政政策，以实现内外均衡的出发点，是内部失业外部逆差的失衡经济。

为实现充分就业，实现内部均衡，政府首先应该使用扩张性财政政策，使曲线IS_0右移到曲线LM_0和充分就业曲线Y_f的交点A。此时达到充分就业，内部均衡。但是，由于点A位于BP的下方，说明与点E_0相比，虽然国际收支逆差缩小，但仍然存在。这时，政府有两种政策选择：

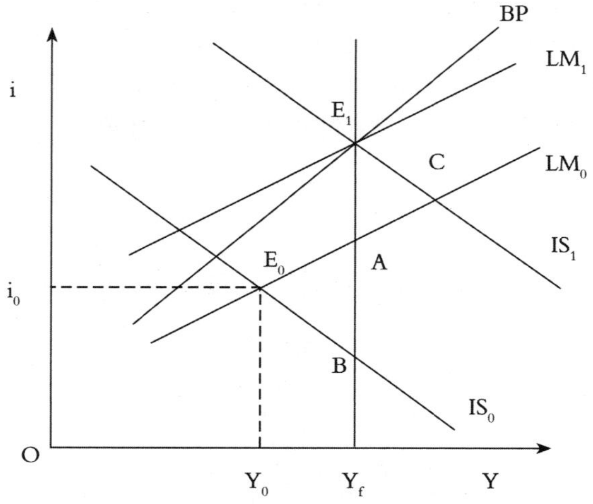

图 11-11 固定汇率制下内外均衡的实现

一是政府使用扩张性的货币政策实现内部均衡，即让曲线 LM_0 右移至曲线 IS_0 与曲线 Y_f 的交点B。这样，虽然达到充分就业，内部均衡，但国际收支逆差增加，外部逆差扩大。

二是政府使用更有力的扩张性财政政策，让曲线 IS_0 右移至 IS_1，与此同时，为避免曲线 IS_1 与曲线 LM_0 交于点C，引发通货膨胀，政府应搭配使用紧缩性货币政策，让曲线 LM_0 左移至 LM_1。国内货币供给的减少，一方面能够有效地抑制通货膨胀；另一方面导致利率上升，通过利率机制的作用，资本流入，缩小国际收支逆差。当曲线 IS_1、LM_1 和BP交于曲线 Y_f 的点 E_1 时，内外经济同时实现均衡。显然，第一种政策搭配是错误的，而第二种政策搭配是正确的。

11.4 浮动汇率制度下的宏观政策

利用IS-LM-BP模型为基本框架分析浮动汇率制下宏观经济政策的作用效果。

11.4.1 货币政策的效应分析

1.无资本流动时的货币政策

图11-12分析在无资本流动的情况下，假设经济的初始均衡点为 E_0，E_0 对应的利率水平为 i_0，收入水平为 Y_0。如政府实行扩张性的货币政策，LM_0 曲线右移至 LM_1，国内经济的变化表现为利率下降拉动投资增长，进而带来国民收入水平的提高。同时，收入的提高又引致了进口增长，从而导致国际收支出现逆差。浮动汇率制下，这必将造成本国货币贬值（即名义汇率上升）来恢复外部均衡。贬值会引起BP线右移，同时在出口拉动下 IS_0 曲线也会右移。当 LM_1、IS_1 相交于 E^* 点时，经济再次实现均衡，该点处，收入水平较初始状态有所提高，利率则有所下降。所以，在浮动汇率

制下，无资本流动时，扩张性的货币政策引起的货币贬值对于提高一国的收入水平是较有效的。

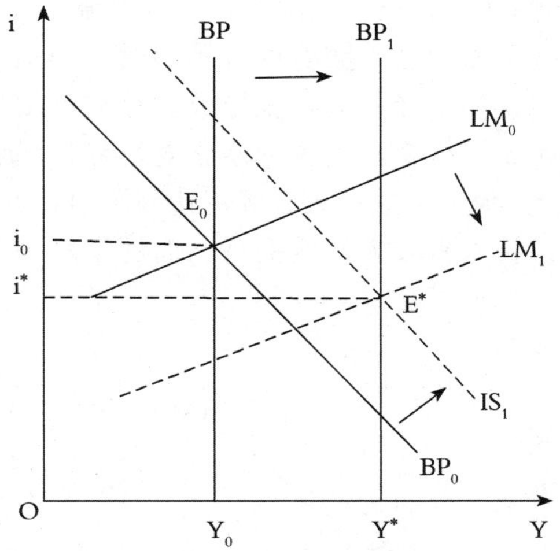

图11-12　浮动汇率制下，无资本流动时的货币政策

2.资本有限流动时的货币政策

图11-13分析在资本有限流动的情况下，如政府实行扩张性的货币政策，将使LM_0曲线右移，这时因收入增加（引起经常账户赤字）和利率下降（引起资本与金融账户的赤字）而出现较大幅度的国际收支逆差。接下来的调整是本币贬值和出口增加，这将引起IS_0曲线和BP_0曲线右移，这一调整直至LM_1与IS_1和BP_1重新交于一点，即图中E^*点时为止。调整的结果与无资本流动的情况相似，即扩张性的货币政策引起的货币贬值对于提高一国的收入水平也是较有效的。

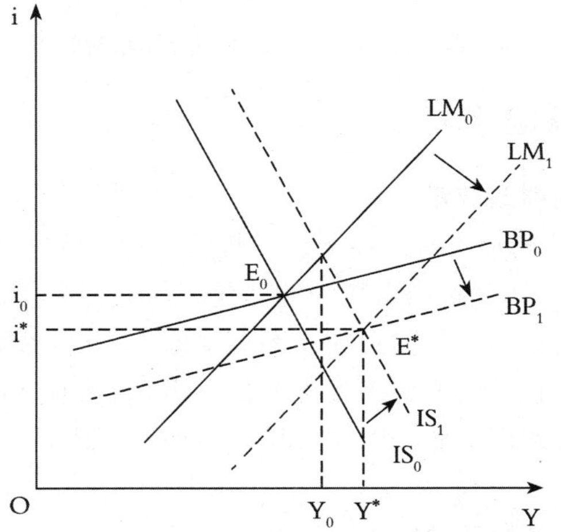

图11-13　浮动汇率制下，资本有限流动时的货币政策

3. 资本完全流动时的货币政策

图11-14分析在资本完全流动的情况下，如政府实行扩张性的货币政策，将使LM_0曲线右移，造成利率下降，这会立即引致资本外流，资本与金融账户的恶化随之引发本币贬值和出口增加，这会推动IS_0曲线右移。出口增长一方面拉动了收入水平的上升；另一方面，实行经济的扩张导致货币需求增加和利率回升又会吸引资本回流。当IS_1与LM_1相交所确定的利率水平与世界市场利率相一致时，资本不再流动，经济恢复均衡，调整随之结束，经济达到图中E^*点。E^*点显示的扩张性货币政策的调整结果是：收入有较大幅度提高，而利率水平并不变化，货币政策是非常有效的。

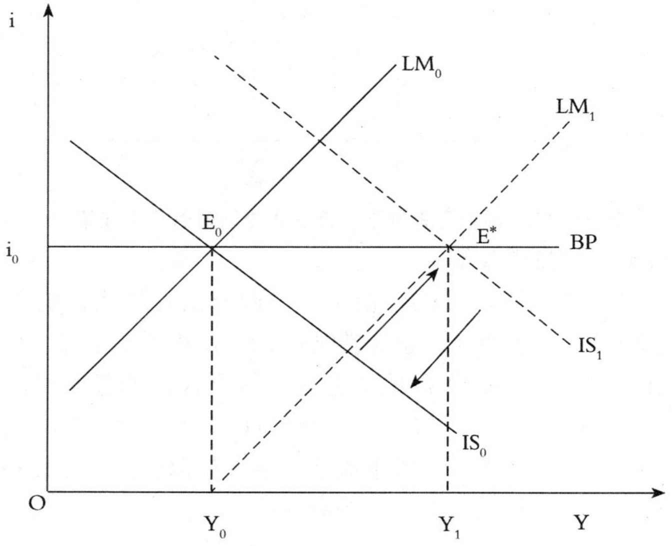

图11-14 浮动汇率制下，资本完全流动时的货币政策

11.4.2 财政政策的效应分析

1. 无资本流动时的财政政策

图11-15分析无资本流动的情况下，如政府实行扩张性的财政政策，将使IS_0曲线右移至IS_1，收入的上升引起经常账户的恶化，故E_1点处国际收支出现逆差。这会引起本币贬值，并带动出口增长，反映在图形中即为BP_0曲线和IS_1曲线的右移。由于没有货币供给的变动，故LM_0曲线不发生变化。当BP_0线和IS_1线的移动最终与LM_0线交于E^*点时，经济恢复均衡，此时的收入和利率水平均高于初始状态。扩张性的财政政策可以带来收入水平的提高。

2. 资本有限流动时的财政政策

在资本有限流动的情况下，如政府实行扩张性的财政政策，一方面由于收入提高所引致的经常账户恶化，另一方面由于利率上升导致的资本与金融账户改善。这两种

作用相抵后的净效应将决定国际收支的变动状况，这一结果与代表国际收支的BP线

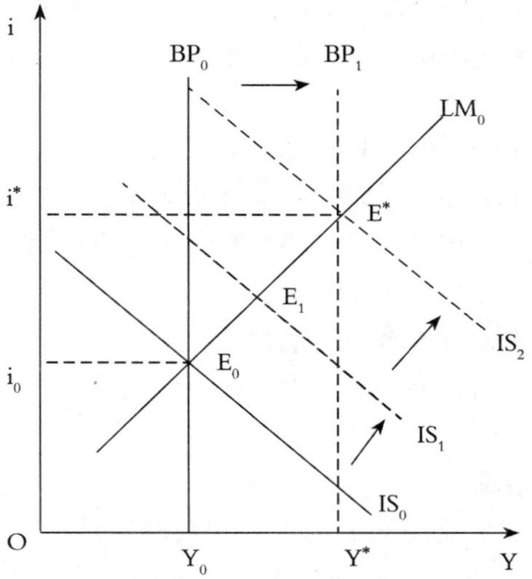

图11-15 浮动汇率制下，无资本流动时的财政政策

的斜率有关。现以BP线的斜率小于LM的斜率，即资本流动性较高的情况为例进行详细分析，如图11-16。扩张性的财政政策推动IS曲线右移至IS_1，并与LM曲线交于E_1点。E_1点位于BP线的上方，这表明扩张性的财政政策对国际收支产生了改善的净效应，导致顺差出现。国际收支的这一失衡，随之引起本币升值的调整，进而造成出口减少，这会使IS_1线和BP线分别左移和上移。当IS^*、BP_1和LM曲线相交于E^*点时，调整结束，经济恢复均衡。从调整结果来看，此时收入水平要低于无资本流动下的收入水平，但仍高于初始状态。

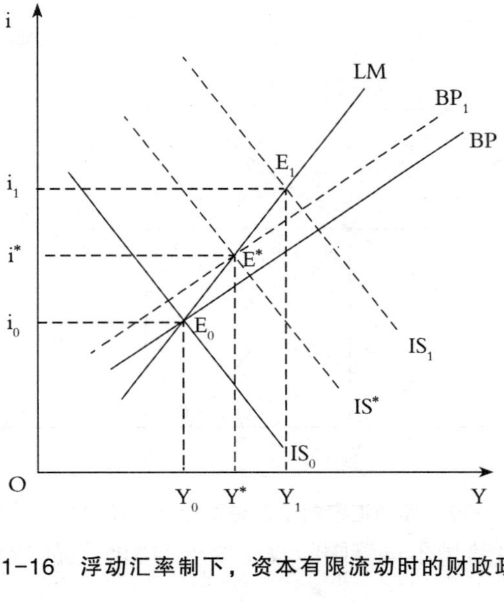

图11-16 浮动汇率制下，资本有限流动时的财政政策

而对于BP线斜率等于LM线斜率的情况来说，扩张性的财政政策引起的利率上升对国际收支的改善效应与收入增长对国际收支的恶化效应恰好相抵消，国际收支没有出现失衡的状况，汇率也不会进行调整，则实际收入将在实施扩张性财政政策之后的水平上保持不变。

还有一种情况就是BP线斜率小于LM线斜率，这时，扩张性财政政策对国际收支产生的净效应将导致逆差出现，随之引起本币贬值，出口增长，这使IS_1线与BP线的移动方向恰与第一种情况相反。最终的均衡结果也将与第一种情况有所不同，收入水平不但高于初始状态，而且高于无资本流动的情况。

所以，浮动汇率制下，资本有限流动时，扩张性财政政策对国际收支的影响因资本流动性的不同而有所不同，但都能使收入水平较初始状态有所提高，故财政政策较为有效。

3.资本完全流动的情况

图11-17分析资本完全流动的情况下，如政府实行扩张性的财政政策，将使IS_0曲线移至IS_1，造成利率上升。但是在资本完全流动的情况下，本国的利率水平必须与世界市场利率保持一致，否则微小的利差都会引起套利资本的大规模流动，因而财政扩张引起的利率上升会立即引起资本流入，导致国际收支出现顺差，这一系列变动会迅速反映在汇率的调整上，即本币升值，出口随之减少，这又会推动IS_1曲线左移，直至移回其初始位置，使本国利率与世界利率水平相一致为止，同时收入水平也与初始状态一样。但是值得注意的是，收入结构发生了变化，财政扩张通过本币升值对出口产生了完全的挤出效应，即财政支出的增加是以等量的出口下降为代价的。由此可见，在浮动汇率制下，资本完全流动时，扩张性的财政政策除了会造成本币升值外，在提高一国收入水平方面，其政策效应为零。

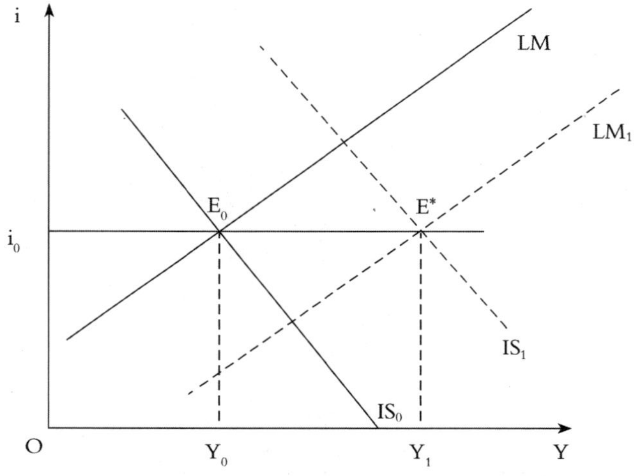

图11-17　浮动汇率制下，资本完全流动时的财政政策

因此，由于货币供给量不再受国际收支变动的影响，故货币政策在增加一国收入方面总是有效的，财政政策对一国收入的影响在无资本流动和资本有限流动两种情况下较有效，当资本完全流动时，财政政策对实际经济变量不产生任何作用，政策完全失效。

11.4.3 浮动汇率制下的内外均衡

在图11-18中，假设经济的初始状态位于曲线IS_0，LM_0和BP_0的交点E_0。点E_0对应的利率水平和国民收入分别为i_0和Y_0。由于国民收入Y_0小于充分就业的国民收入Y_f，所以内部失业。由于点E_0位于曲线BP_0的下方，所以外部逆差。也就是说，分析浮动汇率制下如何搭配货币政策和财政政策，以实现内外均衡的出发点，是内部失业且外部逆差的失衡经济。

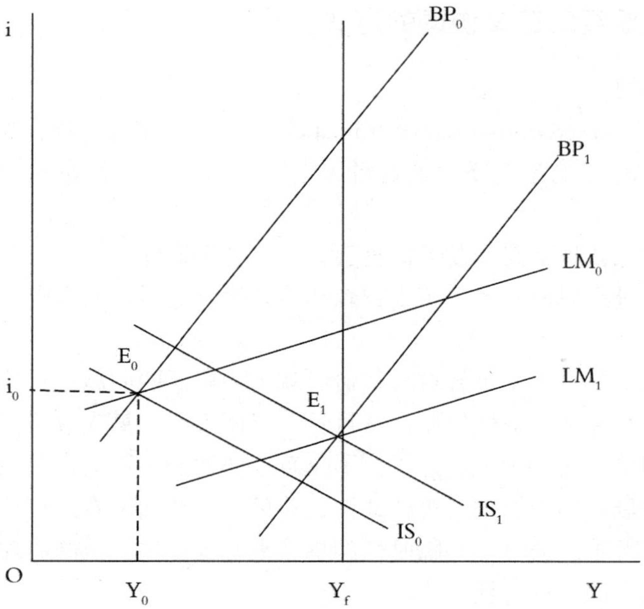

图11-18 浮动汇率制下内外均衡的实现

在浮动汇率制下，国际收支逆差导致本国货币贬值，出口增加，进口减少，国民收入提高，曲线IS_0和BP_0右移，改善外部失衡。与此同时，政府采取扩张性政策，如扩张性货币政策，使曲线LM_0右移，实现充分就业，改善内部失衡。最后，在本币贬值和扩张性货币政策的反复作用下，曲线IS_0、LM_1和BP_1交于充分就业线Y_f上的点E_1，内外经济同时实现均衡。

在固定汇率制下，政府只能通过货币政策和财政政策的合理搭配来实现内外同时均衡；而在浮动汇率制下，汇率的变动使政府可以通过支出调整政策和支出转换政策的有效组合来实现内外同时均衡。

11.5 开放经济下的宏观经济政策协调

所谓国际宏观经济政策的协调，是指在各个国家或国际组织之间，以发达国家或国际经济组织为主体，就贸易政策、汇率政策、货币政策和财政政策等宏观经济政策进行磋商和协调，适当调整现行的经济政策或联合采取干预的政策行动，以缓解政策溢出效应和外部经济冲击对各国经济的不利影响，实现或维持世界经济均衡，促进各国经济稳定增长。国际经济协调的基础是各国经济的相互依赖和国际经济传递机制。

依据政策协调的程度，国际宏观经济政策协调可以由低到高分为以下这六个层次：信息交换、危机管理、避免共享目标变量的冲突、合作确定中介目标、部分协调、全面协调。

11.5.1 国际宏观经济政策协调的方式

1. 相机性协调

相机性协调（discretion-based coordination）是指根据各国国际收支的具体情况，在没有既定协调规则的条件下，通过各国之间的临时性协商确定各国应采取的政策组合。

相机性协调如波恩会议以及罗浮宫会议等，它采取的是一锤子买卖的方式，在协议当事人中公开进行磋商。自从布雷顿森林体系解体之后，西方国家之间的协调就是采取这种形式。

相机性协调的优点在于可针对具体情况就更为广泛的问题进行协商。而相机性协调的缺点在于可行性和可信性较差。从可行性方面来看，每次政策协调行动实际上都是各国政府之间的一次讨价还价过程，不仅政策协调的决策成本很高，而且很难对各国政府真正形成制约作用，缺乏可持续性；从可信性方面来看，相机性协调很难在缺乏明晰规则的情况下，通过一些临时性的措施来合理影响公众的心理预期，从而给政策协调带来相当大的不确定性。

2. 规则性协调

规则性协调（rule-discretion-based coordination）是指通过制定明确的规则（包括原则、协定、条款及其他指导性条文等）来指导各国采取政策措施从而达到国际协调的一种协调方式。

规则性协调的优点在于决策过程清晰、明了，有利于协调各方理解、参考与执行；在较长时期内可保证政策协调的连续与稳定进行，可信性较高；这些规则一般都是通过全球性金融组织或其成员共同制定的，具有较高的权威性，受到更多的重视；主要协调方还可参与制定这些规则，在此过程中可以反映本国的情况，体现本国在金融监管协调上的思想、理念和价值观，因而受到各国的普遍重视。布雷顿森林体系和欧元区成员方的政策协调，都是规则性协调的典型案例。

11.5.2 宏观经济政策协调的内容

随着世界经济一体化趋势的发展，世界上的一些国家提出了双边或多边的宏观经济政策协调方式。这些协调主要包括货币政策协调、财政政策协调和汇率政策协调三个方面。

1.货币政策协调

各国货币政策的协调主要包括有关国家利率的协调，这种协调主要针对利率的调整方向。如果一国希望通过利率的调整来干预经济，以达到控制经济过热或经济衰退的目的，该国不仅要确定本国利率的调整方向，还要同有关国家进行协商，以协调它们之间利率调整的基本方向。因为在资本高度流动的情况下，如果各国利率调整的方向大相径庭，那么其中的任何一个国家的政策目标都不能顺利实现。各国不仅要协调它们之间的利率变动方向，而且还要协调各国利率调整的幅度。因为各国利率水平之间的差异将带来资金在各国之间的流动，这种流动会一直持续到利率差异消除为止。

此外，在一些经济学家看来，政府控制利率不如控制货币的增长量。所以，各国货币政策的协调还可以采用控制货币供应增长率的方式。一般而言，货币主义经济学家主张通过控制货币供应量调节经济。他们甚至认为，在确定了稳定的货币供应增长率之后就不必干预经济的增长过程。因此，一国无论是控制货币供应量，还是控制利息率都需要与其他国家，特别是同与本国有密切经济联系的国家协调货币政策。

2.财政政策协调

实际上，在经济关系比较密切的国家之间，不仅需要协调它们的货币政策，还需要协调它们的财政政策。因为货币政策协调的效果在很大程度上还依赖于财政政策的协调。如果一国由于财政支出过度造成巨额赤字，政府就需要通过货币政策加以配合。这种配合意味着货币发行量的增加，或者物价上涨率比较高，这将导致一国货币供应量增长率的上升，从而出现因没有协调财政政策而使各国之间货币政策的协调难以维持的现象。因此，成功的货币政策协调常常伴随着财政政策的协调，或者说，各国之间只有同时协调它们之间的货币政策和财政政策，各国之间经济政策协调的目标才能顺利实现。

3.汇率政策协调

在各国将内部平衡和外部平衡作为经济调节的最佳目标时，它们之间不仅要协调货币政策和财政政策，而且还要协调汇率政策。在开放经济条件下，尽管一国可以采取完全浮动的汇率制度，从而政府只需照顾本国的内部平衡，但是各国为了维持本国经济的稳定发展，特别是减少对外贸易和投资的风险，还是趋向于采用有管理的浮动汇率。这意味着本国不仅要顾及本国的内部平衡，还要兼顾外部平衡。一国在干预经济维持自身经济的稳定和增长时，不仅可以采用货币和财政政策工具，还可以通过汇率政策加以调整。当一国经济中有效需求不足时，政府可以采取货币贬值的政策，以刺激出口、限制进口。但是如果各国政府都采用同样的做法，就会出现各国竞相使本国货币贬值的现象。其结果是各国货币之间的兑换率可能回到原来的出发点。如果任何一国的货币贬值幅度超过其他国家，就会给各国之间的贸易带来更大的风险。如果一些国家采取货币贬值或预期货币贬值，而另一些国家采取货币升值或预期货币升值，那么该国货币在外汇市场上的汇率发生变化，引起投机和资金的转移。这种单纯由于汇率变动引起的资金转移不利于各有关国家经济稳定和持续的发展。

实际上，各国货币政策和财政政策协调以及汇率政策协调的最高阶段是统一各国货币，用一种货币代替各国自行使用的货币。当各国使用统一货币时，各国不能自行增加或减少货币供应，也不能提高或降低本国的利息率。同样，统一货币意味着各国必须有协调一致的财政政策，否则，统一的货币之下不可能给财政政策的实施提供条件。因为扩张性或紧缩性的财政政策有赖于信用的扩张，否则，在货币供应量不变的情况下，政府支出的增加将引起利率的上升，从而产生“挤出效应”，同样会抵消财政政策的作用。当然，统一各国的货币以后，汇率协调将不复存在。因此统一货币是各国经济政策协调的最高级形式。

然而，各国的经济发展情况存在差异，特别是各国经济波动程度的差异使得它们在协调经济政策方面会遇到许多困难。因此在多边协调中，各国一般选择比较松散的协调方式，除非它们之间的经济关系达到十分密切的程度。

11.5.3 宏观经济政策协调的方案

在宏观经济政策协调的实践过程中，经济学家设计出了很多具有特定规则的国际协调方案，产生了很大的影响。其中较为重要的方案包括：托宾税方案、麦金农方案，扩展的汇率目标区方案和最适度通货区理论。

1.托宾税方案

托宾税方案提出的背景是国际资金流动，尤其是短期投机性资金流动规模急剧膨胀造成的汇率不稳定。1972年美国经济学家、诺贝尔经济学奖得主詹姆斯·托宾在普林斯顿大学演讲时建议“往飞速运转的国际金融市场这一车轮中掷些沙子”，首次提出对现货外汇交易课征全球统一的交易税，旨在减少纯粹的投机性交易。经济学家后来把这种外汇交易税称为“托宾税”。该税种的提出主要是为了缓解国际资金流动尤其是短期投机性资金流动规模急剧膨胀造成的汇率不稳定。

托宾税有两个特征：单一税率和全球性。迄今为止，西方经济学家所提议的税率从外汇交易值的0.05%到1%不等。至于全球性，托宾及其支持者主张至少在主要资本主要国家，最好在世界范围内实施此项外汇交易税。

托宾税有两个功能：

(1) 抑制投机、稳定汇率

实施托宾税可以使一国政府在中短期内依据国内经济状况和目标推行更为灵活的

利率政策而无须担忧它会受到短期资金流动的冲击。而且，托宾税是针对短期资金的往返流动而设置的，它不仅不会阻碍反而将有利于因生产率等基本差异而引致的贸易和长期投资，有助于引导资金流向生产性实体经济。

（2）可以为全球性收入再分配提供资金来源

目前世界金融市场每天的交易量高达1.5万亿美元，其中跟商品和服务有关的交易量还占不到5%，而单纯靠汇率波动和利率差别谋求暴利的竟高达95%。这种投机行为给国家预算、经济计划和资源配置造成了混乱。而托宾税有助于减少汇率的脆弱性，削弱金融市场对国家政策的影响力，有利于维护政府在决定预算和货币政策方面的权力。而且，如果每年的征税基数为75万亿美元，税率为0.2%，那么每年的税金就高达1 500亿美元，将它用于社会发展，会收到很好效果。

2.麦金农方案

麦金农方案最早在1974年，由当代金融发展和金融压抑理论的奠基人、美国斯坦福大学经济学教授罗纳德·麦金农提出。后在20世纪80年代又经过了多次修改。麦金农认为恢复固定汇率制的原因在于以浮动汇率制为特征的国际货币制度缺乏效率。首先各国应依据购买力平价来确定彼此之间的汇率水平，实行固定汇率制，而且应通过协调货币供给的方法维持固定汇率制。麦金农认为引起汇率不稳定的主要原因是货币替代以及各国间金融资产的替代活动，因此在发生这一类的冲击时，各国应采取对称的、非冲销性的外汇市场干预措施来稳定汇率，由此带来的货币供给的调整实际上是全球货币供给根据各国货币需求的变动而自发调节其在各国之间的分配。这样，通过货币供给的国际协调就能使全球的物价稳定与汇率稳定，实现各国的内外均衡。

麦金农方案作为最典型的以恢复固定汇率制为特征的协调方案受到广泛重视。但是它在实现汇率稳定性的同时，牺牲了汇率的灵活性。而且它以协调各国货币供给来维持固定汇率制的设想是难以在实际经济中实现的。

3.扩展的汇率目标区方案

扩展的汇率目标区方案是由威廉姆森和米勒在1987年将汇率目标区制从政策协调角度进行扩展形成的，它还被称为“汇率目标区方案”或“蓝图方案”。扩展的汇率目标区方案在一系列方面与麦金农方案有着明显的区别。麦金农方案主张实行固定汇率制度，而扩展的汇率目标区方案主张实行更有弹性的汇率制度，汇率变动范围达到中心汇率上下10%。除此之外，扩展的汇率目标区方案的要点还包括：

①中心汇率的确定不应当以购买力评价为基础，而是以威廉姆森提出的基本均衡汇率来确定。威廉姆森认为购买力平价作为政府制定汇率政策的指导是非常不合理的，因为它最大的问题在于没有考虑到实际的宏观经济运行状况。从宏观调控的角度出发，威廉姆森认为政府应追求的汇率水平是基本均衡汇率。所谓基本均衡汇率是指政府追求的中期（一般指5年）内实现的经济内外均衡的汇率。基本均衡汇率的理论渊源可以追溯到国际货币基金组织在70年代对汇率合理水平的分析，经威廉姆森对

它进行发展后，在国际货币基金组织的汇率政策确定中发挥了主导性作用。

②在对汇率目标区的维持上，各国都应以货币政策来实现外部均衡，以财政政策实现内部均衡的政策搭配思路来进行宏观调控上的政策协调。

汇率目标区方案引起的重视和争议是其他政策协调方案所难以比拟的，因为这一方案几乎涉及了国际金融领域内的所有重大问题，对政策协调的具体实施方法又规定得极为详尽。一般认为，汇率目标区方案的基本精神在80年代中期的罗浮宫协议中得到某种程度的体现，随后的一段时期内美元与日元的汇率之间也的确存在着某一形式的目标区。但是总的来说，汇率目标区自身存在的一些问题使它很难真正得到实施。这些问题包括：

①汇率目标区这一制度的优劣判断是非常复杂的。目标区既具有稳定汇率波动的蜜月效应，也具有加剧汇率波动的离婚效应。在国际资金流动引起的投机冲击日益增多的条件下，它可能会带来汇率变动更大的不稳定性。

②汇率目标区方案借以确定中心汇率的所谓基本均衡汇率本身也存在很多问题。它是一个价值判断色彩非常浓厚的概念。对于内部均衡和外部均衡都依据分析者个人观点而定，因此不同的人计算出的基本均衡汇率的数值差异很大。

③这一方案所描述的政策协调规则也是存在问题的。有的分析者认为用财政政策维持经常账户目标更具有比较优势。以对经常账户进行改善为例，货币扩张在通过本币贬值改善经常账户收支的同时，本国收入的相应增长又导致进口上升从而一定程度上降低了贬值效果；而通过财政收缩改善经常账户收支时，不仅可以通过降低利率而带来本币贬值、出口上升，而且这一收缩还会引起本国收入下降，进口相应也下降了。

尽管存在上述问题，汇率目标区方案仍是非常重要的，而且还处于不断发展中。它所倡导的基本均衡汇率正在发展成为一种独立的汇率决定理论，其他的研究者也从此角度提出很多与之相近的均衡汇率概念，这实际上标志着汇率理论得到了一个发展。在西方，基本均衡汇率与购买力平价是政府与学术界研究汇率水平是否合理的最为主要的两种依据。再例如，汇率目标区这种汇率制度也在近年来引起了许多关注，对其的研究反映在汇率理论中汇率变动的制度特征问题的产生上。作为一种国际政策协调方案，汇率目标区方案在理论上的贡献远远超过其在现实中的实践。

4.最适度通货区理论

货币一体化理论是国际政策协调理论的组成之一，主要内容是适度通货区理论。它是麦金农和蒙代尔在20世纪60年代提出的。通货区区域内各成员方货币相互间都保持钉住汇率制，对区外各种货币实行联合浮动。理论上说任何国家都会面临最适度通货区问题，即本国是适宜单独组成一个货币区，还是适宜与其他国家共同组成一个货币区。1961年，蒙代尔提出生产要素流动性准则，“货币区”内的汇率必须被固定；“最佳”的标志就是有能力稳定区内就业和价格水平。最佳货币区不是按国家边界划定的，而是由地理区域限定的。他认为生产要素流动性与汇率的弹性具有相互替代的作用，因为需求从一国转移到另一国所造成的国际收支调整要求，既可以通过两国汇率调整，也可以通过生产要素在两国间流动来解决。在他看来，生产要素流动性越高的国家，越适宜于组成货币区；而与国外生产要素市场隔绝越大的国家，则越适宜于组成单独的货币区，实行浮动汇率制。

麦金农则强调以一国的经济开放程度作为最适度通货区的确定标准。他以贸易品部门相对于非贸易品部门的生产比重作为衡量开放程度的指标，并认为如果一国的开放程度越高，越应实行固定汇率制。在开放程度高的情况下，如果实行浮动汇率制，国际收支赤字所造成的本币汇率贬值会带来物价上涨，抵消本币贬值对贸易收支的作用。

继此之后，还有一些学者提出了不同的最适度通货区的确定准则。如詹姆斯·英格拉姆（James Ingram）强调国内外金融市场一体化准则，彼得·凯南（Peter Kenen）主张采用出口商品多样化准则等。

上述都是最适度通货区的单一指标分析法，单独强调其中任何一个标准难免失之偏颇。20世纪90年代以来，最适度通货区理论随着宏观经济学理论的发展进一步得到修正，加入了通货区的收益和成本分析法。迄今为止，最成功的通货区实践就是欧洲货币体系的发展。

实行浮动汇率制后，根据有关最适度通货区理论，罗伯特·赫勒（Robert Heller）对汇率制度选择的影响因素进行了总结。他认为，一国汇率制度的选择，主要受经济方面因素决定的。这些因素是：①经济开放程度；②经济规模；③进出口贸易的商品结构和地域分布；④国内金融市场的发达程度及其与国际金融市场的一体程度；⑤相对的通货膨胀率。这些因素具体与汇率制度选择的关系是：经济开放程度高，经济规模小，或者进出口集中在某几种商品或某一国家。一般倾向于实行固定汇率制或钉住汇率制。经济开放程度低，进出口商品多样化或地域分布分散化，同国际金融市场联系密切，资本流出入较为可观和频繁，或国内通货膨胀与其他主要国家不一致的国家，则倾向于实行浮动汇率制或弹性汇率制。根据赫勒对一些国家汇率政策的比较。浮动汇率制明显趋于同一国进出口对GNP的低比率（即开放程度低），进出口贸易商品结构和地域分布的高度多样化，相对较高的通货膨胀率，以及金融国际化的高度发展相联系。

总之，最适度通货区理论能够促进本区经济一体化，提高区内总的经济福利；降低货币汇兑成本，规避区内货币之间的汇率风险；整合区内金融资源，降低投融资成本与风险；加强区内一体化协作，一致对外抵御竞争风险。

本章小结

开放经济下，宏观经济政策目标可分为内部均衡和外部均衡两大类。政府要同时实现宏观经济政策目标，需要满足丁伯根法则。在固定汇率制下，当政府无法动用支出转换政策时，仅使用支出变动政策会导致内外均衡目标的冲突，这就是所谓的“米德冲突”。

蒙代尔的有效市场分类原则针对财政政策和货币政策对内外经济的不同影响效果，提出了由货币政策实现外部均衡，财政政策实现内部均衡的指派方案，从而解决了固定汇率制下所存在的米德冲突问题。而斯旺图形阐述的则是如何通过支出变动政策和支出转换政策的有效搭配来实现内外均衡的问题。由这两种政策搭配方式，得出的共同结论是：合理、有效的政策搭配是实现内外均衡的关键。

在固定汇率制下，政府为了稳定币值而无法控制国内的货币供给，所以货币政策在长期内都是无效的；而财政政策一般都较为有效，这是因为在资本可流动的情况下，利率变动引起的国际资本流动会加强原有财政政策的效力。浮动汇率制下，货币政策一般都较为有效。因为政府可自主控制货币供给，通过货币政策对汇率的影响来加强其政策效力。而财政政策一般相对低效，这是因为它引起的汇率调整会削弱其政策效果。但是在无资本流动的情况下，财政政策仍很有效。固定汇率制下，当出现外部逆差与内部失业的失衡状况时，可采用扩张性财政政策和紧缩性货币政策的搭配来实现内外均衡；而浮动汇率制下，只需通过货币贬值和扩张性货币政策的配合即可实现内外均衡。

在开放经济下，各国经济既相互依赖又相互影响，在世界经济日益一体化的今天，一国的宏观经济政策难以单独充分发挥作用，从而产生了协调各国经济政策的必要性。国际宏观经济政策协调的组织形式从协调的程度来看，由低到高可分为信息交换，危机管理，避免共享目标变量的冲突、合作确定中介目标、部分协调、全面协调6个层次。国际宏观经济政策协调主要包括货币政策协调、财政政策协调与汇率政策协调3个方面。

关键术语

内部均衡　外部均衡　支出调整政策　支出转换政策　丁伯根法则　米德冲突　蒙代尔搭配法则　斯旺图形　IS-LM-BP模型　国际宏观经济政策协调　货币政策协调　财政政策协调　汇率政策协调

基本训练

一、选择题

1.固定汇率下，在改变国民收入方面，（　　）是有效的。

A.财政政策　　B.货币政策

C.财政和货币政策　　　　D.政府干预政策

2.开发经济下，政府面临内外平衡两个目标，根据蒙代尔的指派法则，应该将国内平衡的任务分配给（　　），而将稳定国际收支的任务分配给（　　）。

A.财政政策；货币政策　　　　B.货币政策；财政政策

C.收入政策；货币政策　　　　D.收入政策；财政政策

3.通常在高通胀和国际收支顺差共存的情况下，政府为实现内外平衡应采取的财政政策与货币政策的搭配是（　　）。

A.财政放松，货币紧缩　　　　B.财政放松，货币放松

C.财政紧缩，货币放松　　　　D.财政紧缩，货币紧缩

二、多项选择题

1.开放条件下一国政府的宏观经济政策目标通常包括（　　）。

A.经济增长　　B.低通货膨胀　　C.国际收支平衡

D.充分就业　　E.出口增长

2.由蒙代尔-弗莱明模型可以推导出所谓的“不可能三角”，它包括的政策目标有（　　）。

A.资本完全流动　　B.固定汇率　　C.浮动汇率

D.货币政策独立性　　E.国际借贷能力

三、简答题

1.开放经济下宏观调控的目标是什么？

2.简述说明什么是丁伯根法则。

3.简述斯旺模型的主要内容。

4.简述在固定汇率制度下，扩张的财政政策对国民收入的影响。

5.简述在浮动汇率制度下，紧缩的货币政策对国民收入的影响。

6.按照协调程度不同，国际宏观经济政策协调可分为哪几个层次？

7.国际宏观经济政策协调的方案有哪些？

8.国际宏观经济政策协调主要表现在哪些方面？

第12章
国际金融机构

学习目标

◆通过对本章的学习，使学生了解了国际金融机构的概念、作用和国际货币基金组织、世界银行集团等主要国际金融机构的作用和职能；掌握国际金融协调的概念、作用和形式。

12.1 国际金融机构概述

12.1.1 国际金融机构的概念

国际金融机构是指从事国际金融业务、协调国际金融关系、维持国际货币及信用体系正常运作的超国家机构。

国际金融的产生和发展与国际经济政治状况及变化密切相关。在一战之前，世界主要国家的国际货币信用关系及结算制度还没有真正建立起来，并且它们的货币汇率比较稳定，国际收支多为顺差，因而大国之间在国际金融领域的矛盾并不突出。此外，大国对小国的金融控制，主要依靠的是大国的经济、金融实力和军事实力，因此，一战前还没有提出产生国际金融机构的客观要求。

一战爆发后，国际货币金融格局发生了重大变化，由于各主要国家经济政治发展不平衡，使它们彼此间矛盾尖锐化，于是客观上要求利用国际经济组织控制或影响别国。与此同时，战争、通货膨胀及国际收支的恶化，又使许多工业国家面临国际金融困境，它们也希望借助国际经济力量。因此建立国际金融机构成为多数工业国家的共同愿望，客观上已具备了产生国际金融机构的条件。

1930年5月，一战的战胜国集团因为处理战后德国赔款的支付及协约国之间债务清算问题，英、法、意、德、比、日六国的中央银行和代表美国银行界的美国摩根银行，在瑞士巴塞尔成立了国际清算银行（BIS），这是建立国际金融机构的重要开端。但是这一机构当时并不具有普遍性，对国际金融活动的影响不是很大。

第二次世界大战后，各国生产国际化及资本国际化，使国际经济关系得到迅速发展，国际货币信用关系不断加强，国际金融机构迅速增加。1944年7月，在美英等国的策划下，有美、英、中、苏、法等44个国家在美国新罕布什尔州的布雷顿森林召开了联合国货币金融会议，通过了由美国提出的关于设立国际货币基金组织和国际复兴开发银行的方案，并签订了关于确立西方国家金融关系的基础协议。1945年12月，正式成立的两个国际性金融机构，即国际货币基金组织和国际复兴开发银行，旨在重建一个开放的国际经济及稳定的汇率制度，并对国际经济及社会发展提供资金。1956年国际金融公司（IFC）的成立，以及1959年1月国际开发协会（IDA）的成立，使世界银行又多了两个附属机构，这标志着世界银行集团正式出现。国际货币基金组织和世界银行集团，是当今成员方最多、机构最大、并且影响最广的国际金融机构。

自1957年开始，欧洲、亚洲、非洲、拉丁美洲及中东等地区国家，为了加强互助合作，抵制美国对国际金融的操纵，纷纷建立区域性的国际金融机构，以促进本地区经济的发展。最早出现的区域性国际金融机构是1957年由欧共体设立的欧洲投资银行。60年代之后，陆续设立了泛美开发银行、亚洲开发银行、非洲开发银行及阿拉伯货币基金组织等。

第二次世界大战后国际金融机构迅速发展有以下几点原因：

①是美国控制国际金融、扩大商品和资本输出的需要。美国在第二次世界大战中积聚了雄厚的实务，它企图通过建立国际机构来控制国际金融活动，从而有利于它的对外贸易及资本的扩张。

②生产和资本国际化的发展，要求各国政府共同干预经济活动。国际范围内干预经济活动的加强，为建立国际性金融机构提供了有利的客观条件。

③工业国家的经济恢复以及新兴国家民族经济的发展，形成了对资金的迫切需求，希望建立国际金融机构以获得所需资金。

④由生产和资本国际化而产生的经济和货币金融一体化的客观要求，为建立国际金融机构打下了基础。

12.1.2　国际金融机构的类型、性质与作用

1. 国际金融机构的类型

国际金融机构按地区范围划分，可分为两种：

①全球性的金融机构，如国际货币基金组织和世界银行集团。

②区域性金融机构。其具体有两类：一类是联合国附属的区域性金融机构（有区域外国家参加），例如，亚洲开发银行、泛美开发银行和非洲开发银行等；另一类是某一地区一些国家组成的真正区域性的国际金融机构，如欧洲投资银行、阿拉伯货币基金组织、伊斯兰发展银行、西非发展银行、阿拉伯发展基金、石油输出国国际发展基金、科威特阿拉伯经济发展基金等。

地区性国际金融机构是今后发展的主要方向。

2.国际金融机构的性质

20世纪60年代之前，全球性国际金融机构一直被美国控制。原因是这些机构通过决议的原则不是一国一票，而是谁入股投资多，谁的投票权就多。美国在这些全球性国际金融机构中拥有20%的资本份额，因此这一时期，国际金融机构为巩固美元霸权地位以及维持以美元为中心的国际货币体系起了很大作用。

20世纪60年代之后，成立了“十国集团”，形成了西方主要工业国共同操纵国际金融的格局，打破了美国一统天下的局面。“二十国委员会”和“二十四国集团”的成立，表明了发展中国家力量的兴起以及在国际金融领域中不可忽视的作用。美国在一些全球性国际金融机构的份额有所下降，其他西方工业国的份额有一定上升，发展中国家尤其是产油国的份额增长较快，并且份额的大小已不是唯一决定决议通过与否的因素。由于这些变化，使这些国际金融机构的性质正朝着真正代表世界各国利益的方向转化。

然而，尽管有上述变化，就目前来看，几个全球性国际金融机构仍然在几个资本大国的控制之下，贷款条件比较严格，不符合发展中国家利益，因此，发展中国家要求改革贷款政策，放松贷款限制；另一方面，由于国际金融机构过多干预一些发展中国家的经济政策和发展规划，因而在某种程度上妨碍了这些国家民族经济的自由顺利发展。此外，贷款利率有提高的趋势，使发展中国家的债务负担加重。这些情况需要各国共同努力加以改变。

3.国际金融机构的作用

国际金融机构在加强国际合作及发展国际经济方面起到了一定的积极作用，主要表现在：

①提供短期资金，调节国际收支逆差，在一定程度上缓和了国际支付危机。

②提供长期建设资金，促进了发展中国家经济发展。

③稳定了汇率，有利于国际贸易的增长。

④通过创造新的结算手段，适应了国际经济发展的需要。

12.2 国际货币基金组织

12.2.1 国际货币基金组织的宗旨与职能

国际货币基金组织是根据1944年7月在布雷顿森林会议签订的《国际货币基金协定》，于1945年12月27日在华盛顿成立的。与世界银行同时成立、并列为世界两大金融机构之一，其职责是监察货币汇率和各国贸易情况，提供技术和资金协助，确保全球金融制度运作正常。其总部设在华盛顿。①

到目前为止，国家货币基金组织成员已达188个国家和地区，其中39个国家为创

① 佚名．国际货币基金组织［EB/OL］．［2015-12-22］．http://baike.baidu.com/link?url=9_dc-g1PvIEqEswGaz0ZlY312UKC7g3Al7hM3KbGDg3P9S1J-Je1HH7HCt-3Xxm32RSLaqRDWimiE8YSR6Y2ZK．

始成员方，中国是国际货币基金组织的创始国之一，我国的合法席位是1980年4月18日恢复的。

国际货币基金组织负责国际货币金融事务，在《国际货币基金组织协定》中，提出了该组织的宗旨：

①建立一个永久性的国际货币机构，促进成员方在国际货币问题上的磋商与合作。

②促进了国际贸易均衡发展，以维持和提高就业水平和实际收入，发展各国的生产能力。

③促进汇率的稳定和维持各国有秩序的外汇安排，以避免竞争性的货币贬值。

④协助建立各国间经常性交易的多边支付制度，并努力消除不利于国际贸易发展的外汇管制。

⑤在临时性基础上和具有充分保障的条件下，为成员方融通资金，使它们在无须采取有损于本国及国际经济繁荣的措施情况下，纠正国际收支的不平衡。

⑥缩短国际收支失衡的时间，并减轻其程度。

根据上述宗旨，国际货币基金组织的主要职能有三项：就成员方的汇率政策与经常项目有关的支付，以及货币的兑换性问题确立一项行为准则，并实施监督；向国际收支发生困难的成员方提供必要的资金融通，以使它们遵守上述行为准则；向成员方提供国际货币合作与协商的场所。

12.2.2 国际货币基金组织的组织结构

1.理事会

理事会是基金组织的最高决策机构。由各会员国选派一名理事和副理事组成。任期5年，其任免由会员国本国决定。理事通常由各国财政部长和央行行长担任，副理事大都是各国外汇管理机构的负责人，副理事只是在理事缺席时才有投票权。

理事会的主要职权是批准接纳新会员国，修订基金条款与份额，决定会员国退出IMF，讨论决策有关国际货币制度等重大问题。理事会每年召开一次常务会，必要时可以召开特别会议。

2.执行董事会

执行董事会是负责处理国际货币基金组织日常业务的常设机构。执行董事会由24个成员方组成，其产生办法是：出资最多的美国、英国、法国、日本、德国、沙特阿拉伯各指派1名；中国和俄罗斯为单独选区，各自可以单独选派1名，其余16名按地理区域划分为16个选区，各推举1名，分别代表各自选区进入执行董事会工作，任期2年。

3.总裁

总裁是国际货币基金组织的最高行政长官，负责日常工作。总裁兼任董事会主席，但平时无投票权，只有在执行董事会进行表决，双方票数相等时，可投一决定票。总裁可出席理事会，但也没有投票权。总裁任期5年。总裁之下设副总裁1人，协助总裁工作。

4.临时委员会和发展委员会

临时委员会成立于1974年10月，是国际货币基金组织一个重要的决策机构，由24名执行董事相对应的成员方指派国际货币基金组织的理事或同等级别的人员组成。发展委员会是国际货币基金组织和世界银行关于向发展中国家转移实际资源的部长级委员会。这两个委员会每年举行三、四次会议。

基金组织除理事会、执行董事会、总裁、临时委员会及发展委员会外，其内部还有两大利益集团——“十国集团”（代表发达国家利益）和“廿四国集团”（代表发展中国家利益），以及许多常设业务部门。

12.2.3 国际货币基金组织的资金来源

1.成员方缴纳的基金份额

基金组织的资金主要来自于成员方缴纳的份额，这些份额起着国际储备的作用，可解决成员方国际收支不平衡时的短期资金需要。

成员方应缴份额的大小，是根据一国黄金外汇储备、国民收入以及对外贸易量的大小，由基金组织与成员方磋商后确定。份额的计算单位最初是美元，1969年后改为特别提款权。1976年牙买加会议之前，成员方份额的25%须用黄金缴纳，牙买加会议后，黄金地位发生变化，份额的25%须用特别提款权或外汇缴纳，份额的75%用成员方本国货币缴纳，存放在本国中央银行，在基金组织需要时可以随时动用。

基金组织刚成立时，成员方缴纳的份额总计760亿美元，其中美国的份额为27.5亿美元，占总额的36.1%，是缴纳份额最多的国家。基金组织规定，每5年对基金份额进行一次普遍检查，如有必要，可对成员方的份额进行调整。至今，美国依然是第一位（17.398%），日本第二位（6.461%），中国第三位（6.390%）。按照改革后的最新份额比重，IMF十大成员方将依次分别为美国、日本、中国、德国、法国、英国、意大利、印度、俄罗斯和巴西。

由于基金组织是类似于股份制企业的机构，所以几乎它们的一切活动都与成员方的份额相联系，份额决定成员方的投票权。每一成员方都有250票基本投票权，此外，每缴纳10万美元增加一票投票权。如果一国的份额是1亿美元，那么其投票权就有1 250票（250+1 000）。

按基金组织协议的规定，重大问题须经全体成员方总投票权的85%通过才能生效。美国拥有的投票权达16%。因此任何重大问题不经美国同意都无法得到实施。

综上所述，可以看出份额十分重要，它决定了基金组织的融资能力，决定了各成员方在基金组织的义务、权利和地位。这也是为什么发展中国家在国际货币改革过程中一再要求基金组织改变份额的确定办法，增加发展中国家的份额比例及扩大基金总份额的原因所在。

2. 向成员方借款

基金组织通过与成员方协商，向成员方借入资金。借款是IMF的另一个主要的资金来源。这种借款是在IMF与成员方协议前提下实现的，主要形式有：借款总安排，1962年与“七国集团”签订，总额60亿美元，以应付成员方临时性困难；补充资金贷款借款安排，1979年与13个成员方签订；扩大资金贷款借款安排，1981年5月一些官方机构签订外，IMF还与成员方签订双边借款协议，以扩大资金来源。

3. 出售黄金

《牙买加协定》制定了“黄金非货币化”的条款。基金组织于1976年1月决定将其所持黄金的1/6，即2 500万盎司分4年按市价出售，以所获得的利润（市价超过42.22美元1盎司黄金实价部分）中的一部分，作为建立“信托基金”的资金来源。

12.2.4　国际货币基金组织主要的业务活动

国际货币基金组织的业务活动是汇率监督及政策协调，向会员国提供资金融通和各种培训咨询服务。其中主要是向成员方提供贷款业务。

基金组织贷款一般采用会员国本国货币向基金组织申请换购外汇的方式。对会员国来说，一般不称借款，而称提款（drawing），即指有权按所交纳的份额，向基金组织提用一定的资金，或称购买（purchase），即用本国货币向基金组织申请购买外汇，还款时则以黄金或外汇购回本国货币（repurchase）。

国际货币基金组织对成员方发放的贷款主要有以下几类：

1. 普通贷款

这是基金组织最基本的一种贷款，也称为基本信用贷款。是用于帮助会员国解决一般性的国际收支困难。期限为3~5年，利率随期递增。最高借款额度为会员国所缴纳份额的125%。基金组织对普通贷款采用分档次政策，对不同部分的贷款规定宽严不同的贷款条件。普通贷款的最高额度按规定被分为五部分，每个部分额度在数值上等于会员国基金份额的25%。

在基金份额的25%以内的贷款部分，称为储备部分贷款，这部分贷款因有领国交纳的基金或外汇作保证，会员国可以自由动用，不须经特殊批准，也不支付借款利息。

相当于基金份额25%~125%的部分的贷款，称为信用部分贷款。这部分贷款按基金份额的25%又被分为四个贷款部分，分别被称为第一档、第二档、第三档和第四档信用部分贷款，其中后三档贷款又被统称为高档信用部分贷款。基金组织对各部分贷款的审批条件随档次提高越来越严。

2.出口波动补偿贷款

这是1963年设立的一种贷款，目的是帮助初级产品出口国解决因出口收入下降而发生的国际收支困难。最初规定，最高贷款额度为会员国份额的25%，1966年提高到50%，后又提高到75%，而且如基金组织同意，最高限额可达份额的100%。贷款期限为3~5年。

贷款条件是：出口收入的下降必须是短期性的，并且下降的原因是会员国本身所不能控制的，借款国有义务与国际货币基金组织合作并采取适当措施解决国际收支困难。

3.缓冲库存贷款

该项贷款设立于1969年6月。其目的在于帮助初级产品出口国稳定出口商品的国际市场价格。国际缓冲库存是一些初级产品（锡、可可、糖、橡胶）生产国根据国际商品协定建立一定数量的存货。当国际市场价格波动时，向市场抛售或买进该项产品以稳定价格，从而稳定出口收入。此项贷款最高可借到成员方基金份额的45%，期限为3~5年。

4.石油贷款

该项贷款是在1974年6月—1975年4月为解决因石油涨价引起的石油消费国国际收支困难而设立的一种临时性贷款。资金来源于石油输出国组织和西方工业国家，期限为3~7年。到1976年5月，该项贷款已全部贷出，业务告一段落。

5.中期贷款

该贷款又称扩展贷款，是基金组织在1974年设立的用于解决成员方较长期的国际收支逆差的专项贷款。而且其资金需要比普通贷款所能借取的贷款额度更大。该项贷款的最高借款额可达成员方份额的140%，备用安排期限可达3年，借贷期限为4~10年，利率由第一年的4.575%递增到第6年的6.875%。4年后开始购回，十年内分16次还清。中期贷款已于1979年结束，现在只有埃及、海地、牙买加和斯里兰卡使用该项贷款。

6.信托基金

这项贷款设立于1976年，用于援助发展中国家。基金组织将其持有黄金的1/6（2 500万盎司），在1976年7月—1980年6月的4年内按市价拍卖，以所获利润（市价超过官价的部分）建立一笔“信托基金”，按优惠条件向较穷的发展中国家提供贷款。拍卖利润总额为33.5亿美元。这项贷款的利率非常优惠，只有0.5%。贷款期限为5年，分10次还清。

7.补充贷款

补充贷款又称“韦特文基金”，设立于1977年8月，总计100亿美元，是对中期贷款的一种补充。主要用于帮助成员方解决持续的巨额国际收支逆差问题。资金来源于石油输出国和西方工业国家，共计100亿美元，其中石油输出国提供48亿美元，有顺差的7个工业国家提供52亿美元。在成员方遭到严重国际收支不平衡，借款总额已达IMF普通贷款的高档部分，而且仍需要更大数额和更长期限资金时，可以申请补充贷款。贷款期限3~7年，每年偿还一次，分期还清。

该贷款于1980年承诺完毕后，基金组织于1981年5月又设立“扩大借款政策”，作为对补充贷款的一种继续，其目的和内容与补充贷款相似。

8.结构调整贷款和扩大结构调整贷款

这两项贷款分别设立于1986年3月和1987年12月。旨在帮助国际收支发生持续性逆差的低收入国家调节国际收支。结构调整贷款的最高限额为份额的70%；扩大结构调整贷款最高限额为份额的250%，在特别情况下可超过此限额。

贷款利率为1.5%，期限为5~10年，分段归还，从第五年半开始，每半年还一次，10年还清。资金来源为信托基金贷款的还款、基金组织的利息收入以及基金组织借款。

9.制度转型贷款

该项贷款设立于1993年4月，旨在帮助苏联和东欧国家克服从计划经济向市场经济转变过程中出现的国际收支困难，以及其他同这些国家有着传统的以计划价格为基础的贸易和支付关系的国家克服因贸易价格基础变化而引起的国际收支困难。

贷款的最高限额为份额的50%，期限为4~10年。贷款分两次拨给，第一次为贷款批准后某个商定时间，第二次为第一次提款后4~12个月之内。

国际货币基金组织发放贷款收取的费用为：手续费，费率为0.5%；基金组织对备用安排和中期安排征收类似商业借款承诺费的费用，费率为年率0.25%；利息为6.25%，补充借款（当时成本利率）+0.2%~0.325%；扩大借款利率，借入时利率+0.2%。

12.2.5 国际货币基金组织存在的问题

国际货币基金组织自成立以来，在加强国际货币合作、稳定汇率、纠正国际收支平衡、促进国际贸易发展和建立多边支付体系等方面做了大量的工作，推动了世界经济的正常运行发展。但同时也暴露出一些问题。

1.信贷资金不能完全满足需要

国际货币基金组织的信贷资金来源，主要是会员国缴纳的份额，虽然在2001年已达到2 120亿美元特别提款权，但仍然不能满足会员国尤其是发展中国家对短期信贷资金的需要。特别是在1998年东南亚金融危机波及俄罗斯和巴西时，问题就暴露得更加明显。

2.存在功能上的缺陷

东南亚爆发金融危机后，国际货币基金组织在危机的预警、资本流动及世界的金融危机中，采取的措施不是乏力，就是不当，甚至起了负面作用，明显暴露出其功能的重大缺陷，许多国家的金融组织和学者提出，要求国际货币基金组织进行改革。

3.信贷资金分配存在不合理性

由于国际货币基金组织提供的贷款同借款国的份额有关，而发达国家持有了大部分份额，这就造成了最需要信贷资金的发展中国家只能得到很少贷款的不合理状况。

4.贷款的限制性条件苛刻

国际货币基金组织向会员国提供的贷款，除储备部分贷款外，其余贷款总附加一些限制性条件。如国际货币基金组织对墨西哥、韩国、俄罗斯等在提供贷款的同时，开出了同样的药方，要求这些国家实施减少财政支出，放慢经济增长速度的紧缩性财政政策，以至于这些国家经济增长速度放慢，失业增加，收入水平下降。苛刻的限制性条件，遭到了发展中国家的强烈反对，实质上反映的是发展中国家与发达国家在经济利益上的冲突。

12.3 世界银行集团

世界银行集团俗称世界银行（World Bank），是由国际复兴开发银行、国际开发协会（International Development Association，IDA）、国际金融公司（International Finance Corporation，IFC）、多边投资担保机构（Multilateral Guarantee Agency，MIGA）和解决投资争端国际中心（International Center for Thesettlement of Investment Disputes，ICSID）五个成员机构组成；成立于1945年，于1946年6月开始营业。凡是参加世界银行的国家必须是国际货币基金组织的会员国。世界银行总部设在美国首都华盛顿。下面所说的是狭义的“世界银行”，仅指国际复兴开发银行和国际开发协会（IDA）。

12.3.1 世界银行

1.世界银行的建立与宗旨

（1）世界银行的建立

1945年12月27日，世界银行在布雷顿森林会议后正式宣告成立。1946年6月25日，世界银行开始运行，1947年5月9日它批准了一批贷款，向法国贷款2.5亿美元，转换后的价值依然是世界银行提供的数额最大的一批贷款。1947年11月成为联合国专门机构。一开始世界银行的目的是帮助欧洲国家和日本在第二次世界大战后的重建，此外它应该辅助非洲、亚洲和拉丁美洲国家的经济发展。从1990年初开始，世界银行也开始向东欧国家和苏联国家贷款。

1980年，中国恢复世界银行的成员方地位，次年接受了世界银行的第一笔贷款。

2010年，世界银行发展委员会春季会议在4月25日通过了发达国家向发展中国家转移投票权的改革方案，这次改革使中国在世界银行的投票权从2.77%提高到4.42%，成为世界银行第三大股东国，仅次于美国和日本；韩国则将从1%提高至

1.6%。

（2）世界银行的宗旨

《国际复兴开发银行协定》规定，世界银行的宗旨是：对用于生产投资提供便利，以协助成员方的复兴与开发，并鼓励不发达国家生产与资源的开发；通过保证或参与私人贷款和私人投资方式，促进私人对外投资；用鼓励国际投资以开发会员国资源的方法，促进国际贸易的长期平衡发展，维持国际收支平衡；与其他方面的国际贷款配合提供贷款保证。

2.世界银行的组织机构

理事会是世界银行的最高决策机构，理事会由各成员方指派一名理事和一名副理事组成，副理事只有在理事缺席时才有投票权。理事人选一般由该国财政部长或中央银行行长担任，任期五年，可以连任。

理事会的主要职权是：批准接纳新会员国；增加或减少银行资本；停止成员方资格；决定银行净收入的分配以及其他重大问题。

理事会通常在9月间与IMF一起举行一次年会，必要时可召开特别会议。在平时，理事会授权执行董事会代行各项职权。

执行董事会是负责办理日常事务的机构，世界银行现有执行董事21人，任期2年，其中5人是常任执行董事，由持有股份最多的美、英、德、日、法五国指派。我国恢复合法席位后，单独选派1名，其余15人则由其余会员国按地区分组联合推选。行长是世界银行的最高行政长官，由执行董事会选举1人为行长和执行董事会主席，主持日常事务，但无投票权，只在执行董事会表决中双方票数相当时，才可以投决定性的1票。行长任期5年，并可以连任。世界银行的办事机构很庞大，目前总部内约设有50个局和相当于局的机构，分别由18名副行长领导。

3.世界银行的资金来源

世界银行的资金主要来源于以下四个方面：

①成员方缴纳的股金。成立初期，世界银行法定资本100亿美元，全部资本为10万股，每股10万美元。凡是会员均要认购银行的股份，认购额由申请方与世界银行协商并经世界银行董事会批准。一般来说，一国认购股份的多少根据该国或地区的经济实力，同时参照该国或地区在国际货币基金组织缴纳的份额大小而定。会员认购股份的缴纳有两种方法：会员认购的股份，先缴20%。其中2%要用黄金或美元缴纳，18%用会员国本国的货币缴纳。其余80%的股份，由成员方保存，当世行催交时，用黄金、美元或世界银行需要的货币缴付。

各会员的投票权是根据其持有的股份决定的。每个会员都享有基本投票权250票。此外，每认缴股金10万美元增加一票。在一般情况下，一国认缴股份的多少是根据该国的经济和财政力量，并参照它在国际货币基金组织认缴份额的多少来确定。目前美国持有的股份最多，投票权也最多。

世界银行发展委员会春季会议于2010年4月25日在美国华盛顿举行。会议通过了发达国家向发展中国家转移投票权的改革方案，这次改革使中国在世行的投票权从目前的2.77%提高到4.42%，成为世界银行第三大股东国，仅次于美国和日本。世界银行投票权排名前十国家，见表12-1。

表12-1 **世界银行投票权排名前十国家**

名次	国家	改革后投票权	改革前投票权
1	美国	15.85%	15.85%
2	日本	6.84%	7.62%
3	中国	4.42%	2.77%
4	德国	4.00%	4.35%
5	法国	3.75%	4.17%
6	英国	3.75%	4.17%
7	印度	2.91%	2.77%
8	俄罗斯	2.77%	2.77%
8	沙特	2.77%	2.77%
10	意大利	2.64%	2.71%

②向国际金融市场借款。向国际金融市场借款，尤其是在资本市场发行中长期债券，是世界银行资本来源的主要方面。20世纪60年代之前世界银行主要在美国市场发行债券，随着西欧和日本经济实力的增强，逐渐在德国、瑞士、日本、沙特阿拉伯等国的资本市场发行。80年代以来随着世界银行贷款业务的不断扩大，它向国际金融市场的借款也逐年增多。

③出让债权。即将贷出款项的债权出让给私人投资者，主要是商业银行，收回一部分资金，以增强银行的资金周转能力。近年来，这一资金来源在世界银行资金周转中显得日益重要。

④利润收入。即将历年业务活动中的营业利润作为资金来源之一。由于世界银行资信卓著，经营得法，每年利润都相当可观。

4.世界银行的贷款业务

世界银行最主要的业务活动是通过提供和组织长期贷款和投资，解决成员方战后恢复和发展经济的资金需要。从贷款项目的确立一直到贷款的归还，世界银行有一套严格的政策和程序。

（1）世界银行的贷款条件

贷款对象只限于成员方政府，政府机构或由政府机构担保的国营和私营企业；世界银行原则上只对成员方特定建设项目发放贷款，而且申请贷款项目在经济上和技术上可行，并且对该国经济发展来说是优先发展项目。在特殊情况下，世界银行发放非项目贷款，以解决借款国进口物资设备的外汇需要或克服自然灾害的资金需要；申请世界银行贷款的国家和项目，只有在不能按合理的条件从其他渠道获得资金时，才有可能得到贷款；世界银行贷款一般只提供为实施某个项目所必须进口的商品和劳务所需要的外汇开支，一般不提供与该项目配套的本国货币资金。

（2）世界银行的贷款种类

①项目贷款。这是世界银行业务的主要组成部分，这类贷款占世界银行提供贷款的一半以上。通常用于发展中国家经济和社会发展的基础设施，以及大型生产性投资。世界银行在农业和农村发展、教育、能源、工业、交通、城市发展和供水等方面的大部分贷款属于这一类，并由世界银行工作人员负责评估和监督完成。

②部门贷款，又称行业贷款。包括部门投资贷款、金融中介贷款和部门调整贷款三种。这三种贷款的使用重点各有侧重。

第一，部门投资贷款的使用重点是改善部门政策和投资重点，以及增强借款国制定和执行投资计划的能力，如交通运输部门贷款、教育部门贷款、农业部门贷款等。在项目安排、资金使用等方面比较灵活，贷款金额较大，支付速度较快，一般用款周期为3~5年。

第二，金融中介贷款的使用重点是面向开发金融公司和农业信贷机构的贷款的使用前提是双方必须就转贷对象的选择标准、转贷利率和加强组织机构的具体措施达成协议。世界银行十分强调金融机构在为客户服务质量、转贷利率、机构建设等方面的竞争。

第三，部门调整贷款的使用重点是专门为支持某一具体部门进行全面政策和体制改革的贷款，但比较结构调整贷款涉及的范围要窄。前提是当借款国总体经济管理和改革状况或经济规模不允许进行结构调整时，可选用这类贷款。与前两种贷款不同，部门调整贷款的主要目的是支持某一部门的政策改革，通常为特定部门的进口提供所需外汇，并预先确定受益人或按双方商定的标准选择受益人。

③结构调整贷款，又称纯政策性贷款。旨在支持和帮助借款国在宏观经济、部门经济和机构体制方面进行全面的调整和改革，以克服经济困难，特别是在国际收支不平衡时使用。这类贷款使用有严格、苛刻的条件，若借款国未能按预定的条件执行，第二批贷款就停止支付。

④技术援助贷款。这种方式贷款旨在支持借款国有关制定和执行政策、参与经济发展战略规划的机构，或为大型投资项目准备实施和管理的机构用于咨询服务、研究课题和人员培训。

⑤紧急重点贷款。贷款目的是帮助借款国应付自然灾害或其他灾难。贷款用于灾

后的重建工作，以恢复生产、安定人民生活。

12.3.2 国际开发协会

1.国际开发协会的概述

国际开发协会成立于1960年9月。它是世界银行的一个附属机构，但在法律地位及资金构成上，它又是一个独立的国际金融机构，总部设在华盛顿。

国际开发协会的贷款原则及经营方针与世界银行相同，但其宗旨是专门对较穷的发展中国家提供条件极为优惠的长期贷款，加速这些国家的经济发展。只有世界银行的成员方，才有资格参加开发协会，但世界银行成员方不一定必须参加该协会。国际开发协会每年与世界银行一起开年会。

2.国际开发协会的组织结构

国际开发协会的组织结构与世界银行相同，最高权力机构是理事会，下设执行董事会，负责日常业务活动。协会的正副理事、正副执行董事，由世界银行的正副理事和正副执行董事分别担任。经理、副经理也由世界银行行长、副行长兼任。办事机构的各部门负责人也都是由世界银行相应部门的负责人兼任。因此，它与世界银行是两块牌子，一套人马。

3.国际开发协会的资金来源

国际开发协会的资金来源主要有：

①成员方认缴的股本。

②世界银行的拨款，即从净收入中以赠予方式拨款资助开发协会20亿美元。

③开发协会业务经营的净收入，但由于开发协会贷款条件极为优惠，所以这部分收入很少。

④补充资金。根据协会规定，成员方在一定时期内还须认缴一部分资金作为补充，以保证协会的来源，在已提供的补充资金中，绝大部分是由工业发达国家及高收入国家提供的。自协会成立以来，共进行过七次补充资金，总额超过100亿美元。

⑤非洲基金，它设立于1985年，其资金由世界银行及其他捐款国捐款组成，用于撒哈拉以南非洲地区。

4.国际开发协会的业务

其业务主要向较穷的发展中国家提供贷款，按1999年的标准是1997年人均GNP925美元以下。贷款是贷给成员方政府。其特点是贷款条件极为优惠：

①贷款不收利息，只收0.75%的手续费，对未付贷款每年收0.5%的承诺费。

②贷款期限长达50年。

③头10年不必还本，第二个10年起，每年还本1%，其余30年每年还本3%。

④偿还贷款时，可以全部或一部分使用本国货币。

贷款的使用和监督，与世界银行的要求一致。1979年国际开发协会对贷款期限作了一定的调整，即对联合国确定的最不发达国家贷款期限为40年，对其他发展中国家为35年。

贷款主要用于农业、乡村建设、交通运输、教育、能源及通信等基本建设。

协会提供的信贷，最初主要集中在南亚地区，印度为主要借款国，其次是巴基斯坦。但自20世纪70年代以后，投向撒哈拉以南的非洲国家信贷不断增加。

我国也是低收入的发展中国家，到1999年末，国际开发协会对我国的软贷款金额为99.47亿美元。包括黄埔港项目、大连港项目、华北地区排涝项目等。

12.3.3　国际金融公司

国际金融公司于1956年7月24日正式成立。它是世界银行的一个附属机构，只有世界银行的成员方才能成为金融公司的成员，但同时它又是一个独立的国际金融机构。我国于1980年5月恢复了在国际金融公司（IFC）的合法席位。IFC总部设在华盛顿。

国际金融公司的宗旨是为发展中国家的私人企业提供没有政府机构担保的各种贷款，以促进成员方经济的发展；促进外国私人资本在发展中国家的投资；促进发展中国家资本市场的发展。

1.国际金融公司的组织机构

国际金融公司的组织机构与世界银行相同。最高权力机构是理事会，下设执行董事会，负责日常事务。公司的正副理事、正副执行董事都由世界银行正副理事和正副执行董事兼任。公司的经理则由世界银行行长兼任，其余内部机构人员也多数由世界银行的相应机构和人员兼任。因此，它与世界银行也是两块牌子，一套人马。

2.国际金融公司的资金来源

国际金融公司的资金来源主要有三个方面：

①成员方缴纳的股金。最初公司的法定资本额为1亿美元，分为10万股，每股1 000美元。认缴股份应以黄金或可兑换外汇缴付。每一成员方有基本票数250票，此外每增认一股，增加一票。国际金融公司成立后，也进行了多次增资活动，资本总额目前达23.5亿美元左右。其中美国认缴的股金最多，在30%以上。

②借款。向世界银行及国际金融市场借款。

③国际金融公司业务经营的净收入。

3.国际金融公司贷款的特点

国际金融公司提供贷款与世界银行和国际开发协会相比之下，具有以下特点：

①国际金融公司主要对成员方的生产性私营企业进行贷款，并且不要求成员方政府为贷款的偿还提供担保。

②国际金融公司一般只对中小型私营企业提供贷款，贷款数额一般在200万~400万美元之间，最高也不超过3 000万美元。而世界银行提供的一般都是大型的项目投资。

③国际金融公司在提供资金时，往往采取贷款与资本投资结合的方式（即购买借款方的股票）。投资额一般不超过企业注册资本的25%，最低的只有2%。

④国际金融公司通常与私人投资者共同对成员方的私营生产性企业进行联合投资，从而起到促进私人资本在国际范围流动的作用。公司吸收私人资本参加投资的方式可以是在开始时就与私人投资者进行联合贷款和投资，或是在其投资后，将其债权或所购股票转售给私人投资者。

国际金融公司的贷款期限一般为7~15年，还款时须用原借入的货币，贷款的利息率不统一，视投资对象的风险和预期收益而定，一般要高于世界银行贷款。对于未提取的贷款资金，国际金融公司每年收取1%的承诺费。贷款的方向主要是亚洲、非洲和拉丁美洲的发展中国家，其中巴西、土耳其、南斯拉夫、韩国得到的贷款和投资最多。贷款的部门主要是制造业、加工业和采掘业，也有旅游和金融服务行业。

中国加入国际金融公司后，积极寻求与之合作的机会，并已取得初步成效。1984年该公司参与了中法合营的广州标致汽车公司的股份投资，到1997年，该公司在中国参与投资了33个项目，投资额为12亿美元。

12.4 区域性金融机构

12.4.1 国际清算银行

1.国际清算银行的建立与宗旨

国际清算银行（Bank for International Settlements，BIS）是根据海牙国际协定，于1930年5月由英国、法国、意大利、德国、比利时、日本六国的中央银行，以及代表美国银行界利益的摩根银行、纽约花旗银行及芝加哥花旗银行三大商业银行组成的银行团共同出资组成，行址设在瑞士的巴塞尔。目前有40个国家中央银行参加，美国仍由银行集团参加。我国于1996年加入该行。

国际清算银行成立的最初宗旨是为了处理第一次世界大战后德国战败赔款和债务问题。现在其宗旨是：促进中央银行之间的合作并向它们提供更多的国际金融业务的便利；在国际清算业务方面充当受托人或代理人。

国际清算银行在国际金融活动中发挥着重要作用。它是西方国家中央银行行长和银行家们交换意见和举行重要会议的中心。它经常举行的重要会议有董事会例会，十国集团成员方中央银行行长会议，欧洲共同体成员方中央银行行长会议以及股东大会。国际清算银行自20世纪70年代以来还成为国际银行业监督的重要中心，其下设的巴塞尔委员会所颁布的《巴塞尔协议》成为银行业监督的纲领性文件。

2.国际清算银行的组织机构

国际清算银行的最高权力机构是股东大会，每年举行一次会议，由认购该行股票的各国中央银行派代表参加。股东大会审查通过年度决算、资产负债表、损益表和红利分配办法，股东大会的投票权按股东持有股份的多少决定。

董事会是国际清算银行的实际领导机构。根据该行的章程，董事会由以下人员构成：①英国、法国、比利时、意大利、日本、法国和美国的中央银行现任行长是董事会固定成员。②由上述董事会固定成员方各选择一位本国工商金融界著名人士出任另一董事。③其余成员由已有的董事会成员2/3以上多数通过在已认股的其他中央银行行长中选出。董事会总数不得超过21人。董事会成员选举董事会主席，并任命国际清算银行总裁。二次大战后，这两个职位一直由一人兼任。董事会下设经理部、货币经济部、秘书处和法律处。

3.国际清算银行的资金来源

（1）股本金

国际清算银行创立时核定股本为5亿金法郎，到1969年增至15亿金法郎。该行始终以金法郎作为记账核算单位，含金量至今不变。日常营业中不使用金法郎，而只作为资产负债表记账单位。目前国际清算银行的股份不仅可由各国中央银行认购，而且私人银行和个人也可以认购，但各国中央银行掌握着4/5以上股份，私人股份只占1/5，且私人持股无投票权。

（2）一些国家中央银行存款

目前世界上大多数国家的中央银行都在国际清算银行开立了存款账户，且将10%左右外汇储备存入该行，这些为国际清算银行提供了重要资金来源。

（3）借款

国际清算银行还可以向成员方中央银行借入资金以补充资金不足。

4.国际清算银行业务活动

国际清算银行主要是和各国中央银行往来包括成员方和非成员方的中央银行，进行国际金融合作。此外还和一些国家的商业银行有往来关系。

目前该行主要业务是：办理存款、放款、贴现业务；买卖外汇、黄金和债券；和各国政府或中央银行签订特别协议；代办国际清算业务，协助各国中央银行管理货币储备与金融投资。由于国际清算银行国际金融业务范围广泛，资信甚佳，其国际金融调研与信息工作有很高的权威性，所以它在国际金融机构中具有独特地位和广泛的影响。

12.4.2 亚洲开发银行[①]

1.亚洲开发银行的建立与宗旨

亚洲开发银行（Asian Development Bank，ADB）简称亚行，是一个致力于促进亚洲及太平洋地区发展中成员经济和社会发展的区域性政府间金融开发机构。亚行创建于1966年11月24日，总部设在菲律宾首都马尼拉。截至2015年12月底，亚行有67个成员方，其中48个来自亚太地区，19个来自其他地区。中国于1986年3月10日加入亚行。

亚洲开发银行的宗旨是，通过发展援助帮助亚太地区发展中成员消除贫困，促进亚太地区的经济和社会发展。其具体任务是监督与操控。

①为亚太地区发展中会员国或地区成员的经济发展筹集与提供资金；

②促进公、私资本对亚太地区各会员国投资；

③帮助亚太地区各会员国或地区成员协调经济发展政策，以更好地利用自己的资源在经济上取长补短，并促进其对外贸易的发展；

④对会员国或地区成员拟定和执行发展项目与规划提供技术援助；

⑤以亚洲开发银行认为合适的方式，同联合国及其附属机构，与亚太地区发展基金投资的国际公益组织，以及其他国际机构、各国公营和私营实体进行合作，并向他们展示投资与援助的机会；

⑥发展符合亚洲开发银行宗旨的其他活动与服务。

2.亚洲开发银行的组织机构

亚行的组织机构由理事会、董事会和亚行总裁组成。

（1）理事会

亚行最高的决策机构是理事会，一般由各成员方财长或中央银行行长组成，每个成员在亚行有正、副理事各一名。亚行理事会每年召开一次会议，通称年会。理事会的主要职责是：接纳新会员；改变注册资本；选举董事或行长；修改章程。

（2）董事会

亚行67个成员分成12个选区，每个选区各派出1个董事和副董事。董事会由12个董事和12个副董事组成。67个成员中，日本、美国和中国三大股东国是单独选取区，各自派出自己的董事和副董事。其他成员组成9个多国选取区，董事和副董事一职由选区内不同成员根据股份多少分别派出或轮流排出。

（3）行长（总裁）

亚洲开发银行设行长（总裁）一名，负责主持董事会，管理亚行的日常工作。行长是该行的合法代表，由理事会选举产生，任期5年，可连任。行长下设3名副行长（副总裁），分管东、西国别区、财务和行政。共有职工1 996名，其中专业人员

---

① 佚名．亚洲开发银行［EB/OL］．［2015-12-22］．http://baike.baidu.com/link?url=hBRT7anmIPrELx-IM7CfvmXeOftqUEli5vMOGd5Li2XJPirwgtfFzQpDnZU2swtWYDSHn5vIFf6wx0j0LuovAa．

673名。

3.亚洲开发银行的资金来源

亚洲开发银行的资金来源主要有五个方面：

（1）普通资金

普通资金（ordinary capital）是亚洲开发银行进行业务活动最主要的资金来源，亚洲开发银行提供的75%的贷款来自于这部分资金，它由会员国认缴的股本、储备资金、国际金融市场融资、累积的保留收益几部分构成。其中，股本和国际金融市场融资是最主要的部分。

（2）亚洲开发基金

这一基金始建于1974年6月28日，它来源于发达成员方的捐赠，最大认捐国是日本，第二是美国。专门用于亚太地区贫困成员方的优惠贷款。

（3）技术援助特别基金

该基金设立于1967年，旨在提高发展中国家的人力资源素质并加强其执行机构的建设，资助发展中成员方聘请咨询专家、培训人员、购置设备、进行项目准备与执行、制定发展战略、加强机构建设、加强技术力量、从事部门研究并制定有关国家和部门计划及规划等。

（4）日本特别基金

它设立于1988年，由日本政府出资，旨在加速亚洲开发银行发展中成员方的经济增长。该基金来源于各成员方的捐赠。

（5）联合融资

亚行的联合融资是指一个或一个以上的外部经济实体与亚行共同为某一开发项目融资。亚行最大的融资伙伴是官方机构，官方融资总数为177.23亿美元，占联合融资总额的72.04%，另外商业融资为24.88亿美元，占10.11%，出口信贷为43.9亿美元，占17.84%。

4.亚洲开发银行的主要业务

（1）提供贷款

按贷款条件划分，可分为两类：即普通贷款（用普通基金发放的贷款）和特别基金贷款。

普通贷款属于硬贷款，主要贷给具有较高收入的发展中国家和地区，用于开发工业、农业、电力、运输及邮电等部门的工程项目。贷款期限为10~30年，利率是浮动的，每半年调整一次。

特别基金贷款属于软贷款，主要贷给较贫困的发展中成员方。贷款期限为40年，不收利息，仅收1%的手续费，具有援助性质。

（2）股本投资

亚行自1983年起开拓了股本投资新业务，它通过购买私人企业股票或私人开发金融机构股票等形式，对发展中国家私人企业融资。

（3）技术援助

亚行除了融资外，还对成员方提供技术援助。主要有项目准备技术援助、项目执行技术援助、咨询性技术援助、区域活动技术援助。

5. 我国同亚行的关系

1986年3月我国成为亚行成员。到1988年底，我国在亚行认缴股本16.17亿美元，占该行认缴股本总额的6.7%，为亚行的第三大认股国。我国每年从亚行获得近10亿美元的贷款。从1986年至今，亚行已向中国提供近100亿美元的贷款。2000年6月6日，亚行在中国设立了代表处。

12.4.3 非洲开发银行①

1. 非洲开发银行的建立与宗旨

非洲开发银行（African Development Bank，ADB）是于1964年成立的地区性国际开发银行，1966年7月1日开业。总部设在科特迪瓦的经济中心阿比让。2002年，因科特迪瓦政局不稳，临时搬迁至突尼斯至今。非洲开发银行是非洲最大的地区性政府间开发金融机构。

非洲发展银行宗旨是为提供非洲机构贷款、加强非洲人力资源利用与促进成员方经济发展，优先对有利于地区经济合作与扩大成员方的贸易项目提供资金与技术援助，并协助成员方研究、制定与执行经济发展计划。

2. 非洲开发银行的组织机构

理事会为最高决策机构，由各成员方委派一名理事组成，一般为成员方的财政和经济部长，通常每年举行一次会议，必要时可举行特别理事会，讨论制定银行的业务方针和政策，决定银行重大事项，并负责处理银行的组织和日常业务。理事会年会负责选举行长和秘书长。董事会由理事会选举产生，是银行的执行机构，负责制定非洲开发银行各项业务政策。共有18名执行董事，其中非洲以外国家占6名，任期3年，一般每月举行两次会议。

截至2015年12月，非洲开发银行有77个成员方，非洲53个国家全部为成员，此外还有包括中国在内的区外成员24个。

3. 非洲开发银行的资金来源

非洲开发银行的资金来源分为普通资金来源和特别资金来源。

普通资金来源有：①核定资本认缴额，最初为2.5亿非洲开发银行记账单位，每记账单位价值0.88非洲开发银行，共8 671克纯金，核定资本分为2.5万股，每股1万记账单位；②自行筹措资金；③用实收资本或筹措资金发放贷款所获的还款资金；④依据该行待缴资本发放贷款或提供担保所获的收入；⑤不构成该行特别资金来源的其他资金和收入。

---

① 佚名. 非洲开发银行［EB/OL］.［2015-12-22］. http://baike.baidu.com/link?url=dralWewLEHhDP-rEJz7fp_kfOI3YskhIwTcV-YThABlTpBPVmgcOr-m8nhx3t4pBLQeoBx0i10DgVSuJcipXia.

特别资金来源有：①捐赠的特别资金和受托管理资金；②为特别资金筹措的专款；③从任意成员方筹借的该国货币贷款，用途是从贷款国购买商品与劳务，以完成另一成员方境内的工程项目；④用特别基金发放贷款或提供担保所获偿还资金；⑤用上述任何一项特别基金或资金从事营业活动获得的收入；⑥可用作特别基金的其他资金来源。

4.非洲开发银行的主要业务

非洲开发银行的主要业务是向成员方提供贷款（包括普通贷款和特别贷款），以发展公用事业、农业、工业项目以及交通运输项目。普通贷款业务包括用该行普通资本基金提供的贷款和担保贷款业务；特别贷款业务是用该行规定专门用途的“特别基金”开展的贷款业务。后一类贷款的条件非常优惠，不计利息，贷款期限最长可达50年，主要用于大型工程项目建设。此外，银行还为开发规划或项目建设的筹资和实施提供技术援助。

非行贷款的对象是非洲地区成员方，主要用于农业、交通和通信、工业、供水等公共事业上，也包括卫生、教育和私营领域的投资项目。自1986年后，非行还支持了一些非项目计划，如结构调整和改革贷款，技术援助和政策咨询方面的投资等。非行贷款的期限一般是在12~20年，包括展延还款期5年。

12.4.4　泛美开发银行[①]

泛美开发银行也叫美洲开发银行（Inter-American Development Bank，IADB）成立于1959年12月30日，是世界上成立最早和最大的区域性、多边开发银行。总行设在华盛顿。该行是美洲国家组织的专门机构，其他地区的国家也可加入，但非拉美国家不能利用该行资金，只可参加该行组织的项目投标。泛美开发银行创办时有20个成员方，以后陆续增加，截至目前，其成员方增至48个国家。中国于2009年1月正式成为美洲开发银行第48个成员国，同时也是亚洲地区第四个参加该组织的国家。

泛美开发银行的宗旨是“集中各成员方的力量，对拉丁美洲国家的经济、社会发展计划提供资金和技术援助”，并协助它们“单独地和集体地为加速经济发展和社会进步做出贡献”。

1.泛美开发银行的管理机构

①理事会：最高权力机构，由各成员方委派1名理事组成，每年举行1次会议。

②执行董事会：理事会领导下的常设机构，由14名董事组成，其中拉美国家9名，美国、加拿大和日本各1名，其他地区国家2名，任期3年。

③行长和副行长：在执行董事会领导下主持日常工作。行长由执行董事会选举产

① 佚名.美洲开发银行［EB/OL］.［2015-12-22］.http：//baike.baidu.com/link?url =LO6L6FXPfU8uYKDdPiz8BRYXUvDAzlMdYScxGgykD3SZWSlK - vq1YPA9FZFHqv4W8px _ m6l78HyeCnJuHqhAGM19-ryrh1wDmV0v6SSH _ 3jw8oq1JeEnFivdJ1f6gRDa3UbQ3SbDvT5aYnuV4AebNDYQS6W2yguJTfPGMgPI_iQFQtnl91secyLT7NOC9aI6LpoS0YWUvY_wtrgoVhpcXq.

生，任期5年，副行长由执行董事会任命。

④分支机构：在拉美各成员方首都及巴黎和东京设有办事处。

⑤投资机构：美洲投资公司，1989年成立，以不易获得优惠条件贷款的中小企业为其主要服务对象；多边投资基金，1992年成立，主要目的是促进私人产业的发展，为私人产业创建更好的投资环境。

⑥拉美一体化研究所：1964年成立，设在阿根廷首都布宜诺斯艾利斯，负责培养高级技术人才，研究有关经济、法律和社会等重大问题，为该行成员方提供咨询。

2.泛美开发银行的资金来源

①成员方分摊。

②发达国家成员方提供。

③在世界金融市场和有关国家发放债券。

1960年开业时拥有资金8.13亿美元。认缴股份较多的国家有：美国占30.008%，阿根廷和巴西各占10.752%，墨西哥占6.912%，委内瑞拉占5.761%，加拿大占4.001%。各成员方的表决权依其加入股本的多寡而定。其中美国占30%，拉美国家占50%（阿根廷和巴西各占11%），加拿大占4%，其他地区占16%。按章程规定，拉美国家表决权在任何情况下不得低于现比例。1994年，该行的核定股本从610亿美元增至1 010亿美元。

3.泛美开发银行的主要业务

泛美开发银行的主要业务是向成员方提供贷款，促进拉美地区的经济发展、帮助成员方发展贸易，为各种开发计划和项目的准备、筹备和执行提供技术合作。银行的一般资金主要用于向拉美国家公、私企业提供贷款，年息通常为8%，贷款期为10～25年。特别业务基金主要用于拉美国家的经济发展优惠项目，年息1%～4%，贷款期20～40年。银行还掌管美国、加拿大、德国、英国、挪威、瑞典、瑞士和委内瑞拉等政府及梵蒂冈提供的“拉美开发基金”。20世纪六七十年代，该行主要为卫生和教育等公共项目提供资金，90年代起逐渐加大了对私人产业的投资。40多年来，该行的贷款规模增长迅速，为促进拉美的经济社会发展发挥了重要作用（2005年后贷款数据没有更新）。

本章小结

本章介绍了国际金融机构的概念、类型、性质和作用。国际货币基金组织的宗旨与职能，以及基金组织结构和资金来源。世界银行的建立及宗旨，世界银行的组织结果和资金来源，向成员方发放贷款的主要种类。阐述了国际开发协会和国际金融公司的相关内容。介绍了区域性金融机构中的亚洲开发银行，非洲开发银行，泛美开发银行。

关键术语

国际金融机构　国际货币基金组织　世界银行　国际清算银行　亚洲开发银行

基本训练

一、单项选择题

1. 最早建立的国际金融组织是（　　）。
A. 国际货币基金组织　B. 国际开发协会
C. 国际清算银行　D. 国际金融公司
E. 世界银行

2.IMF最基本的贷款是（　　）。
A. 普通贷款　B. 中期贷款　C. 项目贷款
D. 非项目贷款　E. 信托基金贷款

3. 普通贷款的最高额度为会员国缴纳份额的（　　）。
A.165%　B.25%　C.140%
D.75%　E.125%

二、多项选择题

1. 世界银行资金来源是（　　）。
A. 份额　B. 股金　C. 业务净收益
D. 出售黄金　E. 发行债券

2. 以下（　　）属于IMF贷款种类。
A. 普通贷款　B. 信托基金贷款　C. 结构调整贷款
D. 第三窗口贷款　E. 软贷款

3.（　　）属于世界银行贷款。
A. 项目贷款　B. 第三窗口贷款　C. 技术援助贷款
D. 联合贷款　E. 非项目贷款

4.IMF发放贷款收取的费用为（　　）。
A. 保险费　B. 利息　C. 手续费
D. 借款承诺费　E. 担保费

二、简答题

1.国际金融机构的概念及作用是什么?
2.国际货币基金组织的宗旨及职能是什么?
3.国际货币基金组织的资金来源和主要业务有哪些?
4.世界银行的宗旨是什么?
5.世界银行贷款的主要种类有哪些?
6.亚洲开发银行的资金来源及主要业务活动有哪些?

参考文献

［1］陈彪如. 国际金融概论［M］. 2版.上海：华东师范大学出版社，1991.

［2］贺瑛. 国际金融［M］. 北京：高等教育出版社，2014.

［3］盛洪昌. 国际金融［M］. 2版.北京：中国时代经济出版社，2007.

［4］盛洪昌. 国际经济学［M］. 北京：中国铁道出版社，2013.

［5］胡奕明. 外汇风险管理［M］. 大连：东北财经大学出版社，1998.

［6］杨胜刚，姚小义. 国际金融学［M］. 长沙：湖南大学出版社，2003.

［7］杨蕙馨. 国际金融［M］. 济南：山东人民出版社，2002.

［8］李念祖. 外汇交易原理与实务［M］. 上海：立信会计出版社，2002.

［9］姜波克，杨长江. 国际金融学［M］. 北京：高等教育出版社，2014.

［10］买建国. 外汇理论与实务［M］. 上海：立信会计出版社，2008.

［11］刘克. 国际金融［M］. 2版.北京：北京语言大学出版社，2013.

［12］卞志村. 国际金融学［M］. 北京：人民出版社，2009.

［13］莲恩. 外汇市场即日交易［M］. 林慧文，译.广州：广东经济出版社，2007.

［14］刘金波. 外汇交易原理与实务［M］. 北京：人民邮电出版社，2011.

［15］杜佳. 国际金融学［M］. 北京：清华大学出版社，北京交通大学出版社，2009.

［16］刘惠好. 国际金融学［M］. 北京：中国金融出版社，2007.

［17］王仁祥，胡国辉. 国际金融学［M］. 北京：科学出版社，2009.

［18］谢琼. 国际金融学［M］. 北京：北京理工大学出版社，2006.

［19］刘军善. 国际金融学［M］. 2版.大连：东北财经大学出版社，1998.

［20］阙澄宇. 国际金融［M］. 5版.大连：东北财经大学出版社，2014.

［21］刘园，吴莹. 外汇交易与管理［M］. 北京：首都经济贸易大学出版社，2007.

［22］于研. 国际金融［M］. 5版.上海：上海财经大学出版社，2014.

［23］叶蜀君. 国际金融［M］. 3版.北京：清华大学出版社，2014.

［24］陈雨露. 国际金融［M］. 5版.北京：中国人民大学出版社，2015.

［25］刘舒年. 国际金融［M］. 4版.北京：对外经济贸易大学出版社，2010.

［26］刘园. 国际金融［M］. 2版.北京：北京大学出版社，2012.

［27］刘铁敏，张锦宏. 国际金融［M］. 北京：清华大学出版社，2013.

［28］刘倩. 国际金融［M］. 北京：清华大学出版社，2012.

［29］方浩，刘燕. 国际金融［M］. 北京：中国金融出版社，2006.

［30］宋树民. 国际金融［M］. 北京：北京大学出版社，2014.

［31］李宏. 国际经济学［M］. 北京：中国商务出版社，2006.

［32］吴红梅，焦军普. 国际经济学［M］. 北京：北京大学出版社，2009.

［33］宋士方，李红艳. 国际经济学［M］. 武汉：武汉大学出版社，2008.

［34］李平. 国际经济学［M］. 济南：山东人民出版社，2011.

［35］萨尔瓦多. 国际经济学基础［M］. 高峰，译. 北京：清华大学出版社，2007.

［36］科普兰. 汇率与国际金融［M］. 唐旭，等，译. 北京：中国金融出版社，1992.

［37］克鲁格曼，奥伯斯法尔德. 国际经济学［M］. 海闻，等，译. 6版. 北京：中国人民大学出版社，2006.